Computer Bild

Prinz & Erle

Kalkulationen + Diagramme mit Excel 2010

ullstein

1 Eingaben – Tabellen einfach ausfüllen 6

2 Gestaltung – Tabellen anlegen und gestalten 26

3 Berechnungen – Berechnungen durchführen 39

4 Strukturieren – Tabellen sortieren und filtern 58

5 Diagramme – Daten ansprechend präsentieren 66

6 Online Excel im Internet verwenden 90

7 Mobil Excel mit Windows Phone für unterwegs 107

Anhang 124

Zu diesem Buch

Excel hat sich im Büroalltag zum Allzweckwerkzeug entwickelt: Von kleinen Berechnungen über große Kalkulationen bis hin zu umfassenden Analysen und ihre Darstellung in professionellen Diagrammen reicht das beachtliche Spektrum. Diese Bandbreite zeugt davon, wie einfach und doch leistungsfähig die Tabellenkalkulation aus dem Office-Paket ist.

Der Weg vom digitalisierten Rechenblatt bis zum Rechenkünstler der digitalen Welt, den Excel hierbei zurückgelegt hat, ist lang. Excels Ursprünge liegen in den 80er-Jahren des letzten Jahrhunderts, als Microsoft mit seinen ersten Windows-Versionen begann, grafische Elemente und die Mausbedienung auf dem PC-Bildschirm zu etablieren. Was damals viele für überflüssige Spielerei hielten – schließlich lassen sich Zahlen ganz ohne Mausbewegung in Kästchen tippen –, ist heute längst Standard.

Excel ist aber nicht nur ein gutes Beispiel dafür, wie sich die Bediengewohnheiten der Menschen und die Leistungsmerkmale der Programme geändert haben, sondern es erweist sich auch unter einem anderen Blickwinkel als ein echtes Werkzeug mit all seinen Stärken und Schwächen. Die nämlich liegen, abseits aller Kommentare zu angeblich überflüssigen und fehlenden Programmbefehlen und Fehlfunktionen, in der Hand des Benutzers selbst. Erst die richtige Handhabung macht aus einem Werkzeug ein Mittel zum Zweck. Und je besser das Werkzeug beherrscht wird, umso schneller und attraktiver lässt sich das Ergebnis sehen und vorzeigen.

Eben darin besteht das Ziel dieses Buches: Sie mit dem Werkzeug Excel vertraut zu machen, Ihnen zu helfen, es weiter auszuschöpfen, über die Grundkenntnisse hinweg. Ob Sie nun in Tabellen arbeiten, diese in Diagramme umsetzen, die Ergebnisse dann wieder übers Internet anderen zugänglich machen oder selbst von unterwegs auf die tabellarischen Daten und ihre grafische Umsetzung zugreifen möchten – Excel macht's möglich. Und wie es konkret funktioniert, erklärt Ihnen dieses Buch in den gewohnt einfachen Schritt-für-Schritt-Anleitungen von COMPUTER BILD.

1 Tabellen einfach ausfüllen

Mit Excel Daten zu erfassen, ist kinderleicht. Es spielt praktisch keine Rolle, ob es sich bei diesen Daten um Wörter, also etwa Namenslisten, oder um Zahlenwerte handelt. Genau so wie Sie ein Blatt Papier in Zeilen und Spalten einteilen und dann die dazugehörigen Werte unter- oder nebeneinander schreiben, gehen Sie beim Erstellen und Ausfüllen einer Excel-Tabelle vor. Um eine Eingabe in einer **Zelle** zu bestätigen, genügt es, diese Zelle zu „verlassen". Dazu klicken Sie einfach mit der Maus in die nächste Zelle, in die Sie etwas eintragen möchten. Oder Sie verwenden die Richtungstasten ↑, ↓, ← und →, die Eingabetaste ↵ oder die Tabulatortaste ⇄. Damit die Arbeit für Sie leichter wird, bietet Ihnen Excel etliche Ausfüllhilfen an, mit denen Sie beispielsweise blitzschnell fortlaufende Monatsnamen eintragen können. Zudem brauchen Sie in vielen Fällen Daten gar nicht selbst zu erfassen, sondern greifen auf bestehende Sammlungen zurück.

Im ersten Kapitel dieses Buches erfahren Sie,
- wie Excel-Tabellen aufgebaut sind,
- wie Sie sich Eingaben vorschlagen lassen,
- wie Sie Umsatzdaten Ihres Online-Kontos in eine Excel-Tabelle übernehmen,
- wie Sie Namenseingaben in zwei Spalten aufteilen,
- wie Sie Zellinhalte zusammenführen,
- wie Sie falsche Eingaben rasch in der ganzen Tabelle korrigieren
- und wie Excel Doubletten aufspürt und beseitigt.

Kapitel-Wegweiser

Werte aus einer Vorschlagsliste übernehmen

Excel versucht, Ihnen so viel Arbeit wie möglich abzunehmen. Das merken Sie zum Beispiel auch, wenn Sie bei der Datenerfassung verschiedene Ausgabekategorien einfach aus einer Vorschlagsliste übernehmen können. Dabei sparen Sie sich nicht nur Tipparbeit, sondern verhindern auch Rechtschreibfehler und stellen die einheitliche Erfassung sicher. Sie brauchen sich die Bezeichnungen einzelner Ausgabearten nämlich nicht zu merken, sondern sehen auf den ersten Blick, welche Sie bisher bereits verwendet haben. In der Beispieltabelle erfassen Sie in der Spalte A die verschiedenen Arten Ihrer Urlaubsausgaben, in der Spalte B die dazugehörigen Werte.

	A	B
1	Auto	144,00 €
2	Verpflegung	365,00 €
3	Handy	20,00 €
4	Mitbringsel	78,00 €

1 Es ist Ihnen sicherlich schon aufgefallen, dass Excel Vermutungen darüber anstellt, welche Eingabe Sie als Nächstes vornehmen wollen. Sobald Sie etwa in der Beispieltabelle in die Zelle A5 den ersten Buchstaben „V“ eingetippt haben, prüft Excel, ob in dieser Spalte schon einmal ein Wert vorgekommen ist, der mit diesem Buchstaben beginnt. Im Beispiel ist dies in der Zelle A2, in der „Verpflegung“ steht, der Fall. Excel unterbreitet Ihnen daher diesen Vorschlag: .

	A	B
1	Auto	144,00 €
2	Verpflegung	365,00 €
3	Handy	20,00 €
4	Mitbringsel	78,00 €
5	Verpflegung	
6		

Um ihn zu übernehmen, brauchen Sie gar nicht weiterzutippen, sondern nur

Vorschlag ablehnen

Die Vorschlagsfunktion ist ein wertvoller Helfer, um Zeit zu sparen, kann mitunter aber auch stören. Wenn Sie beispielsweise „Verpflegung Kinder“ bereits einmal eingegeben hatten und jetzt nur noch allgemein „Verpflegung“ als Ausgabeart verwenden wollen, dann wird Excel – sobald Sie [↵] drücken – darauf bestehen, dass Sie doch sicherlich „Verpflegung Kinder“ meinen, und dies entsprechend eintragen. Das ist allerdings kein Problem: Im Eingabefeld wird der Vorschlag zwar direkt eingetragen. Sie können den überflüssigen Teil aber einfach löschen, indem Sie ihn markieren und dann die [Entf]-Taste drücken.

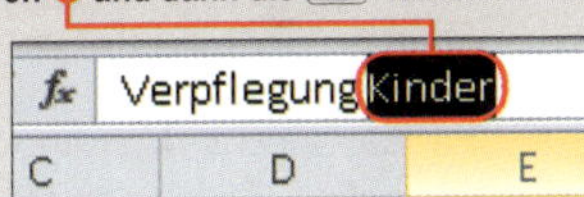

die Taste ↵ oder ⇆ zu drücken. Schon wird das Wort eingetragen: ●.

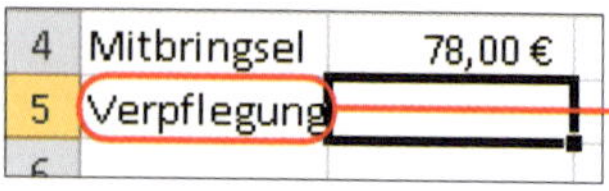

2 Diese Merkfähigkeit von Excel können Sie noch intensiver nutzen: Gerade in umfangreichen Tabellen kann es leicht passieren, dass Sie nicht mehr genau wissen, wie Sie eine Ausgabeart genannt haben. Zum Glück müssen Sie in einem solchen Fall nicht die ganze Tabelle absuchen. Klicken Sie stattdessen mit der *rechten* Maustaste in die Zelle, in der Sie die Bezeichnung eintragen möchten, im Beispiel ●.

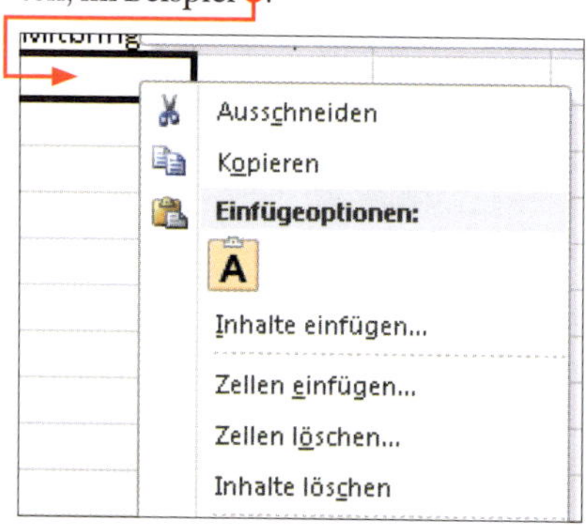

Im Kontextmenü, das daraufhin angezeigt wird, folgt ein Mausklick auf ●.

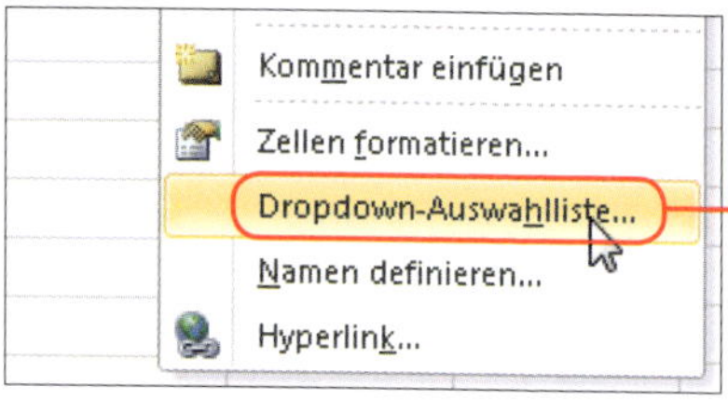

3 Excel präsentiert Ihnen anschließend alle Einträge, die Sie in dieser Spalte schon einmal vorgenommen haben. Klicken Sie in dieser Liste die Bezeichnung an, die Sie benötigen, im Beispiel ●,

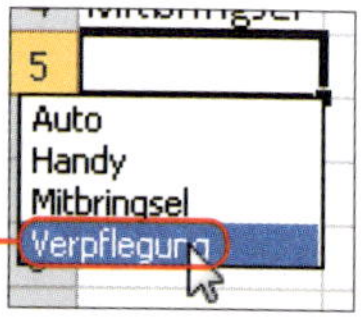

wird diese umgehend übernommen: ●.

Eigene Ausfülllisten erstellen

Viele Tabellen, die Sie für Ihre eigenen Daten führen, haben Spaltenbeschriftungen, in denen Ordnungswerte erscheinen (beispielsweise die Monatsnamen von Januar bis Dezember oder die Wochentage von Montag bis Sonntag). Solche häufig benötigten Reihen können Sie im Handumdrehen automatisch vervollständigen lassen. Denn Excel bietet Ihnen die Funktion „AutoAusfüllen". Zudem lässt sich die praktische Hilfe noch ergänzen. Es ist nämlich auch möglich, eigene Reihen als Listen anzulegen.

1 Um die Wirkungsweise der automatischen Ausfüllhilfen zu verdeutlichen, tippen Sie in die Zelle A1 den Monatsnamen „Januar" ein. Klicken Sie dann in die Zelle, um sie zu **aktivieren**. Anschließend führen Sie den Mauszeiger über das kleine Quadrat in der rechten unteren Ecke: ●.

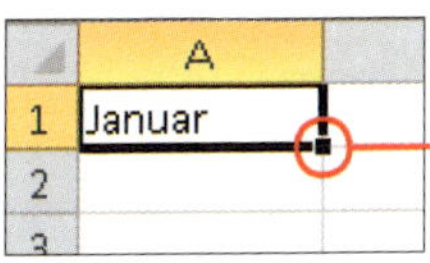

Der Mauszeiger verändert daraufhin seine Form: ●.

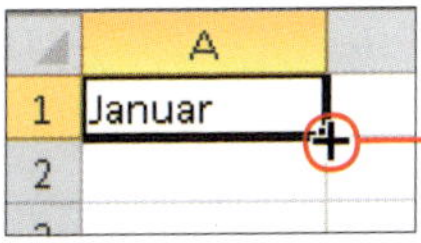

2 Drücken Sie nun die linke Maustaste, halten Sie sie gedrückt, und führen Sie mit weiterhin gedrückter Maustaste eine **Zieh**bewegung nach unten aus. Wenn Sie beispielsweise die ersten fünf Monate des ersten Halbjahres brauchen, führen Sie die Ziehbewegung so weit nach unten aus, bis die Bezeichnung „Mai" als Hinweistext angezeigt wird: ●.

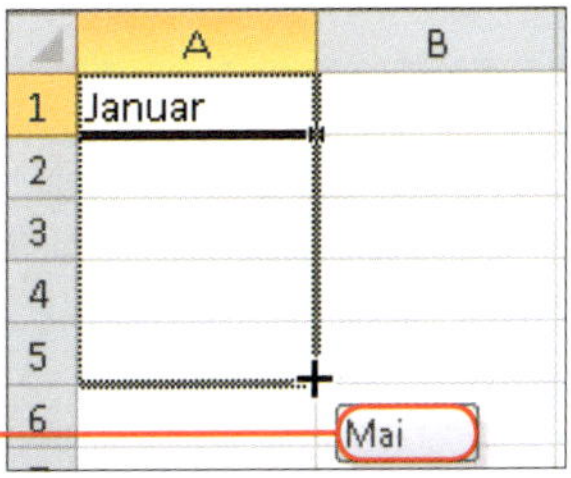

Lassen Sie dann die Maustaste los, tauchen die Namen der ersten fünf Monate auf.

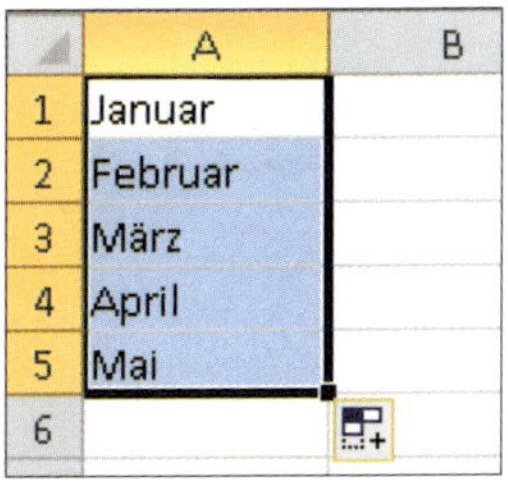

Dieses Verfahren erspart Ihnen natürlich eine Menge Tipparbeit. Und es geht noch besser: Hängen Sie beispielsweise eine Jahreszahl an den Monatsnamen an, können Sie sogar Monatsbeschriftungen für mehrere Jahre vornehmen.

3 Eine solche Ausfüllliste können Sie auch selbst anlegen. Stellen Sie sich zum Beispiel vor, Sie benötigen häufig Auflistungen der verschiedenen mobilen **Betriebssysteme** und möchten sich dabei die Arbeit erleichtern. Dann gehen Sie so vor: Klicken Sie als Erstes auf ●

Monatsnamen kopieren

Beim Autoausfüllen wählt Excel die wahrscheinlichste Variante. Im Beispiel der Schritte 1 und 2 auf der vorherigen Seite werden daher aufeinanderfolgende Monatsnamen eingetragen. Das ist zwar meistens, aber nicht immer so gewollt. Wollen Sie stattdessen beispielsweise den „Januar" mehrfach untereinander stehen haben, führen Sie den Mauszeiger nach dem automatischen Ausfüllen über das dann sichtbare Symbol ●,

bis ein nach unten weisender Pfeil erscheint. Nach einem Klick auf diesen Pfeil ●

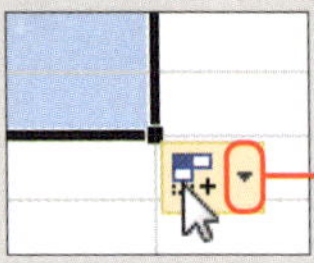

öffnet sich ein Menü. Klicken Sie darin einfach auf den Befehl ●.

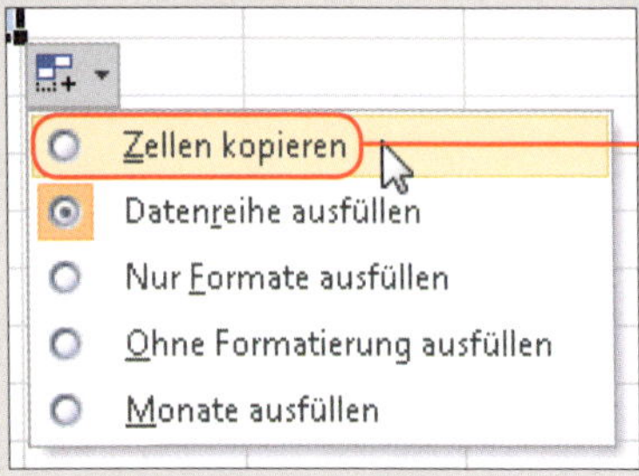

Schon kopiert Excel den obersten Eintrag, also den Januar: ●.

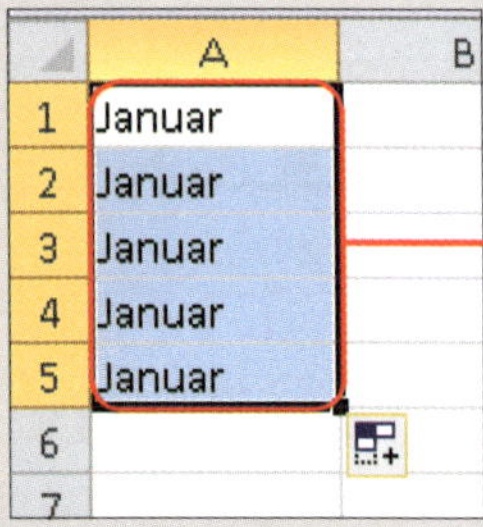

und danach unterhalb der Auswahl der zuletzt geöffneten Dokumente auf die Schaltfläche ●.

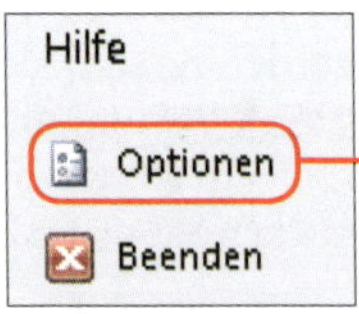

4 Im Fenster, das daraufhin angezeigt wird, klicken Sie auf den Eintrag ●,

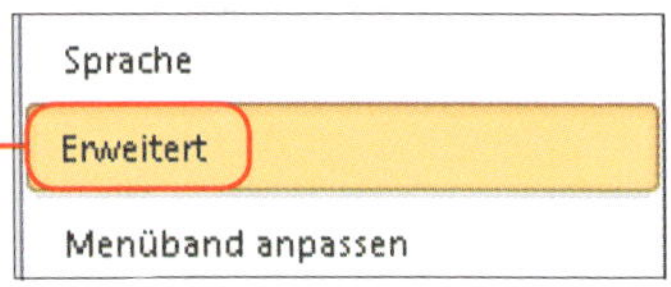

rollen dann in der rechts aufklappenden Auswahl ganz nach unten und klicken dort auf die Schaltfläche

.

5 Anschließend sehen Sie, welche Listen Sie mit Excel für das Autoausfüllen nutzen können. Um eine eigene Liste anzulegen, lassen Sie die **Markierung**

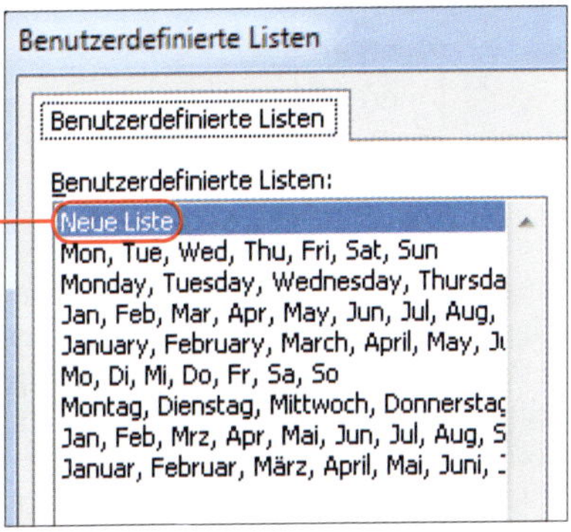

stehen, tippen im Fensterbereich rechts daneben die erste Bezeichnung ein, hier ,

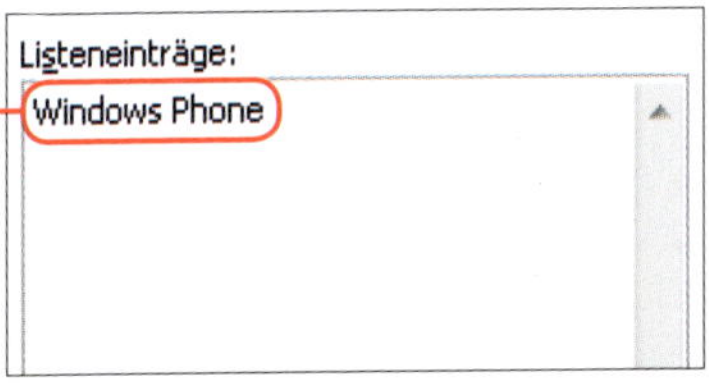

und drücken dann auf die ↵-Taste, um den nächsten Wert eintippen zu können.

6 Auf diese Weise tragen Sie auch die übrigen Bezeichnungen ein.

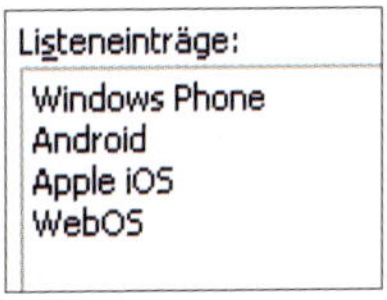

Zur Bestätigung klicken Sie danach auf die Schaltfläche

,

und das noch geöffnete Optionen-Fenster schließen Sie ebenfalls per Klick auf

.

7 Probieren Sie die Funktion gleich einmal aus: Tippen Sie einen Wert der Liste ein, und führen Sie den Mauszeiger über die rechte untere Ecke ,

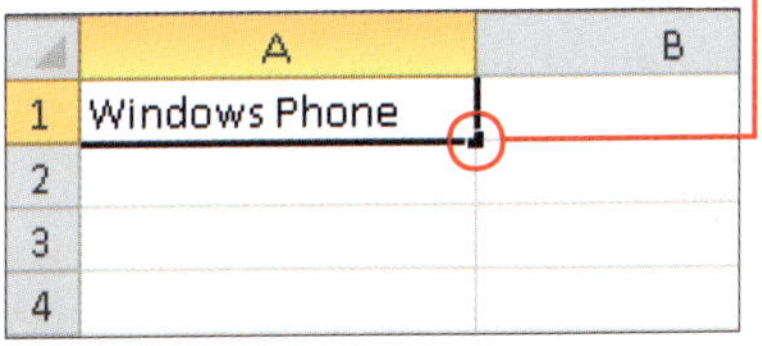

bis er wieder seine Form verändert: .

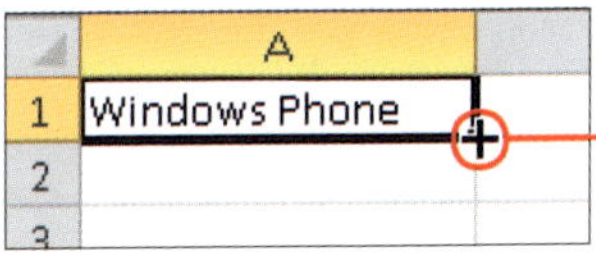

8 Klicken Sie, und führen Sie mit weiterhin gedrückter Maustaste eine Ziehbewegung nach unten aus.

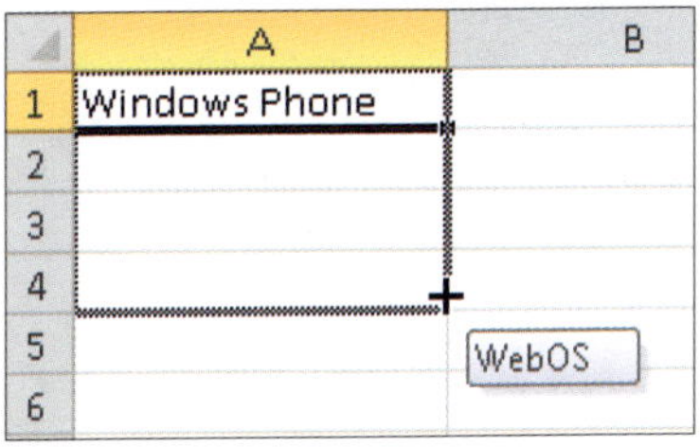

Sowie Sie die Maustaste loslassen, werden die Werte wunschgemäß ergänzt.

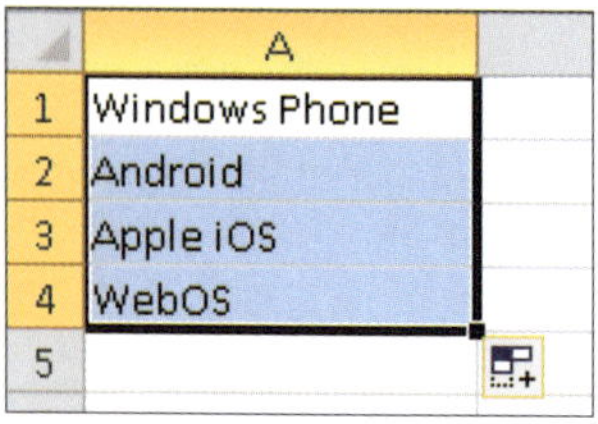

9 Wenn Sie feststellen, dass sich ein Bereich Ihrer Tabelle als Vorschlagsliste eignet, dann können Sie diesen auch direkt aus der Tabelle in eine solche Liste überführen. Im Beispielfall sind die Namen Ihrer Dart-Freunde schon in der Tabelle vorhanden:

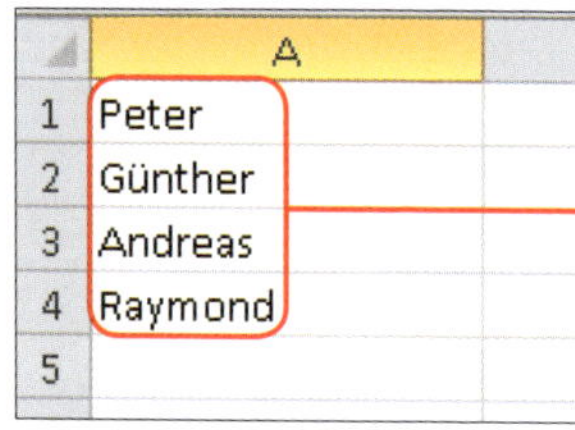

Diese tauchen logischerweise immer wieder in Ihrem wöchentlichen Dart-Zettel auf. Wiederholen Sie daher die Schritte 3 und 4 dieser Anleitung, um das Fenster mit den benutzerdefinierten Listen zu öffnen. Belassen Sie die Markie-

Listen bearbeiten oder löschen

Natürlich können Sie Ihre selbst erstellten Listen auch bearbeiten oder wieder löschen. Wiederholen Sie dazu die Schritte 3 und 4 aus dieser Anleitung, um das entsprechende Fenster zu öffnen. Wenn Sie Ihre Liste dann per Mausklick markiert haben,

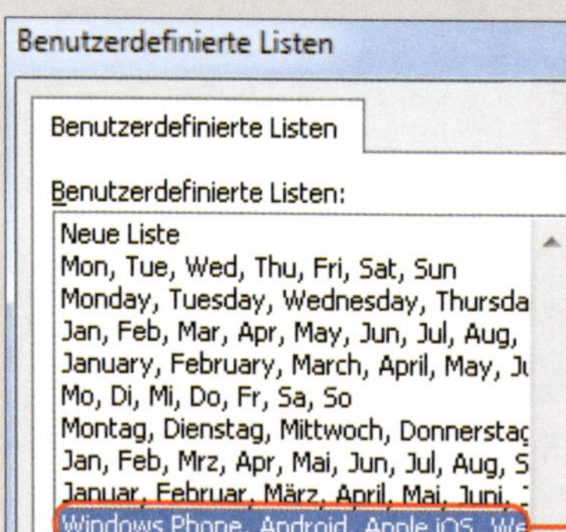

können Sie im Bereich rechts daneben die Einträge verändern oder ergänzen.

Falls Sie die markierte Liste hingegen nicht mehr benötigen, klicken Sie einfach auf die Schaltfläche

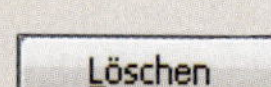

,

um sie zu entfernen. Bestätigen Sie den Vorgang, indem Sie zweimal hintereinander auf

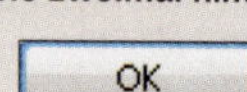

klicken.

rung auf dem Eintrag ●,

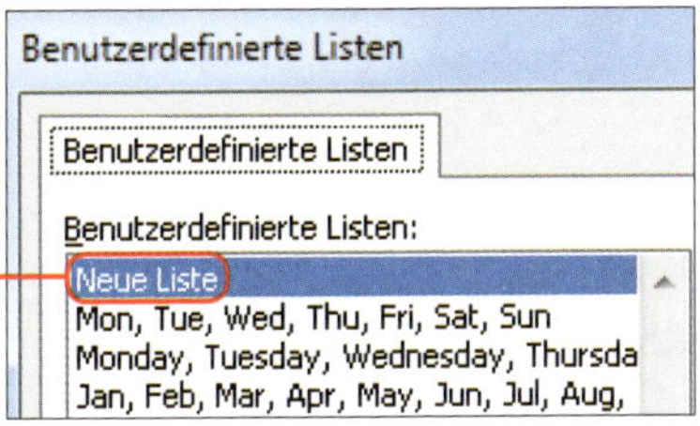

und klicken Sie dann rechts in das Eingabefeld ●

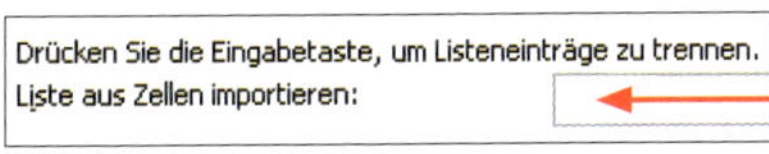

oder auf das Symbol

.

10 In der Tabelle erscheint nun ein schmales zusätzliches Fenster: ●.

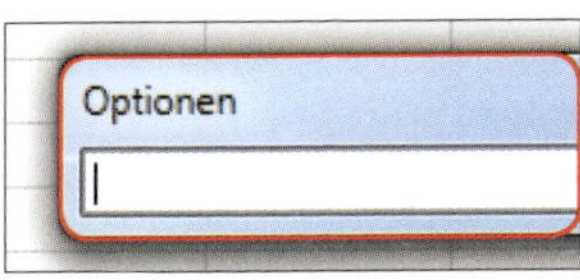

Markieren Sie in der Tabelle die Werte, die Sie in Ihre Liste aufnehmen möchten, im Beispiel also die Namen der Dart-Spieler ●.

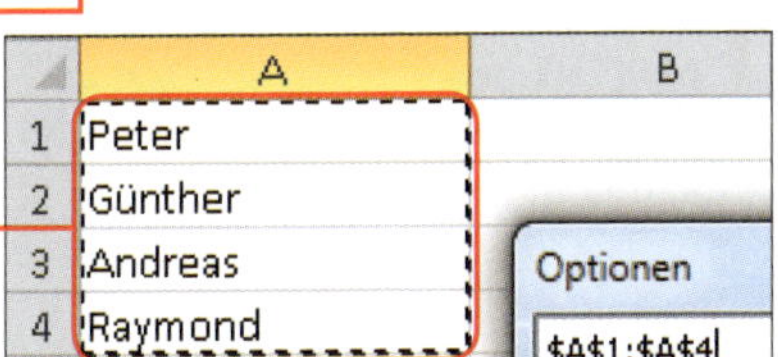

Die entsprechenden Zelladressen werden daraufhin im Fenster rechts eingefügt: ●.

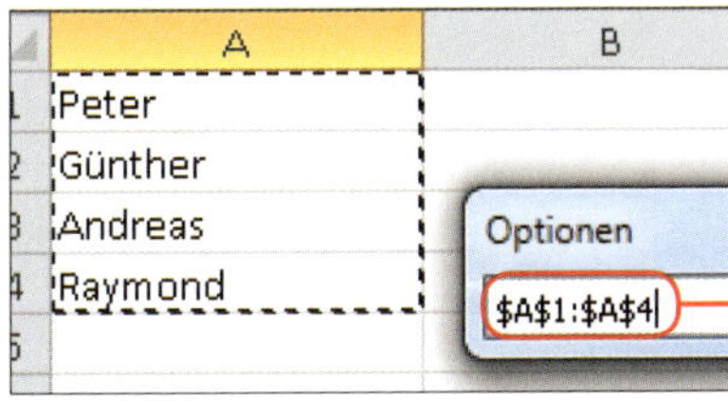

Ist das geschehen, klicken Sie rechts in diesem Fenster auf ●.

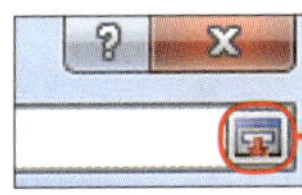

11 Anschließend werden die Zelladressen ins Feld ●

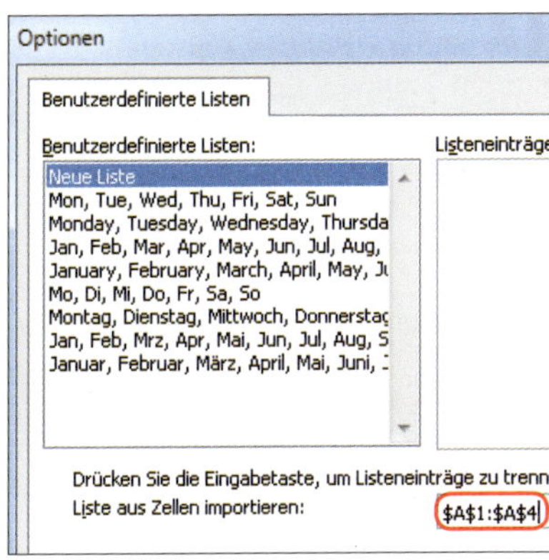

übernommen. Klicken Sie nun rechts daneben auf die Schaltfläche

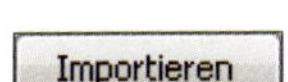

,

damit die dazugehörigen Namen eingelesen werden:

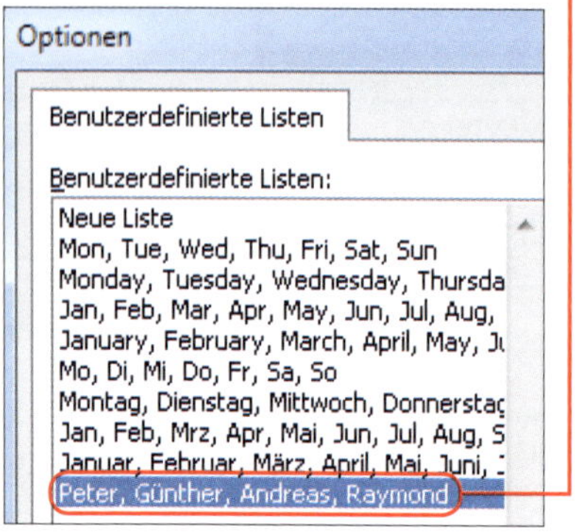

Zur Bestätigung genügen die üblichen zwei Klicks auf

.

12 Künftig können Sie auch auf diese AutoAusfüllliste zugreifen. Wenn Sie den Namen eines Dart-Freundes in eine Tabelle eingetragen haben, brauchen Sie nur noch die in den Schritten 7 und 8 gezeigte Ziehtechnik anzuwenden.

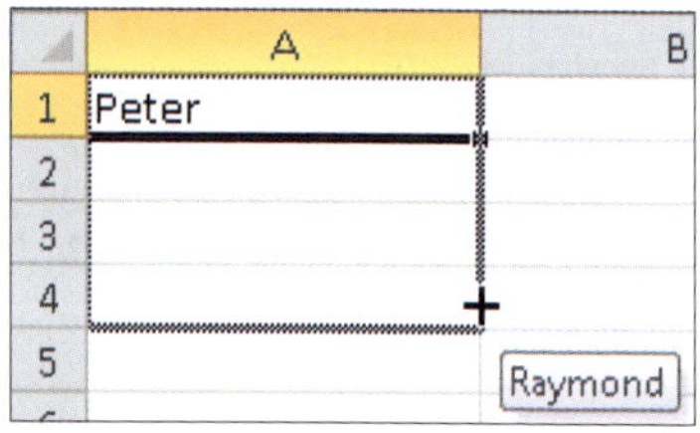

Lassen Sie die Maustaste los, werden die Werte ruck, zuck ergänzt.

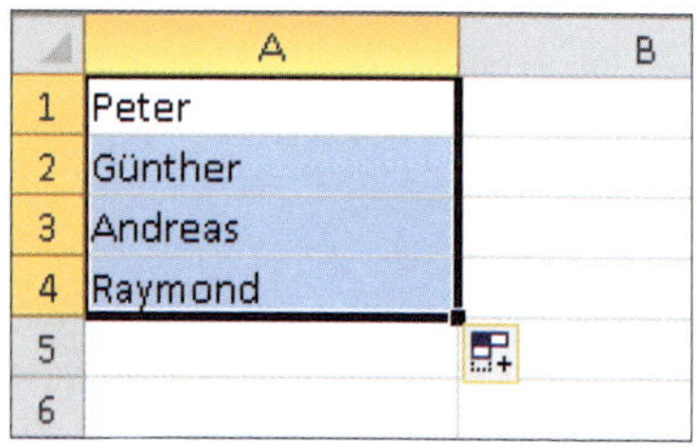

Bankdaten übernehmen

Wenn Daten in einer Excel-Tabelle erfasst sind, stellt die Übernahme in ein neues **Arbeitsblatt** natürlich kein Problem dar. Häufig bekommen Sie Daten aber in einem allgemeinen Format, das von verschiedenen Tabellenkalkulations- oder Datenbankprogrammen verarbeitet werden kann. So bieten Ihnen beispielsweise viele Banken die Möglichkeit, die Umsätze auf Ihrem Online-Konto als sogenannte **CSV-Dateien** zu exportieren. Diese CSV-Dateien können Sie dann in eine Excel-Tabelle importieren.

1 Als Beispiel dient ein Online-Konto bei der Deutschen Bank. Angenommen, Sie wollen in einer Excel-Tabelle Ihre Einnahmen und Ausgaben analysieren. Als Basis sollen die Umsätze Ihres Online-Kontos dienen. Rufen Sie also zunächst die entsprechende Seite auf, und führen

Sie eine Umsatzabfrage durch. (In der Beispielabbildung sind die Beträge und einzelne persönliche Angaben aus Datenschutzgründen unkenntlich gemacht.)

Gebuchte Umsätze

Buchungstag	Wertstellung	Verwendungszweck	Soll	Haben	Währung
12.09.2011	12.09.2011	5929666666 ZBNR 2807416051 VERF/TEILN 25[illegible] POSTCARD BETRAG 14,75 POSTCARD 5179262625 [illegible] VORGANG VOM [illegible].09.2011 [illegible] POST AG, SSC ACC S	- 14,75		EUR
12.09.2011	13.09.2011	10090[illegible]4900 OLV[illegible] 10.09 [illegible] ARAL KREFEL[illegible]OELNER STRASE 5466186	- 70,82		EUR
13.09.2011	13.09.2011	59796966 ZBNR 2807462639 VERF/TEILN 25[illegible] POSTCARD [illegible] VORGANG VOM 08.09.2011 DEUTSCHE POST AG, SSC ACC S	- 17,30		EUR
15.09.2011	15.09.2011	27[illegible]400006612 [illegible] CON[illegible] DE [illegible]	- 50,00		EUR
19.09.2011	19.09.2011	ZAHLUNGSBELEG [illegible]205090674559 IHRE KONNR.[illegible] 1565770700048[illegible] TELEKOM D GMBH, MOBILFUNK [illegible]	- 72,36		EUR
20.09.2011	20.09.2011	EC 740386 [illegible] F0232537[illegible] SVG NORDRHEIN E.G. F0253719278[illegible] 0000000000	- 65,41		EUR

2 Wie sehr viele andere Banken auch bietet die Deutsche Bank ihren Kunden die Möglichkeit, die Daten der Umsatzabfrage als Datei zu speichern. Klicken Sie dazu auf das Symbol ●

und im nachfolgenden Fenster auf die Schaltfläche ●.

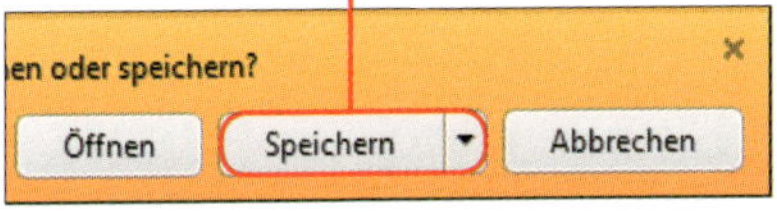

Ihre Datei wird nun automatisch in dem Standardverzeichnis für heruntergeladene Dateien gespeichert, das Sie im Windows-**Explorer** unter ● finden.

3 Die Datei befindet sich jetzt zwar auf Ihrem Rechner. Allerdings werden Sie sie dort vermutlich zunächst vergeblich suchen. Wenn Sie nämlich auf ●,

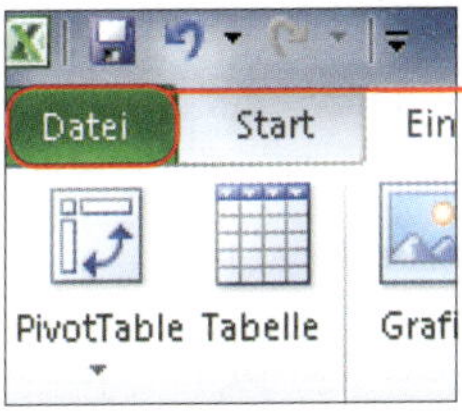

danach auf den Befehl

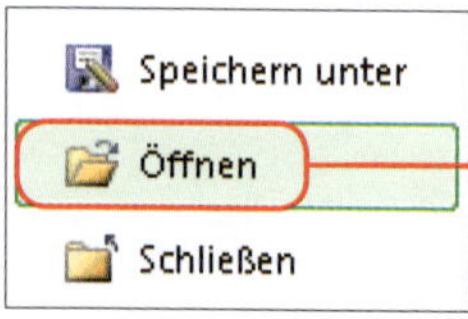

und schließlich auf

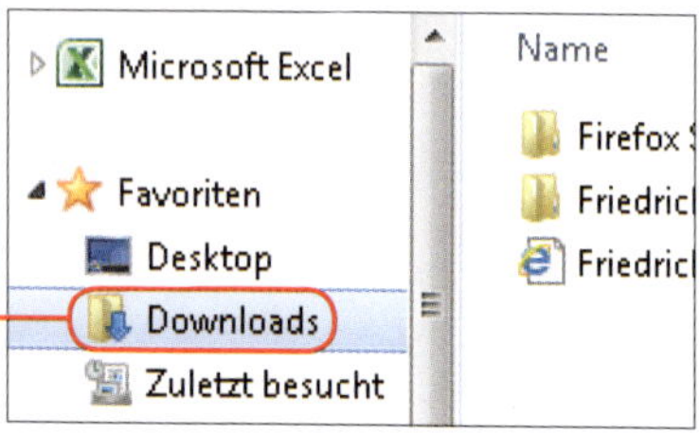

klicken, landen Sie zwar im richtigen **Ordner**, sehen aber nicht die gewünschte Datei.

4 Das liegt daran, dass Excel standardmäßig nur Excel-Dateien anzeigt. Die Datei, die Sie auf Ihren Rechner überspielt haben, hat jedoch ein anderes Dateiformat. Daher müssen Sie rechts unten im Explorer-Fenster auf

und anschließend auf

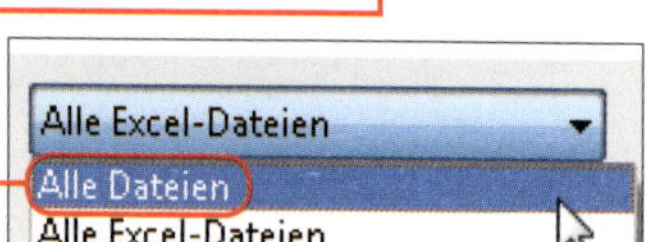

klicken. Dann werden alle Dateitypen, eben auch die CSV-Datei, in Ihrem Dokumente-Ordner angezeigt.

5 Jetzt ist auch die soeben überspielte Datei zu sehen. **Markieren** Sie die Datei mit einem Mausklick, etwa ,

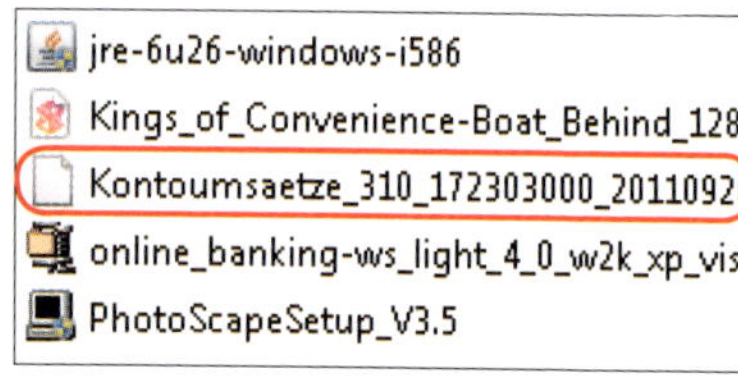

und klicken Sie danach auf ,

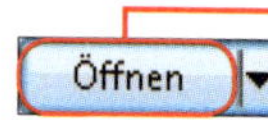

damit die Datei im Excel-Programmfenster auftaucht.

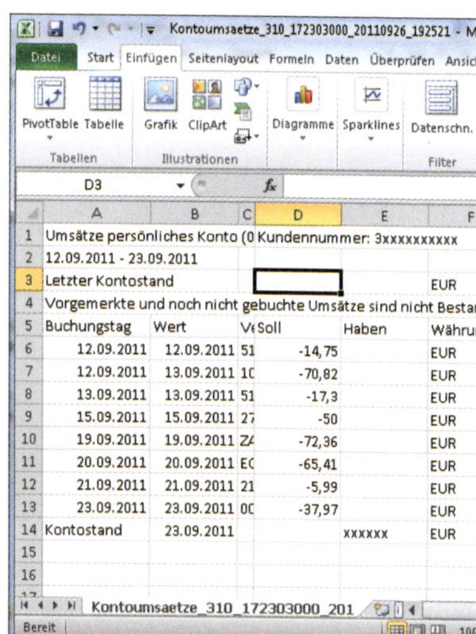

	A	B	C	D	E	F
1	Umsätze persönliches Konto (0			Kundennummer: 3xxxxxxxxxx		
2	12.09.2011 - 23.09.2011					
3	Letzter Kontostand					EUR
4	Vorgemerkte und noch nicht gebuchte Umsätze sind nicht Bestand					
5	Buchungstag	Wert	V	Soll	Haben	Währung
6	12.09.2011	12.09.2011	51	-14,75		EUR
7	12.09.2011	13.09.2011	1C	-70,82		EUR
8	13.09.2011	13.09.2011	51	-17,3		EUR
9	15.09.2011	15.09.2011	27	-50		EUR
10	19.09.2011	19.09.2011	ZA	-72,36		EUR
11	20.09.2011	20.09.2011	EC	-65,41		EUR
12	21.09.2011	21.09.2011	21	-5,99		EUR
13	23.09.2011	23.09.2011	0C	-37,97		EUR
14	Kontostand	23.09.2011			xxxxxx	EUR
15						
16						

6 Sie liegt aber immer noch als CSV-Datei vor. Um eine Umwandlung ins Excel-Format vorzunehmen – man bezeichnet diesen Vorgang als Konvertieren –, klicken Sie als Erstes auf

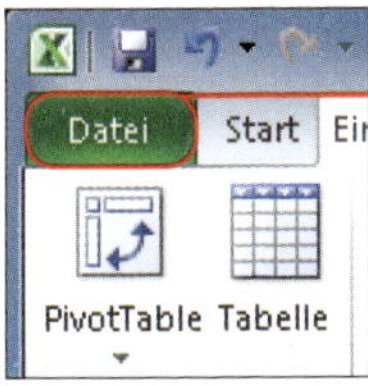

,

und danach auf

.

7 Im daraufhin geöffneten Explorer-Fenster wählen Sie den Speicherort, im Beispiel

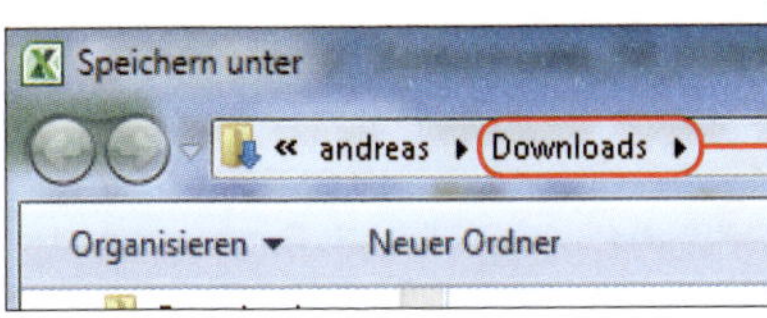

,

und geben Ihrer Datei einen Namen, etwa

.

Als Nächstes klicken Sie auf

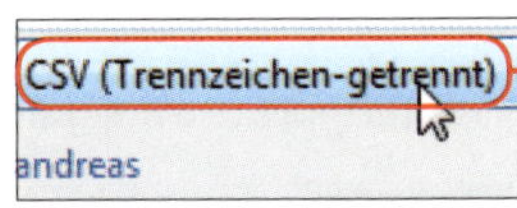

,

dann auf

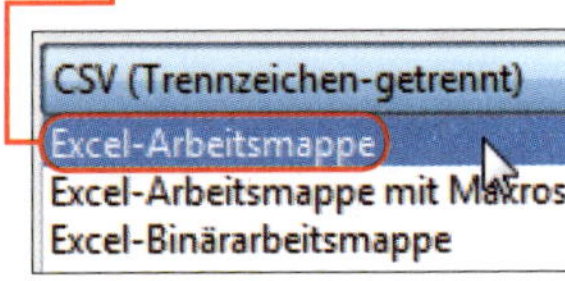

und zu guter Letzt auf die Schaltfläche

.

Eigene Daten weitergeben

Im vorigen Abschnitt haben Sie erfahren, wie Sie Tabellendaten übernehmen können, ohne dass diese als Excel-Arbeitsmappen vorliegen. Aber es geht auch genau andersrum: Analog dazu können Sie Ihre Excel-Arbeitsmappen in ein Dateiformat konvertieren, das von anderen Tabellenkalkulations- oder Datenbankprogrammen verarbeitet werden kann. Im Beispiel speichern Sie eine Arbeitsmappe im aus dem vorangegangenen Abschnitt bekannten, weit verbreiteten CSV-Format.

1 Um eine geöffnete Arbeitsmappe als CSV-Datei zu speichern, klicken Sie zunächst ganz normal auf

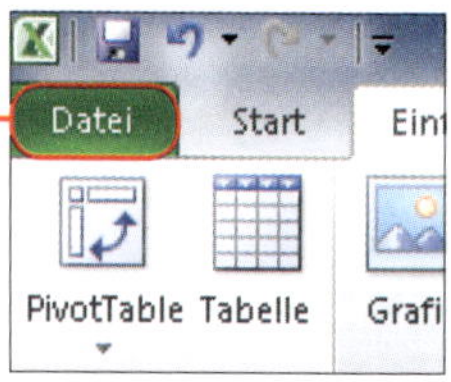

und in der aufklappenden Auswahl auf .

2 Im Explorer-Fenster, das daraufhin erscheint, legen Sie als Erstes wie gewohnt den Speicherort fest.

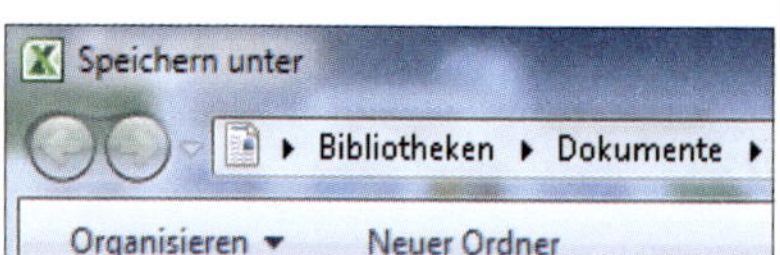

Dann geben Sie der Datei wieder einen Namen, im Beispiel .

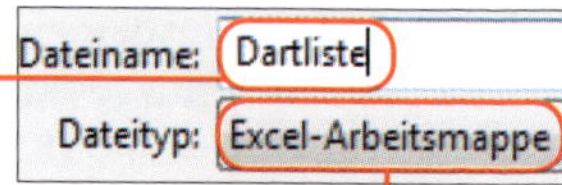

Den Dateityp müssen Sie jetzt aber verändern. Klicken Sie dazu am rechten Rand dieses Feldes auf den Pfeil

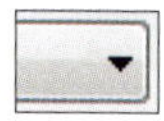

und in der geöffneten Auswahl auf den Eintrag .

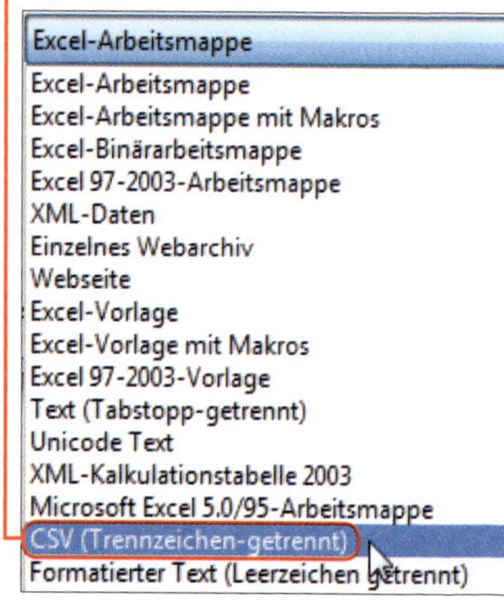

3 Sobald Sie den Dateityp wie beschrieben geändert haben ,

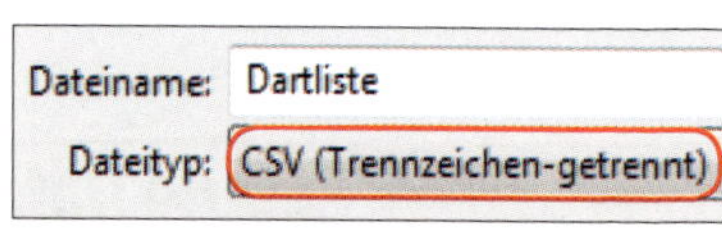

brauchen Sie nur noch auf die Schaltfläche

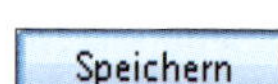

zu klicken. Jetzt kann Ihre Excel-Datei auch von einem anderen Tabellenkalkulationsprogramm geöffnet und bei Bedarf bearbeitet werden.

Tabellen an Benutzer ohne Excel weitergeben

Beim Speichern im CSV-Format können zwar alle Anwender einer beliebigen Tabellenkalkulation die Daten Ihrer Tabelle verwenden, deren Formatierung geht jedoch verloren. Wenn Sie Ihre Tabelle einfach nur weitergeben wollen, damit der Empfänger sie sich ansehen kann, dann ist das XPS-Format optimal. Denn XPS-Dateien können auf jedem Rechner mit Windows Vista oder Windows 7 gelesen werden, ohne dass ein Zusatzprogramm installiert werden müsste. Wählen Sie dazu in Schritt 2 der nebenstehenden Anleitung den Eintrag ●.

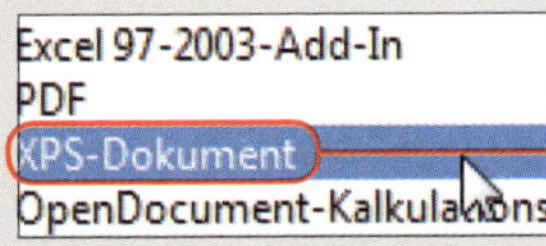

Zellinhalte suchen und flott ändern

Gerade wenn Sie „fremde" Daten übernehmen, kann es vorkommen, dass Sie Eingaben verändern wollen oder gar müssen, etwa die Schreibweise eines Namens. Dazu brauchen Sie die Tabelle nicht Zeile für Zeile abzusuchen und die entsprechenden Änderungen manuell vorzunehmen. Mithilfe der Funktion „Suchen/Ersetzen" geht das viel flotter.

1 Die Beispieltabelle enthält eine falsche Schreibweise des Namens „Maier". Statt mit „ai" wird der Name hier mit „ay" geschrieben.

	A	
1	Mayer	
2	Schmitt	
3	Mayer	
4	Müller	

Um dies zu ändern, klicken Sie im Start-Register des **Menübandes** auf

und anschließend auf ●.

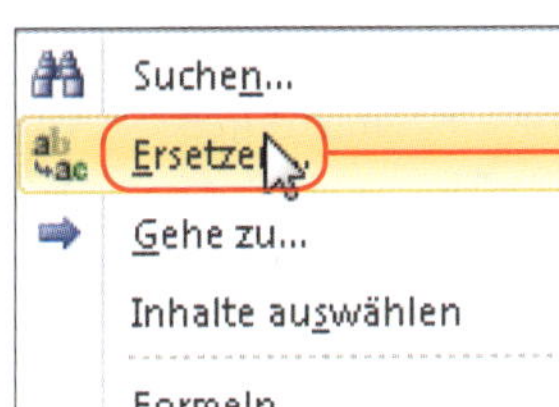

2 In dem Fenster, das daraufhin angezeigt wird, tippen Sie die falsche

Zellinhalte suchen und flott ändern

Schreibweise ins obere Feld ● und die korrekte ins Feld darunter ●.

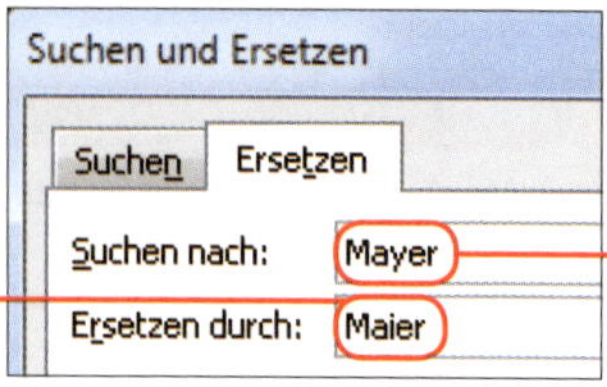

Es folgt ein Mausklick auf die Schaltfläche

.

3 Schon wird die erste Zelle, die die falsche Schreibweise enthält, markiert: ●.

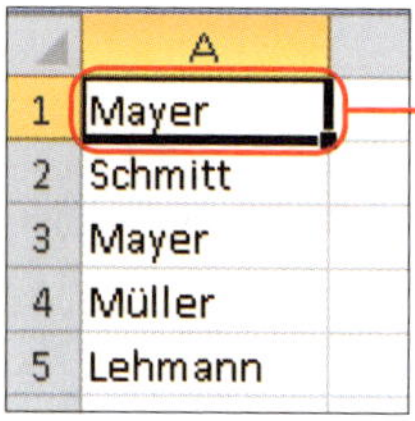

Wenn Sie nun auf die Schaltfläche

klicken, wird der markierte (falsch geschriebene) Name durch die korrekte Schreibweise ersetzt: ●.

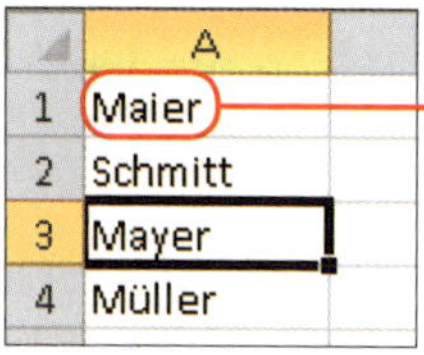

Gleichzeitig wird die nächste Fundstelle markiert: ●.

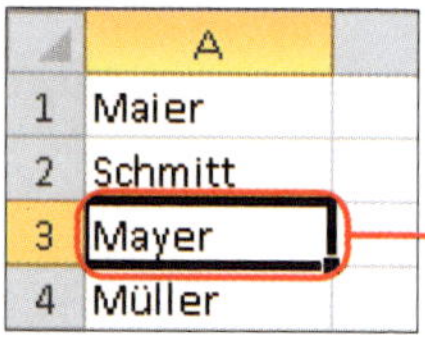

Auf diese Weise können Sie die ganze Tabelle durcharbeiten.

4 Falls Sie einmal keine Änderung vornehmen möchten, klicken Sie statt auf „Ersetzen" auf

.

Wenn Sie dagegen sicher sind, dass sämtliche falschen Einträge entsprechend korrigiert werden müssen, können Sie auch gleich auf

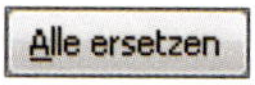

klicken. Dann werden nämlich auf einen Schlag alle „Mayer" durch „Maier" ersetzt. In diesem Fall brauchen Sie die Erfolgsmeldung nur noch zu bestätigen, indem Sie auf ●

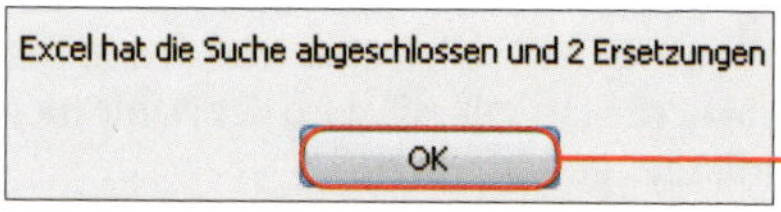

klicken. Und das „Suchen und Ersetzen"-Fenster blenden Sie einfach per Klick auf ● aus.

Zellinhalte aufteilen

Stellen Sie sich vor, Sie haben in ein und derselben Spalte sowohl den Vor- als auch den Nachnamen Ihrer Kunden erfasst. In der Beispieltabelle stehen diese Informationen gemeinsam in den Zellen der Spalte A.

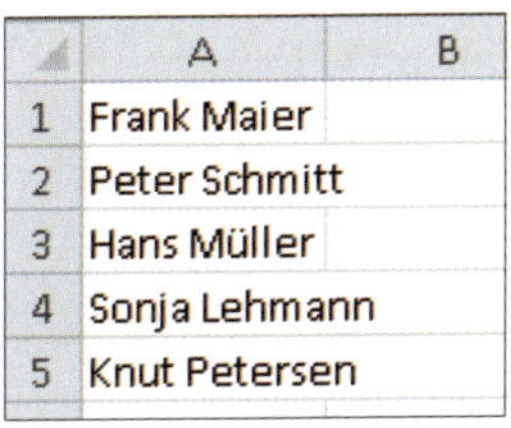

Damit die Namensliste sinnvoll sortiert werden kann, wäre es aber am besten, wenn Vor- und Nachnamen in unterschiedlichen Spalten erschienen. Mit Excel kein Problem: Teilen Sie die Werte, die in einer Spalte erfasst sind, einfach auf mehrere Spalten auf.

1 Im Beispielfall sollen die Vornamen in der Spalte B, die Nachnamen in der Spalte C erscheinen. Klicken Sie dazu als Erstes im **Spaltenkopf** auf,

um die Spalte A zu markieren.

2 Dann holen Sie per Klick im Menüband auf den Registerreiter

das entsprechende Register in den Vordergrund und klicken dort auf.

3 Ein **Assistent** leitet Sie nun durch die weiteren Schritte. Im ersten Fenster behalten Sie die Auswahl

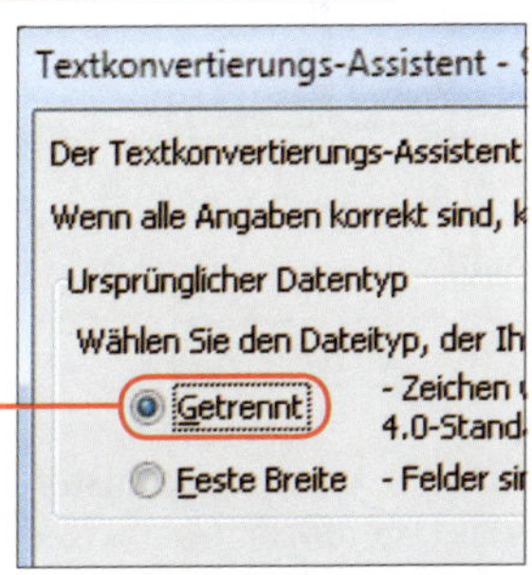

bei und klicken gleich auf die Schaltfläche

.

4 Im Fenster, das daraufhin geöffnet wird, setzen Sie mit einem Klick einen Haken in das Auswahlkästchen ●.

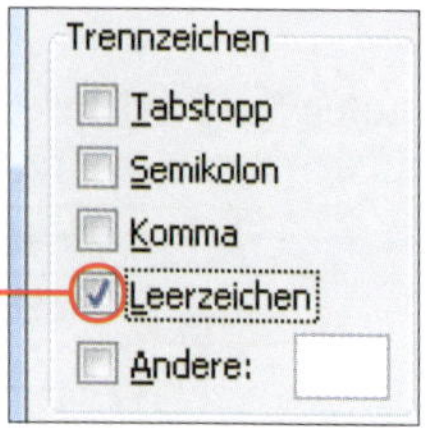

Aus den anderen Kästchen müssen Sie die Häkchen gegebenenfalls - ebenso per Mausklick - entfernen.

In der Vorschau unten im Assistenten sehen Sie bereits, dass Vor- und Nachname jetzt getrennt dargestellt werden: ●.

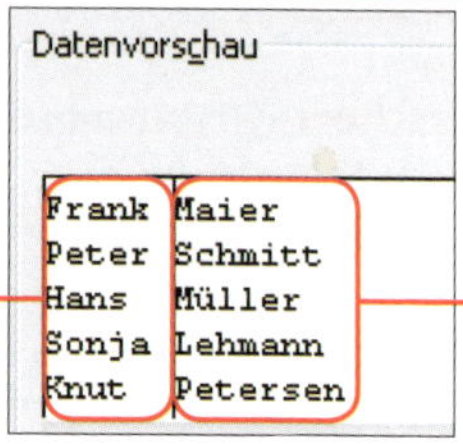

Um fortzufahren, klicken Sie danach wieder auf

.

5 Im dritten Assistentenfenster lassen Sie das Datenformat ●

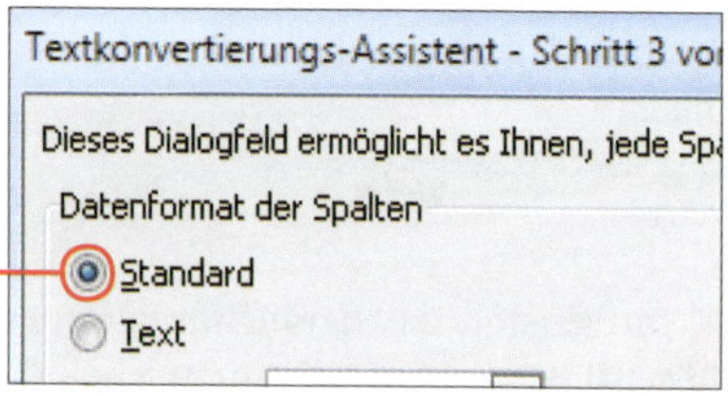

unverändert stehen. Den Zielbereich im Feld darunter (der angibt, wo die beiden neuen Spalten für Vor- und Nachnamen platziert werden sollen)

müssen Sie allerdings ändern. Klicken Sie dazu rechts in diesem Feld auf das Symbol ●.

6 Daraufhin taucht ein Hilfsfenster in Ihrer Arbeitsmappe auf: ●.

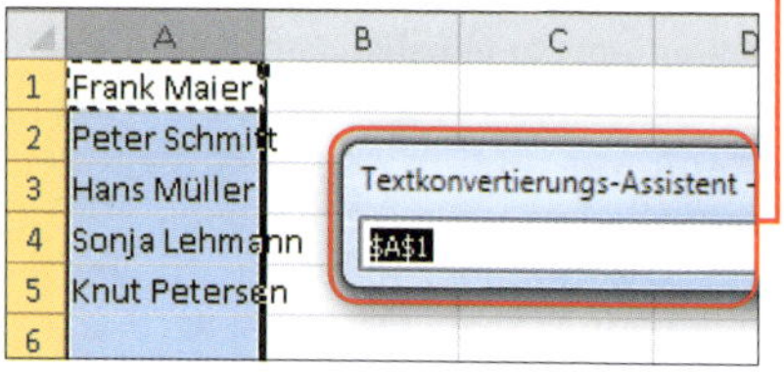

Markieren Sie nun die Spalten B und C, indem Sie zunächst auf ● klicken, dann die ⇧-Taste drücken und bei weiterhin gedrückter Taste auf ●

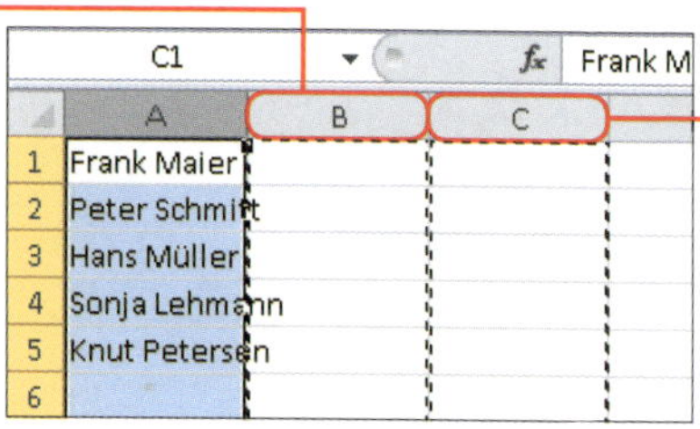

klicken. Im Hilfsfenster erscheinen anschließend die Adressen der Spalten, und Sie können rechts davon auf ● klicken.

7 Sie kehren dadurch wieder zum dritten Assistentenfenster zurück und sehen jetzt, dass der soeben neu eingegebene Zielbereich bereits automatisch übernommen wurde: ●.

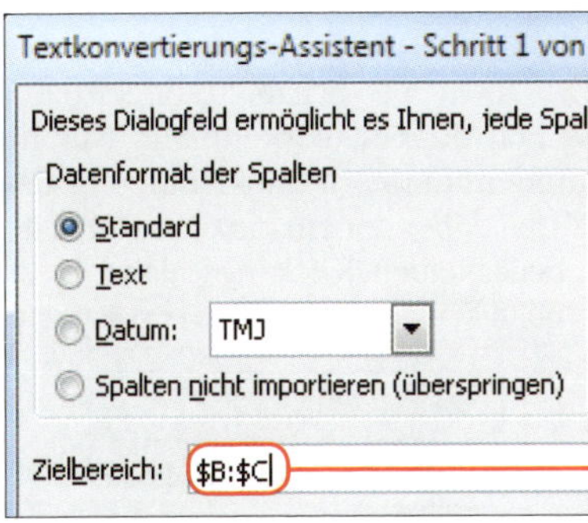

Das war es auch schon. Sie brauchen nur noch auf

zu klicken. Schon sind die Werte der Spalte A auf die Spalten B und C aufgeteilt.

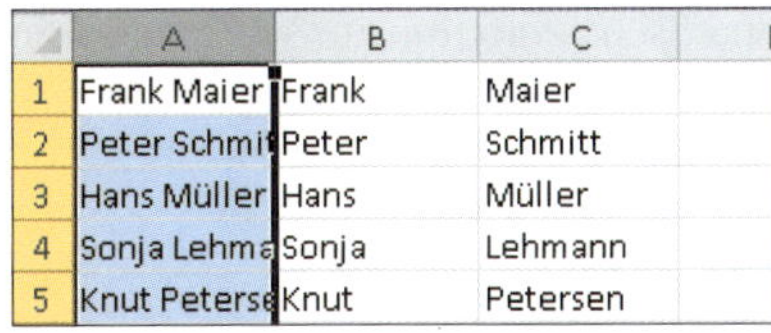

8 Die Spalte A benötigen Sie nun nicht mehr. Um die Zellen zu löschen, klicken Sie mit der *rechten* Maustaste auf ● und dann auf ●.

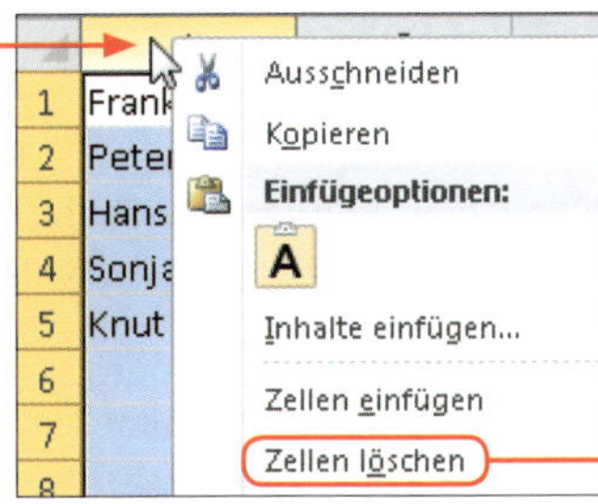

Umgehend verschwinden die Zellen, und die Spalten mit den Vor- und Nachnamen rücken automatisch nach links.

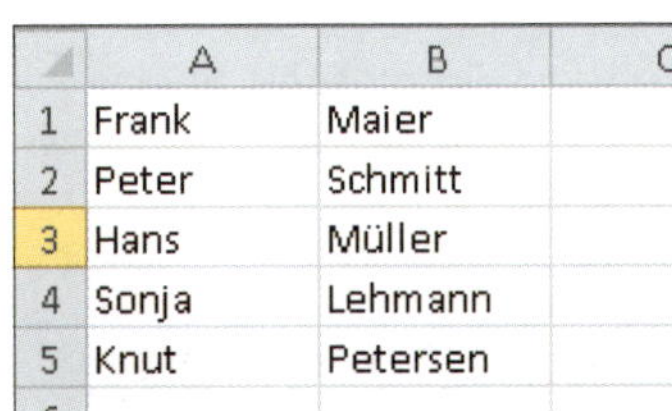

Doppelte Einträge entfernen

Selbst bei sorgfältigstem Arbeiten kann es hin und wieder vorkommen, dass eine Tabelle unerwünschte doppelte Einträge enthält. Excel stellt Ihnen jedoch eine praktische Funktion zur Verfügung, die solche Doubletten entfernt. In der Beispieltabelle sind Kundennamen und Kundennummern aufgelistet.

	A	B	C
1	1	Frank	Maier
2	2	Peter	Schmitt
3	3	Hans	Müller
4	4	Sonja	Lehmann
5	5	Knut	Petersen
6	2	Peter	Schmitt
7	5	Knut	Petersen
8			

Kundennamen können natürlich doppelt vorkommen, nicht jedoch Kundennummern. Diese sind eindeutig. In der Beispieltabelle oben sehen Sie sofort, dass die Einträge in den Zeilen 2 und 6 sowie 5 und 7 identisch sind. In umfangreichen Datensammlungen wäre eine manuelle Suche allerdings erheblich schwieriger. Und so entfernen Sie jeweils den doppelten Eintrag:

1 Klicken Sie zunächst in eine beliebige Zelle der Tabelle, beispielsweise die Zelle A2.

	A	B	C
1	**Kunde**	**Vorname**	**Name**
2	1	Frank	Maier
3	2	Peter	Schmitt
4	3	Hans	Müller
5	4	Sonja	Lehmann
6	5	Knut	Petersen
7	2	Peter	Schmitt
8	5	Knut	Petersen
9			

2 Anschließend klicken Sie im Menüband auf den Registerreiter

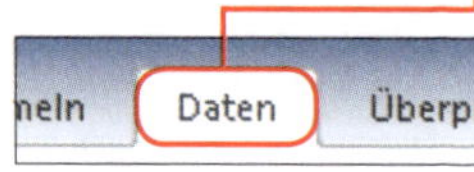

und dann im geöffneten Register auf den Eintrag.

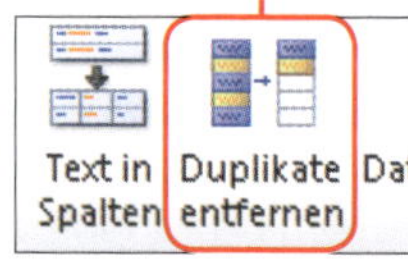

3 Namen und Vornamen können natürlich doppelt vorkommen. Nur die Kundennummern sind eindeutig und dürfen daher nur ein einziges Mal in der Tabelle bleiben. Klicken Sie daher im folgenden Fenster in die Kästchen und,

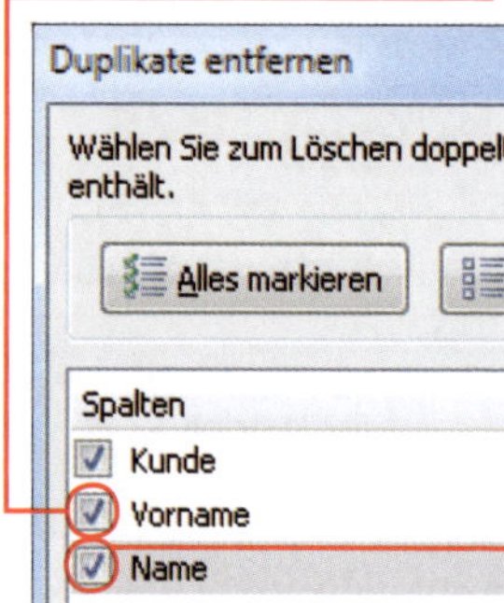

um die Haken daraus zu entfernen:.

4 Den Haken im Kästchen

können Sie stehen lassen. Nach einem Mausklick auf die Schaltfläche

entfernt Excel die Zeilen mit doppelten Kundennummern. Die entsprechende Erfolgsmeldung, die daraufhin erscheint, nehmen Sie einfach per Mausklick auf die Schaltfläche zur Kenntnis.

Jetzt enthält die Tabelle wunschgemäß jeden Kunden nur noch einmal.

	A	B	C
1	Kunde	Vorname	Name
2	1	Frank	Maier
3	2	Peter	Schmitt
4	3	Hans	Müller
5	4	Sonja	Lehmann
6	5	Knut	Petersen
7			

2 Tabellen anlegen und gestalten

Excel stellt Ihnen viele Formatierungsmöglichkeiten zur Verfügung, mit deren Hilfe Sie Ihre Tabellen bis ins Detail optisch gestalten können. Das reicht von der Wahl einer Schriftart bis hin zur Ausrichtung der Zellinhalte. Auf diese Weise lassen sich beispielsweise Spalten- und Zeilenbeschriftungen deutlich von den Daten abgrenzen oder auch Rechenergebnisse hervorheben. Bevor Sie sich aber ans Werk machen und umfangreiche Gestaltungsarbeiten in Angriff nehmen, sollten Sie prüfen, ob Sie nicht eine **Arbeitsmappen**-Vorlage finden, die zumindest weitgehend Ihren Vorstellungen entspricht. Solche Vorlagen gibt es für unzählige Zwecke, beispielsweise für Ihre Haushaltsplanung oder auch Spesenabrechnungen. Entweder befinden sich diese Vorlagen bereits auf Ihrem Rechner, weil sie von vornherein zum Lieferumfang Ihres Office-Pakets gehören. Oder Sie werden im Internet fündig, wo Microsoft jede Menge Vorlagen kostenlos zur Verfügung stellt.

Im zweiten Kapitel dieses Buches erfahren Sie,

- wie Sie Excel mitteilen, auf welche **Zellen** sich eine Gestaltungsanweisung beziehen soll,
- wie Sie die Registerreiter einzelner Arbeitsblätter beschriften,
- wie Sie Eingaben und Formatierungen gleichzeitig auf mehreren Blättern vornehmen
- und wie Sie Zellen, Tabellen und ganze Arbeitsmappen mithilfe von Vorlagen gestalten.

Kapitel-Wegweiser

Zellen und Zellbereiche markieren

Um Excel mitzuteilen, worauf sich eine Gestaltungsanweisung beziehen soll, müssen Sie die entsprechenden Zellen beziehungsweise Zellbereiche zuvor **markieren**. Hier eine kleine Übersicht der wichtigsten Techniken:

1 Um eine einzelne **Zelle** zu markieren, brauchen Sie diese nur anzuklicken. Eine **aktive Zelle** ist nämlich gleichzeitig auch markiert. Die Markierung erkennen Sie an der dicken Umrandung: ●.

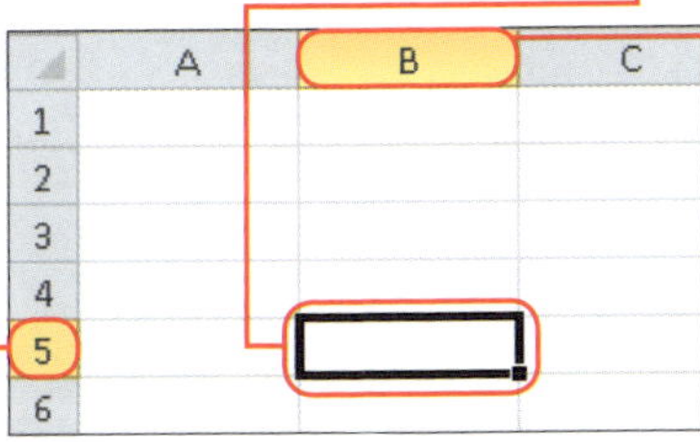

Zudem lässt sich die Adresse der Zelle an der gelb unterlegten Zeile ● und Spalte ● ablesen. Im Beispiel ist also die Zelle B5 markiert.

2 Wenn Sie einen zusammenhängenden rechteckigen **Zellbereich** markieren wollen, können Sie zum einen die Ziehtechnik mit der Maus anwenden. Damit beispielsweise die Zellen A2 bis B5 markiert werden, klicken Sie in die Zelle A2 ●,

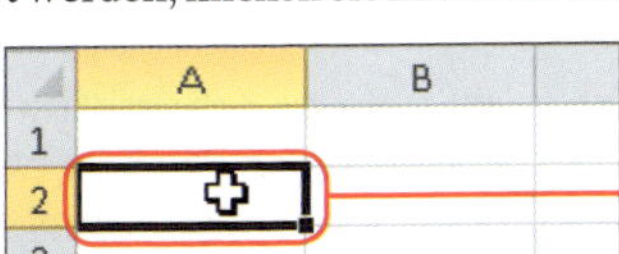

halten die Maustaste gedrückt und **ziehen** die Markierung mit weiterhin gedrückter Maustaste bis zur Zelle B5 ●, wo Sie die Maustaste dann loslassen.

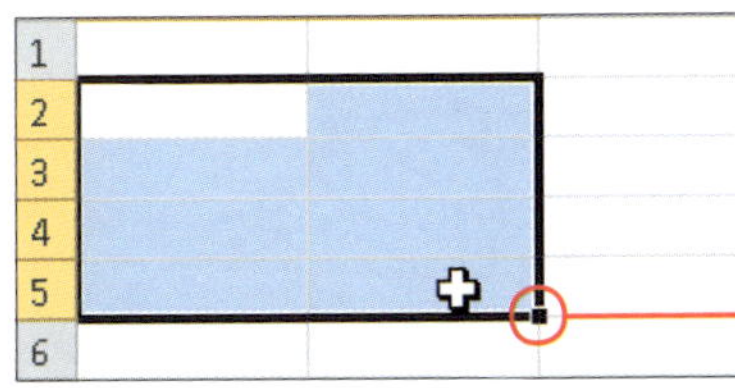

Alternativ können Sie auch in die Zelle A2 klicken und dann mit gedrückt gehaltener ⇧-Taste auf B5. Diese Technik bietet sich an, wenn Sie sehr große Zellbereiche markieren möchten. Denn das geht mit der Maus oft nicht so exakt.

3 Eine komplette **Zeile** markieren Sie, indem Sie im **Zeilenkopf** auf die entsprechende Zahl klicken. Ein Klick beispielsweise auf ●

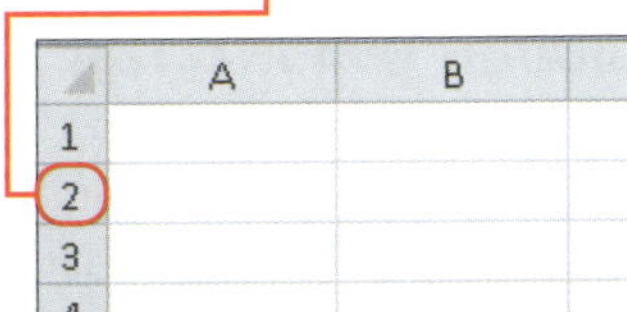

markiert die komplette Zeile 2.

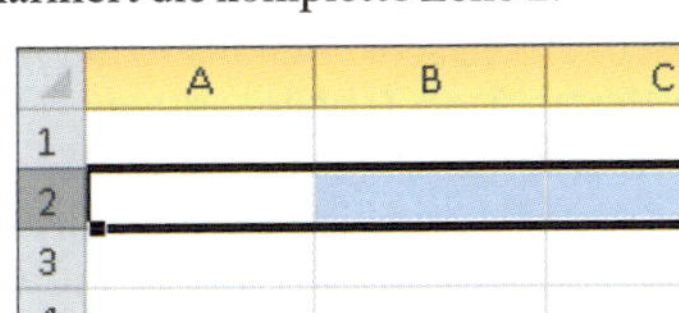

Entsprechend können Sie auch komplette **Spalten** markieren. Klicken Sie einfach auf den jeweiligen Buchstaben im **Spaltenkopf**.

4 Ein Mausklick auf das Kästchen, wo sich Spalten- und Zeilenkopf treffen ●,

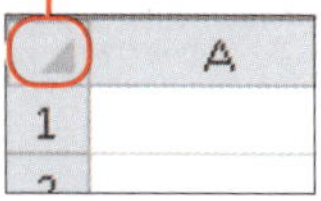

markiert auf einen Schlag das gesamte **Arbeitsblatt**.

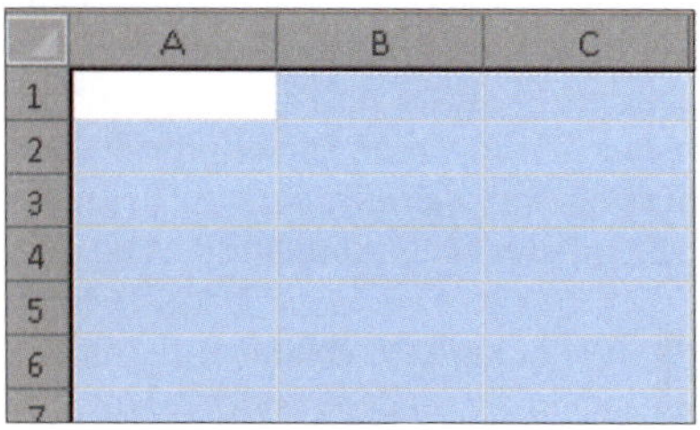

5 Selbstverständlich ist es auch möglich, mehrere nicht zusammenhängende Zellen oder einen **Zellbereich** zu markieren. Um beispielsweise die Spalten B und D zu markieren, klicken Sie zunächst auf ●, drücken dann die Strg-Taste und klicken mit weiterhin gedrückter Taste auf ●.

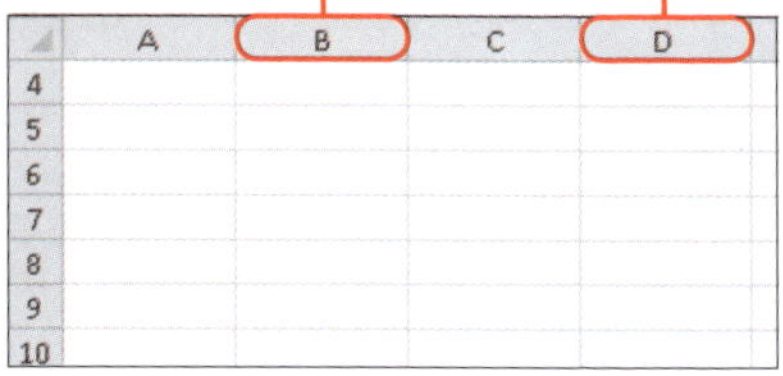

Schon sind beide Spalten markiert: ●.

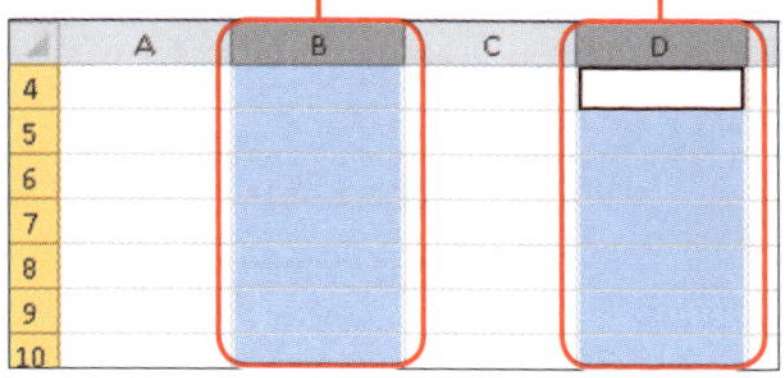

Tabellen gleichzeitig in mehreren Blättern anlegen

In der Praxis kommt es recht häufig vor, dass Sie identische Tabellen auf mehreren Arbeitsblättern anlegen müssen. So ist es zum Beispiel sinnvoll, Ertragsübersichten für die Jahre 2009 bis 2011 jeweils in einem separaten Blatt zu dokumentieren. Der Tabellenaufbau sieht dabei völlig identisch aus, nur die Werte unterscheiden sich. Es spricht natürlich nichts dagegen, die Tabelle für ein Arbeitsblatt anzulegen und dann mithilfe der **Zwischenablage** auf die anderen Blätter zu kopieren. Es geht aber auch eleganter. Sie können nämlich alle Eingaben von vornherein auf allen drei Blättern vornehmen. Und so geht's Schritt für Schritt:

1 Wenn Sie mehrere Arbeitsblätter einer Arbeitsmappe nutzen, ist es aus Gründen der Übersichtlichkeit ratsam, die Registerreiter zu beschriften. Klicken Sie dazu als Erstes mit der *rechten* Maustaste auf ●

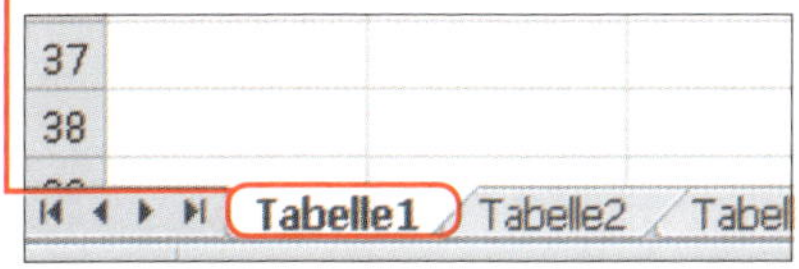

und im Kontextmenü, das sich daraufhin öffnet, auf ●.

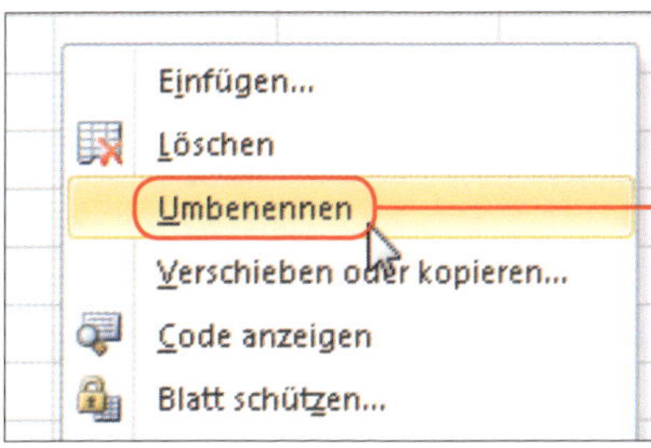

2 Dadurch wird die Beschriftung des Registerreiters markiert ●,

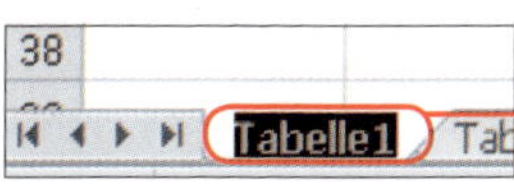

und Sie können einen Namen Ihrer Wahl eintippen, im Beispielfall also einfach die Jahreszahl ●.

Mit derselben Technik beschriften Sie auch die beiden anderen Registerreiter.

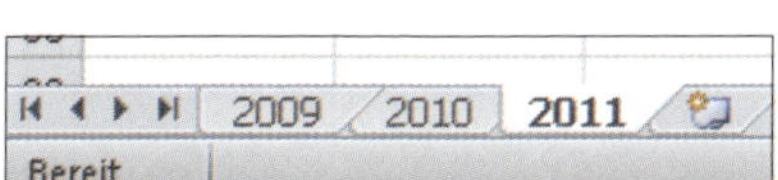

Übrigens: Das Umbenennen von Tabellenblättern können Sie auch einleiten, indem Sie den Namen des Tabellenblattes doppelt anklicken!

3 Bevor Sie nun darangehen, Ihr Tabellengerüst anzulegen, markieren Sie alle drei Blätter. Klicken Sie dazu auf ●, drücken Sie dann die ⇧-Taste, halten Sie sie gedrückt, und klicken Sie auf ●.

Die drei Blätter werden daraufhin markiert, was Sie an der helleren Färbung der Registerreiter erkennen können.

4 Excel weiß jetzt, dass sich die folgenden Anweisungen auf alle drei Blätter beziehen sollen. Sie können nun also ganz normal Ihre Eingaben machen. Dabei stehen Ihnen alle Techniken zur Verfügung. So ist es beispielsweise möglich, beim Eintragen der Monatsnamen ● die automatische Ausfüllhilfe in Anspruch zu nehmen (siehe Seite 9).

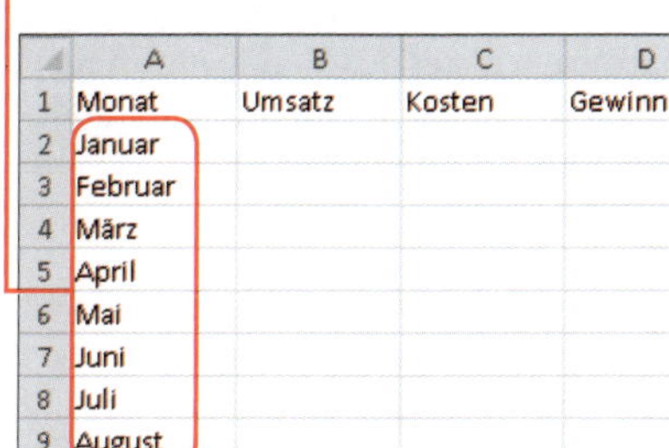

	A	B	C	D
1	Monat	Umsatz	Kosten	Gewinn
2	Januar			
3	Februar			
4	März			
5	April			
6	Mai			
7	Juni			
8	Juli			
9	August			

Alle Eingaben, die Sie bei bestehender Markierung vornehmen, erscheinen in sämtlichen Blättern. Um sich davon zu überzeugen, holen Sie am Schluss einfach per Mausklick auf ● oder ●

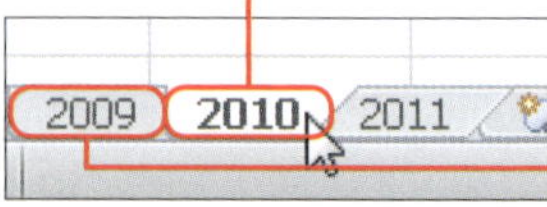

eines der anderen Blätter in den Bildschirmvordergrund.

5 Auch **Formatierungen** können Sie in einem Rutsch in allen Blättern durchführen. Markieren Sie die drei Blätter, wie im Schritt 3 gezeigt, und klicken Sie dann beispielsweise auf ●,

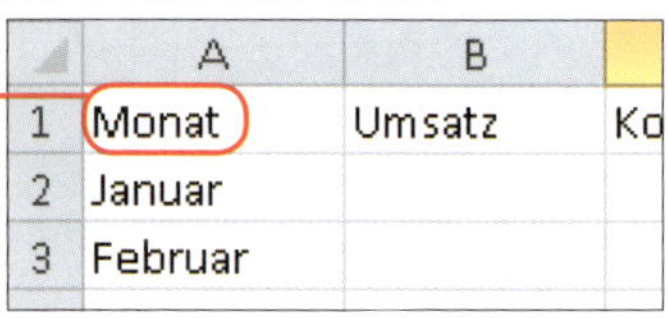

um die Zeile 1 zu markieren.

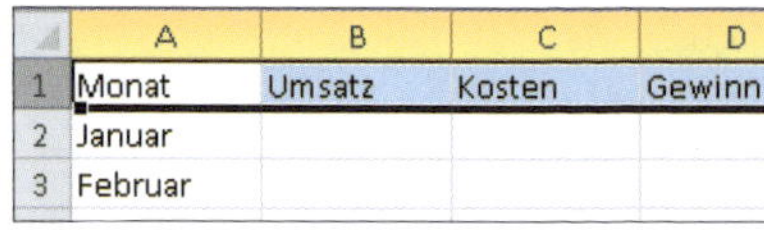

Wenn Sie dann im Start-Register des **Menübands** zum Beispiel auf ●

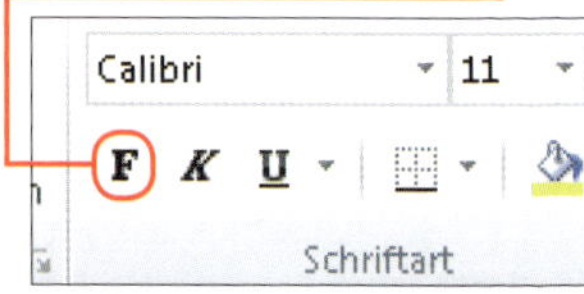

klicken, werden die Spaltenbeschriftungen fett hervorgehoben: ●.

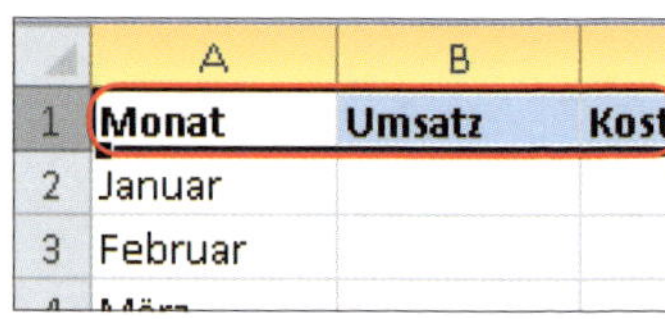

Dies ist nicht nur in dem Tabellenblatt so, das sich aktuell im Vordergrund befindet, sondern auch auf den anderen Blättern, die gerade nicht sichtbar sind.

Die wichtigsten Gestaltungsmöglichkeiten

Im Start-Register des Menübands finden Sie die wichtigsten Funktionen, mit denen sich Zellinhalte gestalten lassen. Hier ein kleiner Überblick:

1 Standardmäßig werden Zellinhalte mit der 11-Punkt-Schrift Calibri dargestellt. Von beiden Vorgaben, also sowohl der Schriftart als auch der Schriftgröße, können Sie natürlich abweichen. Dazu verwenden Sie die Auswahlfelder ●.

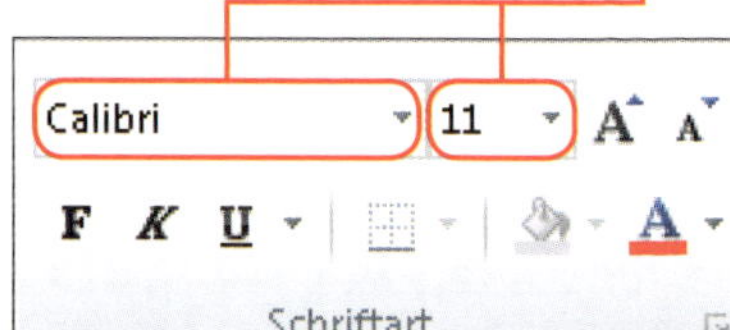

Markieren Sie etwa die Zeile 1 der Tabelle, die im vorigen Abschnitt als Beispiel diente, und klicken Sie danach auf den Pfeil

sowie auf die Schriftgröße.

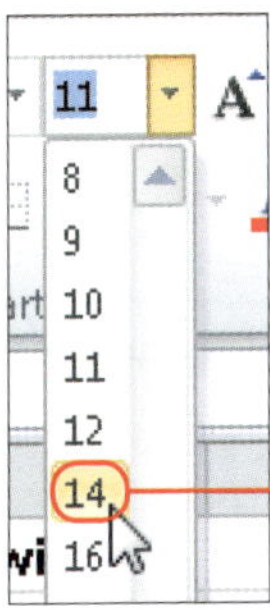

Anschließend werden die Spaltenüberschriften in einer 14-Punkt-Schrift dargestellt. Die Höhe der Zellen wird dabei automatisch angepasst.

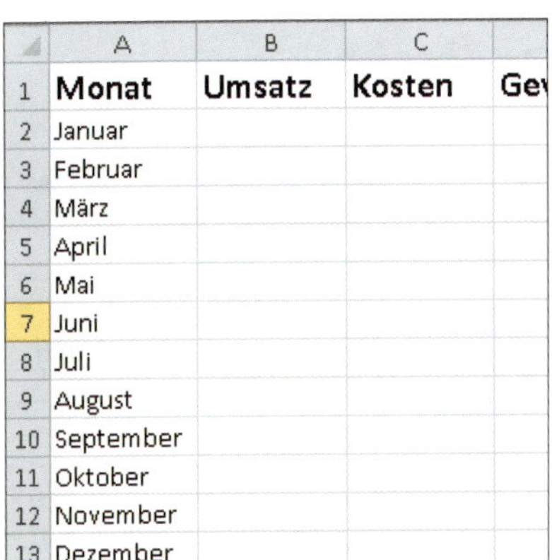

	A	B	C	
1	Monat	Umsatz	Kosten	Gev
2	Januar			
3	Februar			
4	März			
5	April			
6	Mai			
7	Juni			
8	Juli			
9	August			
10	September			
11	Oktober			
12	November			
13	Dezember			

2 Analog dazu können Sie Zellinhalte fett, kursiv oder mit einer Unterstreichung hervorheben:

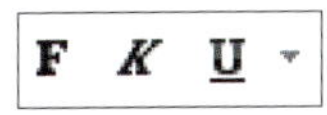

Und mithilfe der Symbole

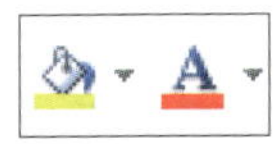

lassen sich die Hintergrund- und die Schriftfarbe ganz nach Wunsch ändern.

3 Damit sich die ausgefüllten Felder Ihre Tabelle deutlicher vom nicht ausgefüllten Teil eines Arbeitsblattes abheben, können Sie die Zellen mit Rahmen versehen. Markieren Sie dazu die gefüllten Zellen, und klicken Sie dann auf

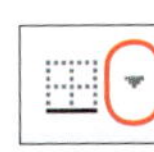

und anschließend auf.

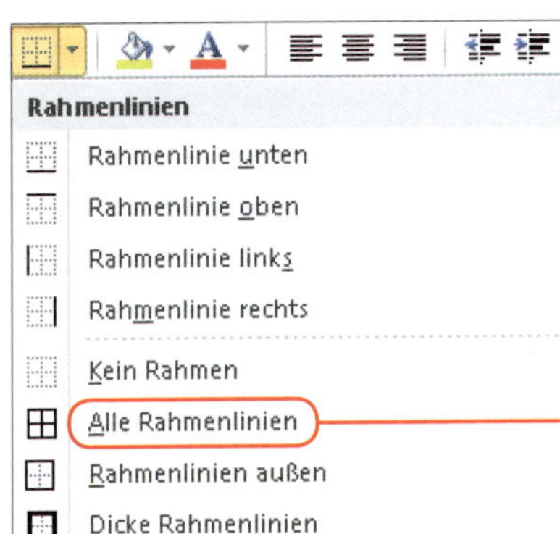

Schon sehen Sie das Ergebnis:

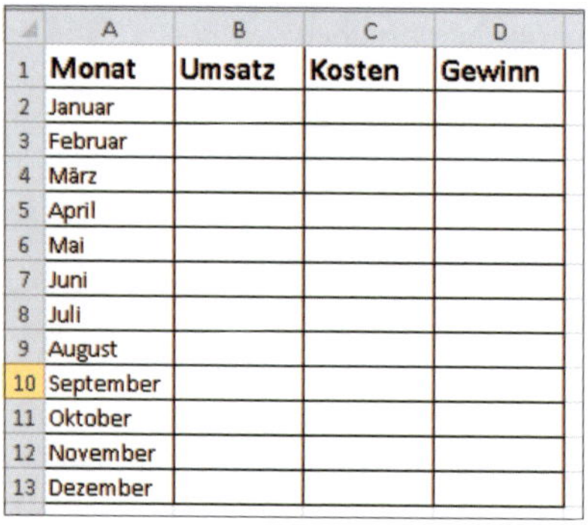

	A	B	C	D
1	Monat	Umsatz	Kosten	Gewinn
2	Januar			
3	Februar			
4	März			
5	April			
6	Mai			
7	Juni			
8	Juli			
9	August			
10	September			
11	Oktober			
12	November			
13	Dezember			

4 Texte werden in Zellen standardmäßig links, Zahlen dagegen rechts ausgerichtet. Mit Mausklicks auf die Symbole

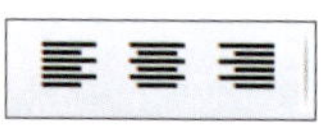

können Sie von diesen Vorgaben abweichen.

5 Falls sich die Zellhöhe nicht am Inhalt orientiert, haben Sie zudem die Möglichkeit, durch Anklicken des entsprechenden Symbols ● festzulegen, ob sich der Zellinhalt am oberen oder unteren Rand anlehnen oder mittig ausgerichtet werden soll. Und nach einem Klick auf ●

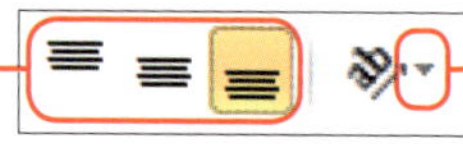

öffnet sich ein Menü, über das Sie Zellinhalte auch drehen können.

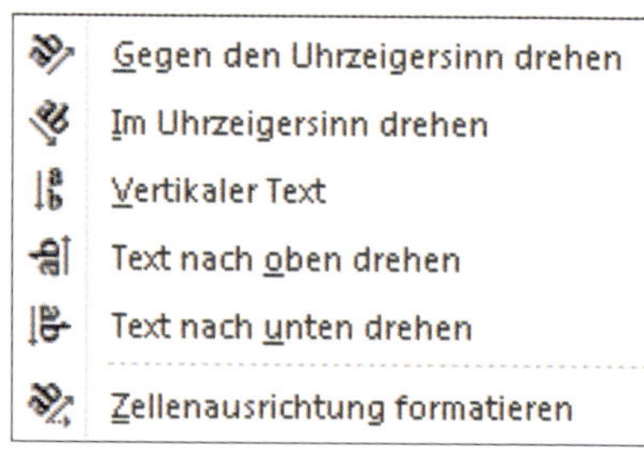

Formatierungen löschen

Beim optischen Gestalten von Tabellen gehen manchmal die Pferde mit einem durch, denn die zahlreichen Formatierungsmöglichkeiten verleiten schnell dazu, es zu übertreiben. Und dann würden Sie vermutlich am liebsten noch einmal ganz von vorne beginnen. Doch keine Sorge: Dazu brauchen Sie nicht jeden einzelnen Formatierungsschritt manuell rückgängig zu machen. Das geht in einem Rutsch.

1 Sollten Sie beispielsweise mit der Gestaltung der Gewinntabelle nicht zufrieden sein, klicken Sie als Erstes auf ●,

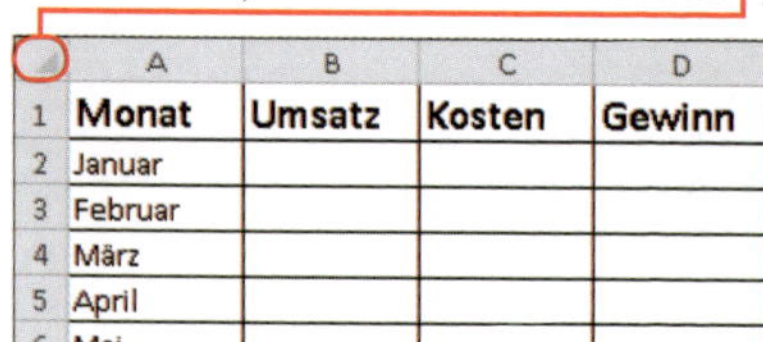

	A	B	C	D
1	Monat	Umsatz	Kosten	Gewinn
2	Januar			
3	Februar			
4	März			
5	April			
6	Mai			

um das Arbeitsblatt zu markieren.

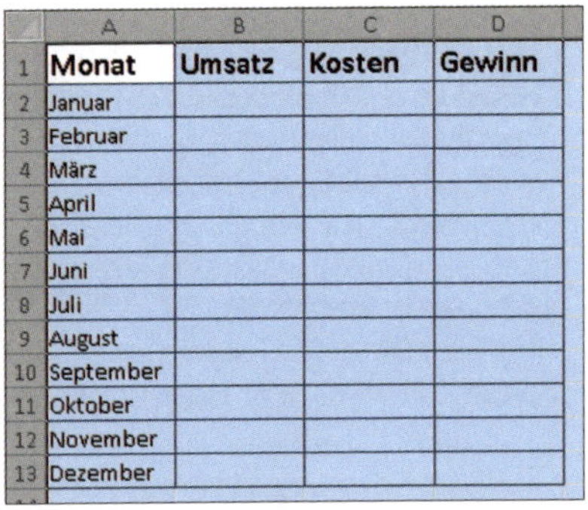

2 Anschließend brauchen Sie im Start-Register des Menübands nur noch auf

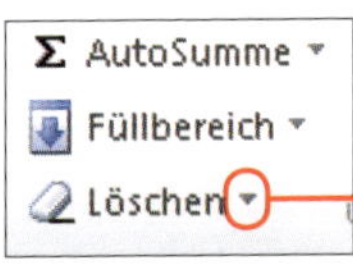

sowie auf den Befehl

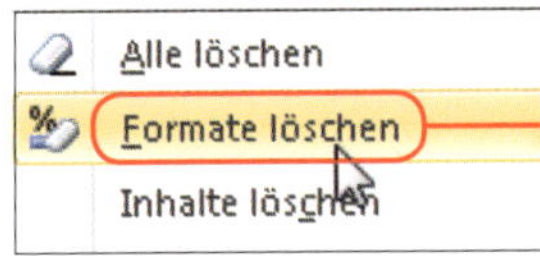

zu klicken. Schon sind alle Formatierungen auf einen Schlag entfernt.

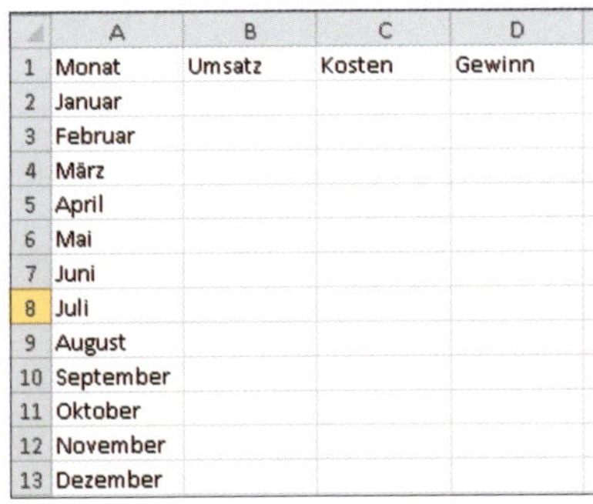

Zellenformatvorlagen nutzen

Genauso wie Sie Texte in Word mithilfe von Formatvorlagen blitzschnell einheitlich gestalten können, ist es auch möglich, Tabellen mithilfe von Vorlagen zu formatieren. Dabei gibt es zwei verschiedenen Arten von Vorlagen. Mit sogenannten Zellenformatvorlagen formatieren Sie einzelne Zellen oder Zellbereiche, beispielsweise die Spaltenbeschriftungen Ihrer Tabelle. Zum anderen gibt es Formatvorlagen, mit deren Hilfe Sie im Nu komplette Tabellen gestalten. Näheres dazu erfahren Sie im nachfolgenden Abschnitt ab Seite 37.

1 Markieren Sie zunächst die Zellen, die Sie gestalten möchten, im Beispiel also die Spaltenbezeichnungen .

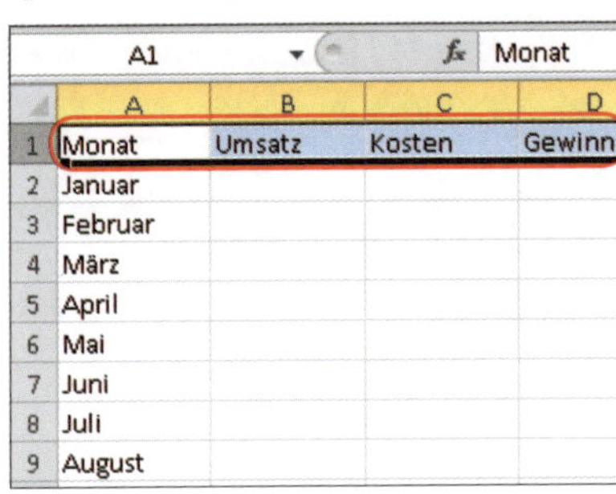

Dann klicken Sie im Start-Register des Menübands auf ●,

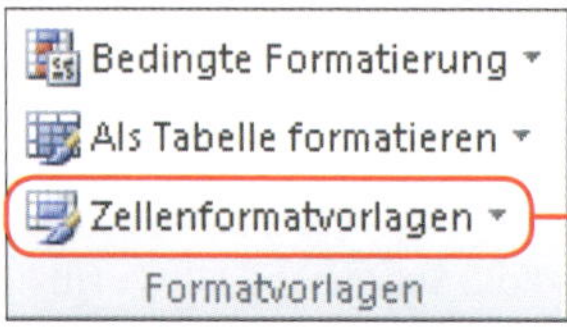

damit der Formatvorlagen-Katalog geöffnet wird.

2 Um Ihnen bei der Auswahl einer geeigneten Vorlage behilflich zu sein, gibt es in Excel eine praktische Vorschaufunktion. Führen Sie den Mauszeiger über einen Eintrag, etwa ●,

Wo ist die Schaltfläche?

Wenn Ihr Bildschirm eine hohe Auflösung verwendet, sehen Sie die Schaltfläche „Zellenformatvorlagen" aus Schritt 1 vielleicht nicht. Dies liegt daran, dass die Zellenformatvorlagen dann bereits offen sichtbar sind. Tippen Sie in dem Fall zum Öffnen des Formatvorlagen-Katalogs einfach auf ●.

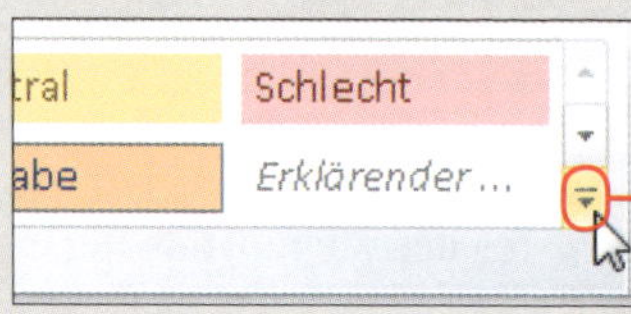

sehen Sie sofort, wie sich die Formatierung auswirken würde: ●.

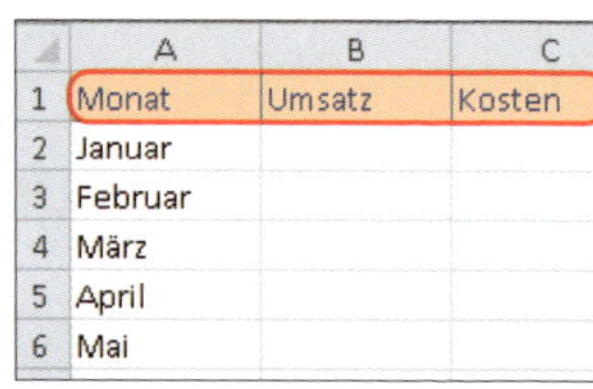

Erst wenn Sie eine Vorlage anklicken, wird die Gestaltung ausgeführt und der Vorlagen-Katalog geschlossen.

3 Vorlagen lassen sich auch ganz nach Wunsch anpassen. Möchten Sie beispielsweise die Zellinhalte horizontal mittig ausrichten, gehen Sie so vor: Öffnen Sie den Katalog, und klicken Sie dann die entsprechende Vorlage mit der *rechten* Maustaste an.

Im Kontextmenü, das daraufhin erscheint, folgt ein Mausklick auf ●.

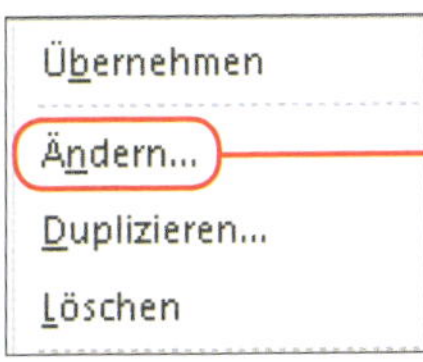

4 Im Fenster, das anschließend angezeigt wird, sehen Sie eine Beschreibung der aktuellen Vorlage. Nach einem Mausklick auf ●

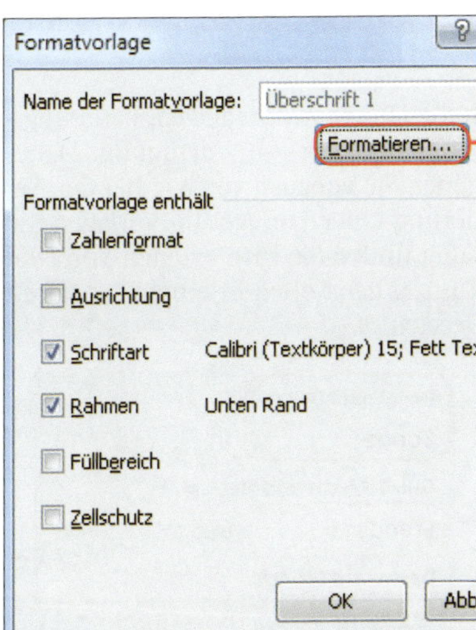

bekommen Sie in einem weiteren Fenster Zugriff auf alle Gestaltungsmöglichkeiten.

5 Um die gewünschte Änderung durchzuführen, holen Sie zunächst per Klick auf den Registerreiter ●

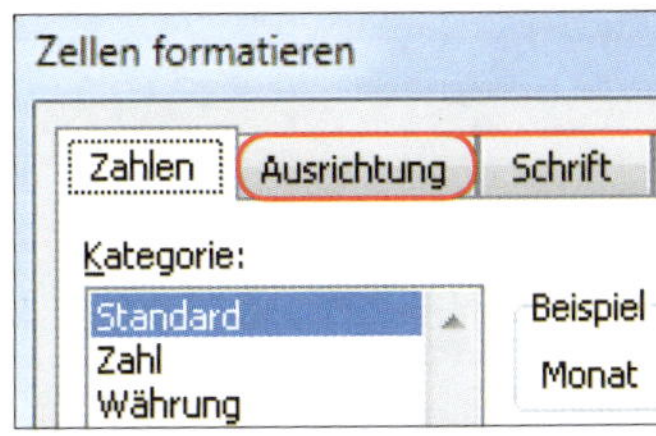

das dazugehörige Register in den Vordergrund. Klicken Sie dort auf ●,

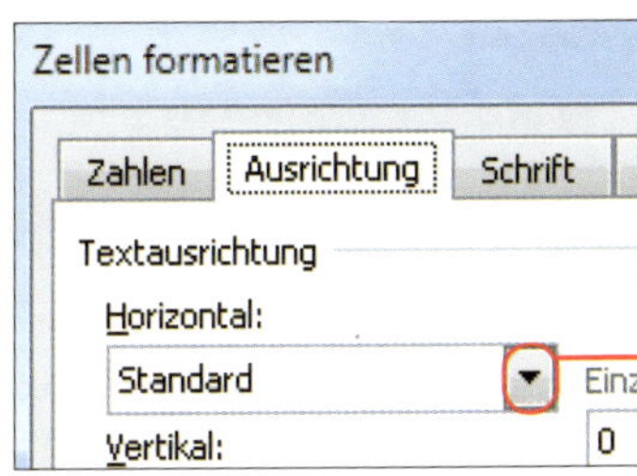

in der geöffneten Liste auf ●

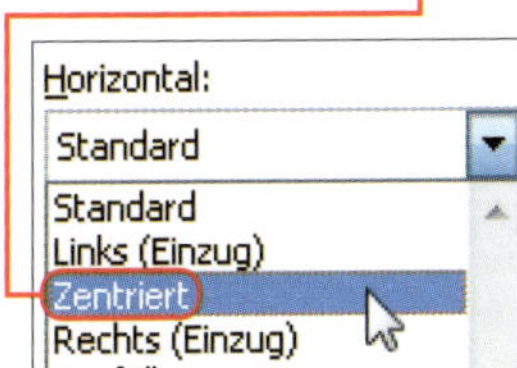

und zur Bestätigung auf

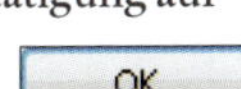

.

6 Daraufhin können Sie im Fenster „Formatvorlage“ (siehe Schritt 4) anhand der Häkchen sehen, was genau Sie für die Formatierung entschieden haben, etwa ●. Um die Änderung auszuführen, brauchen Sie nur noch auf ●

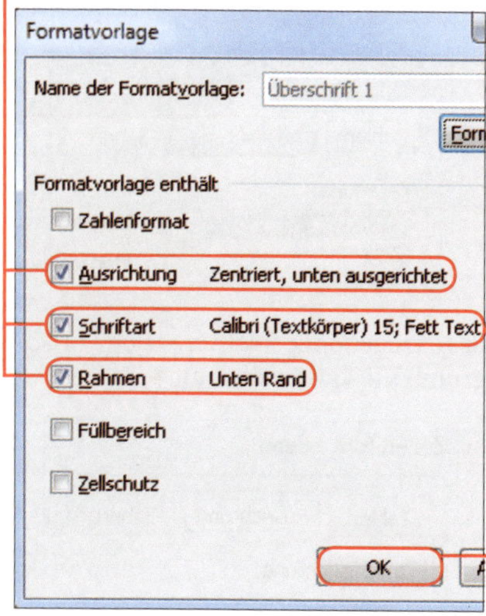

zu klicken. Umgehend werden die Spaltenbezeichnungen, die Sie mit dieser Vorlage beispielhaft gestaltet haben, wunschgemäß in den Zellen zentriert.

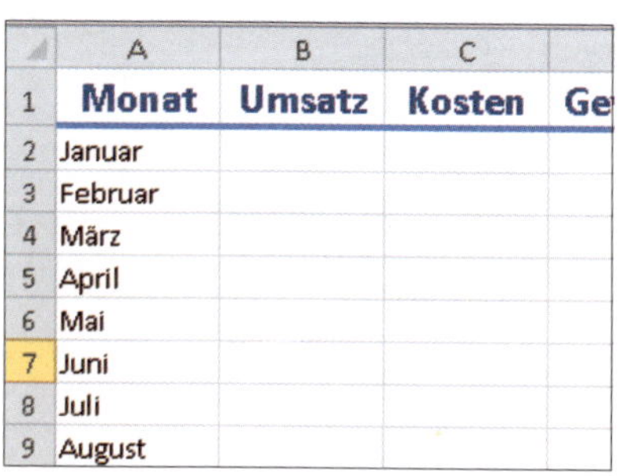

7 Sie können nicht nur bestehende Vorlagen ändern, sondern auch komplett eigene Vorlagen konzipieren. Klicken Sie dazu im geöffneten Vorlagen-Katalog unten auf ●.

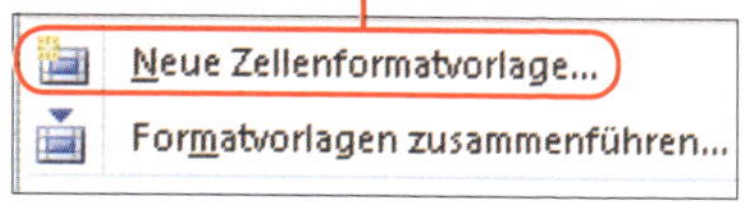

8 Vergeben Sie dann einen Namen für die Vorlage, im Beispiel ●. Nach einem Mausklick auf die Schaltfläche ●

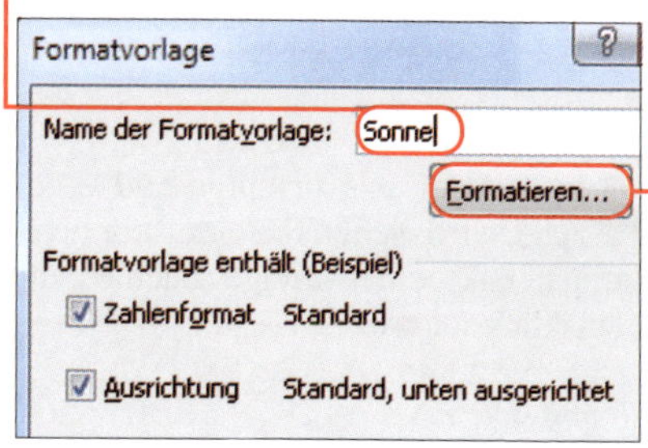

stehen Ihnen wieder alle Formatierungsmöglichkeiten zur Verfügung. Dabei gehen Sie genauso vor wie bei der Änderung einer Vorlage. Im Vorlagen-Katalog finden Sie Ihre eigenen Vorlagen künftig ganz oben in einem separaten Bereich: ●.

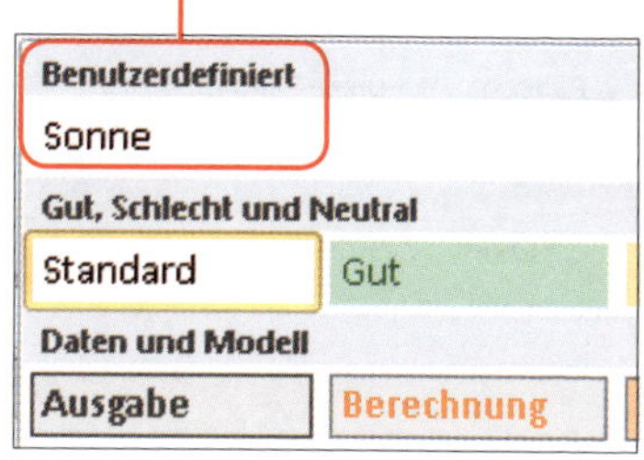

Komplette Tabellen mit Vorlagen gestalten

Neben den Zellenformatvorlagen bietet Ihnen Excel auch Vorlagen, mit denen sich in null Komma nichts komplette Tabellen gestalten lassen.

1 Nachdem Sie die Tabelle, die Sie gestalten möchten, markiert haben, klicken Sie im Start-Register des Menübands auf den Eintrag ●.

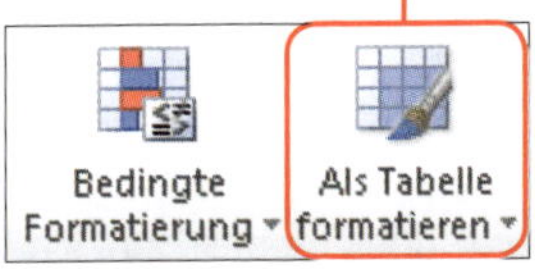

2 Daraufhin öffnet sich der Vorlagen-Katalog. Es erfordert sicher etwas Übung, aus den dort gezeigten Vorschaubildchen auf das Aussehen einer Tabelle zu schließen. Um ein bisschen Experimentieren werden Sie also nicht herumkommen. Klicken Sie auf die Vorlage, die Sie verwenden wollen, beispielsweise ●.

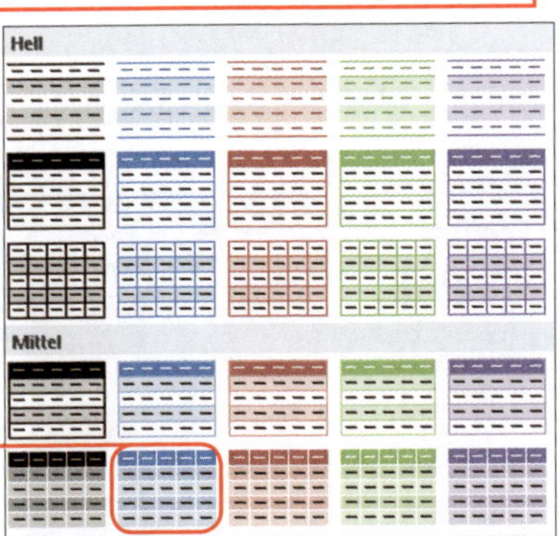

3 Da Sie die Tabelle im ersten Schritt markiert haben, brauchen Sie sich um die Angaben im Feld ● nicht zu kümmern. Die Beispieltabelle enthält in der Zeile 1 Spaltenbeschriftungen. Daher können Sie auch den Haken im Kästchen ●

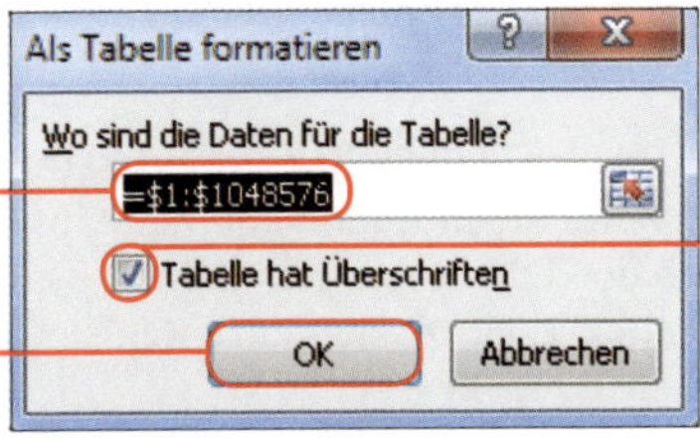

stehen lassen und gleich zur Bestätigung auf ● klicken.

Wenn Sie die gesamte Tabelle markiert haben, macht Excel Sie darauf aufmerksam, dass sehr viele Zellen angepasst werden müssen. Bestätigen Sie dies per Klick auf ●.

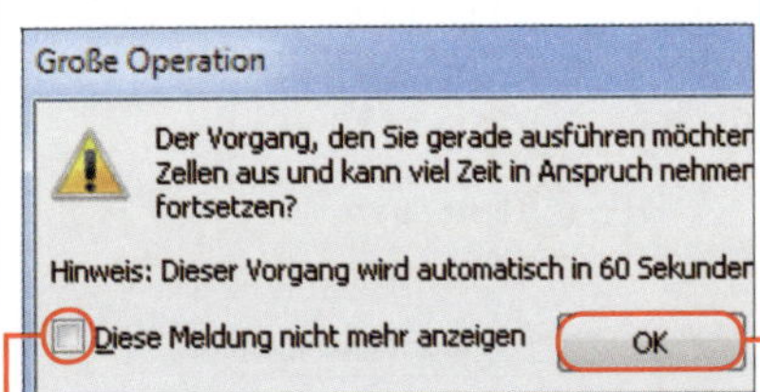

Damit diese Warnung künftig nicht mehr angezeigt wird, setzen Sie zuvor mit einem Mausklick auf ● ein Häkchen in das Kästchen. Die Formatierungen der Vorlage werden anschließend auf Ihre Tabelle angewendet.

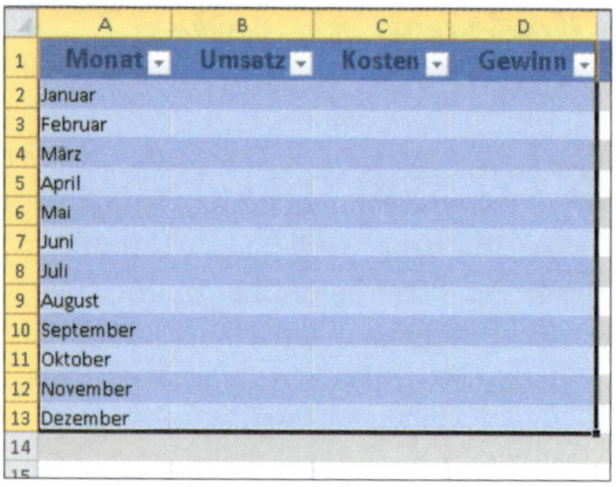

4 Solange die Tabelle markiert ist (oder wenn Sie in irgendeine Zelle innerhalb der Tabelle geklickt haben), ist im Menüband ein zusätzliches Register zu sehen: ●.

Klicken Sie in eine Zelle außerhalb der Tabelle, verschwindet es übrigens. Das zusätzliche Register können Sie nutzen, um das Aussehen Ihrer Tabelle noch zu verfeinern. Im Beispielfall klicken Sie in die Kästchen ●

die daraufhin mit Haken versehen werden: ●.

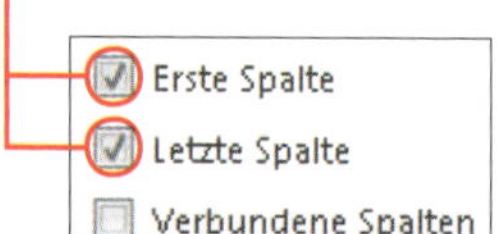

Dadurch erreichen Sie, dass die erste Spalte mit den Zeilenbeschriftungen ● sowie die letzte Spalte der Tabelle mit den Ergebnissen ● optisch hervorgehoben werden.

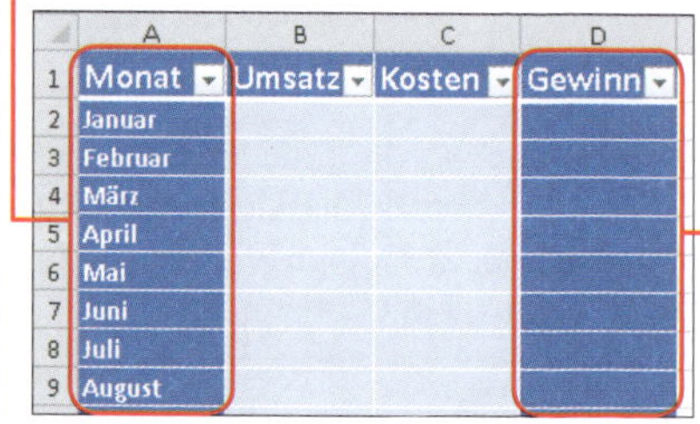

5 Sollten Sie mit dem Aussehen Ihrer Tabelle doch nicht so zufrieden sein, können Sie ganz einfach eine andere Vorlage ausprobieren. Klicken Sie dazu einfach in die Tabelle, damit das zusätzliche Entwurfs-Register wieder angezeigt wird. Nach je einem Klick auf einen Alternativvorschlag, etwa ●,

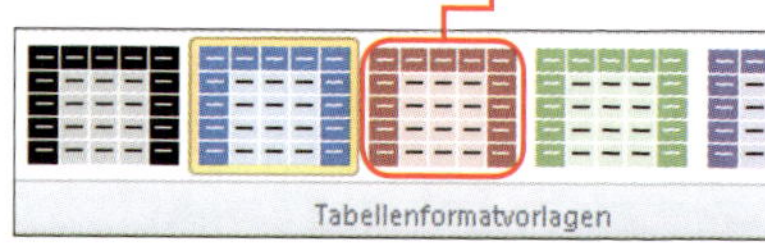

wird Ihre Tabelle im Handumdrehen angepasst:

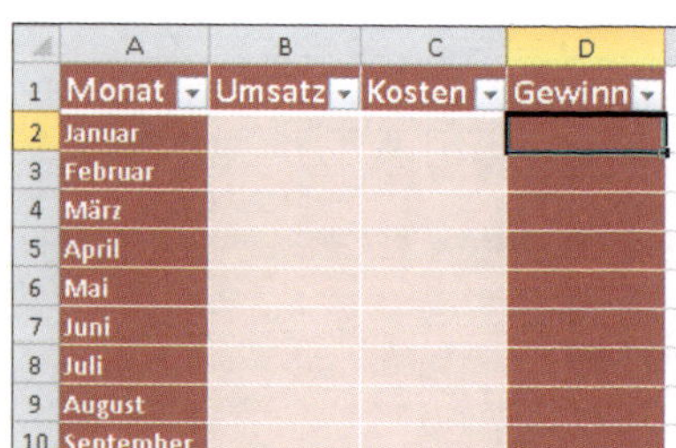

3 Berechnungen durchführen

Bei Excel handelt es sich um ein Tabellenkalkulationsprogramm. Das heißt, dass Rechenoperationen im Mittelpunkt der Arbeit stehen. Einfache Rechenanweisungen können Sie intuitiv erteilen. Diese funktionieren nämlich im Prinzip wie die Eingaben in einen Taschen- oder Tischrechner. Für komplexere Berechnungen stellt Ihnen Excel Hunderte vorgefertigte Funktionen zur Verfügung. Die Angebotspalette lässt dabei keine Wünsche offen. Finanzmathematische Aufgabenstellungen können Sie ebenso lösen wie statistische oder trigonometrische.

Bekanntlich ist jedoch niemand perfekt. Daher kann es auch bei sorgfältigstem Arbeiten hin und wieder zu fehlerhaften Rechenanweisungen kommen. Mithilfe von Excel lassen sich solche Fehler von vornherein deutlich reduzieren, wenn auch nicht gänzlich ausschließen. Aber selbst dann lässt Excel Sie nicht im Stich und hilft Ihnen bei der Fehlersuche.

Im dritten Kapitel dieses Buches erfahren Sie,
- wie Sie mit Excel Berechnungen durchführen,
- wie Sie **Formeln** eingeben, die auf Daten verschiedener **Arbeitsmappen** zugreifen,
- wie Sie Funktionen verwenden und bearbeiten
- und wie Excel Sie vor der Eingabe falscher Rechenanweisungen bewahrt.

Kapitel-Wegweiser

Rechenanweisungen erteilen

Wie leicht das Rechnen mit Excel geht, erfahren Sie im folgenden einfachen Beispiel: Stellen Sie sich vor, Sie haben eine Tabelle angelegt, in der Sie für die einzelnen Monate eines Jahres Umsätze und Kosten erfassen. In der Spalte D sollen daraus die Gewinne berechnet werden. Der Gewinn eines Monats ergibt sich dabei logischerweise aus der Differenz zwischen Umsatz und Kosten.

	A	B	C	D
1	Monat	Umsatz	Kosten	Gewinn
2	Januar			
3	Februar			
4	März			
5	April			
6	Mai			
7	Juni			
8	Juli			
9	August			
10	September			
11	Oktober			
12	November			
13	Dezember			

1 Um die erste Rechenanweisung eingeben zu können, müssen Sie eine **Zelle** zunächst **markieren**. Klicken Sie dazu im Beispiel in die Zelle D2.

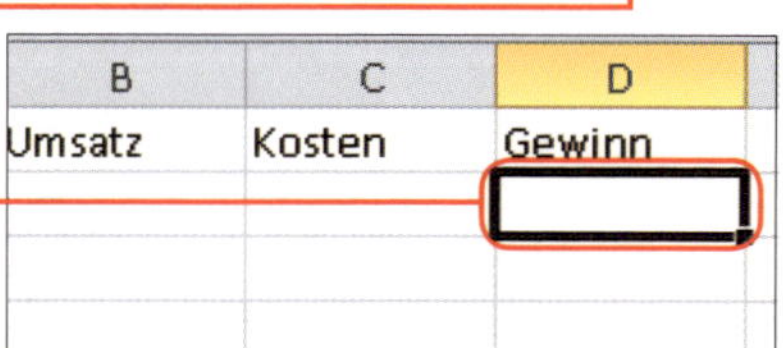

2 Tippen Sie nun als Erstes ein Gleichheitszeichen ein: .

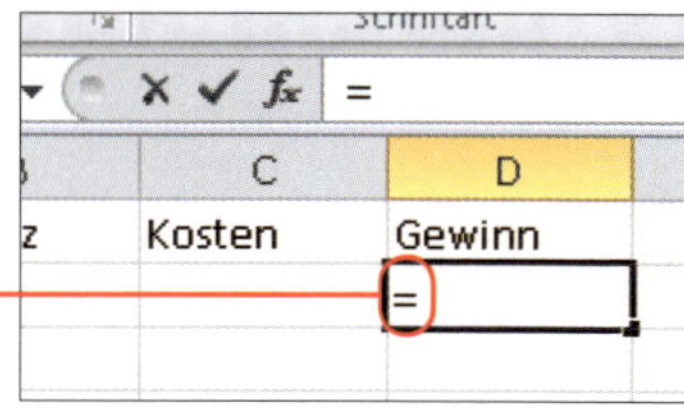

Damit teilen Sie Excel mit, dass jetzt eine Rechenanweisung erfolgt. Eine solche Rechenanweisung wird übrigens in der Regel auch als Formel oder Funktion bezeichnet.

3 Anschließend klicken Sie in die Zelle B2: . Die Zelladresse wird dadurch automatisch in die Formel eingesetzt: . Die Rechenanweisung beziehungsweise Formel sehen Sie nicht nur in der Zelle selbst, sondern auch in der Bearbeitungsleiste: .

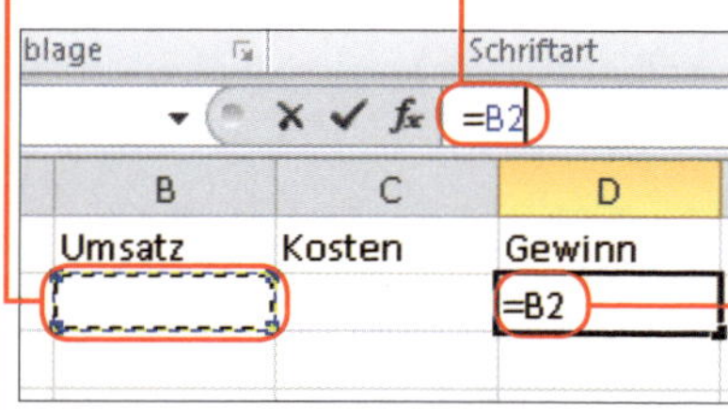

4 Genau wie bei einem Taschenrechner werden Additionen mithilfe des Pluszeichens, Subtraktionen mithilfe des Minuszeichens, Multiplikationen mit * und Divisionen mit / durchgeführt. Im Beispielfall soll vom Umsatz in der Zelle B2 etwas abgezogen werden. Tippen Sie daher ein Minuszeichen ein: ●.

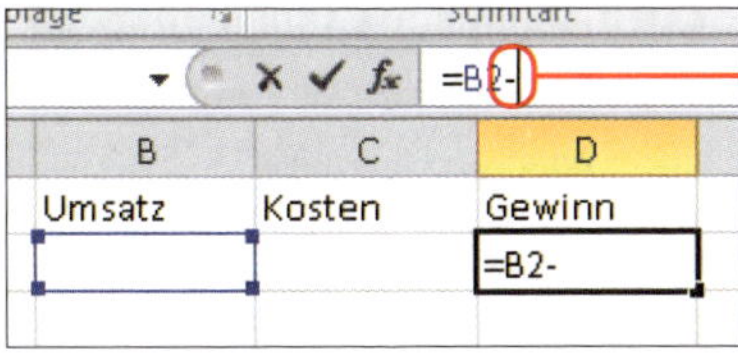

5 Nun müssen Sie nur noch festlegen, was aus welcher Zelle abgezogen werden soll. Da es sich um die Kosten in Zelle C2 handelt, klicken Sie einfach in die entsprechende Zelle ●.

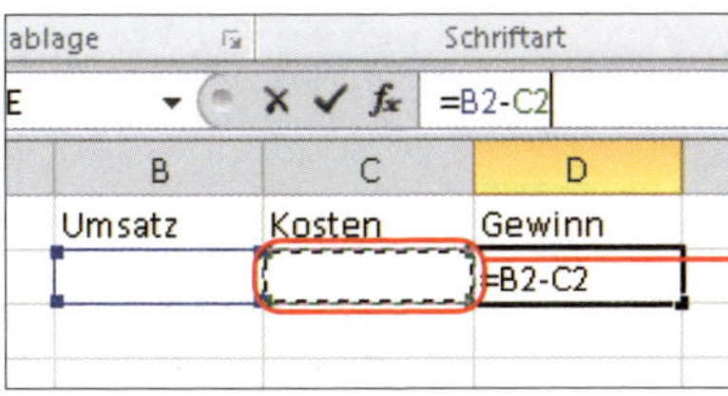

6 Die Formel ist jetzt fertig. Drücken Sie daher zur Bestätigung die [↵]-Taste. Da die Zellen B2 und C2 zu diesem Zeitpunkt noch keine Werte enthalten, erscheint als Rechenergebnis eine Null ●.

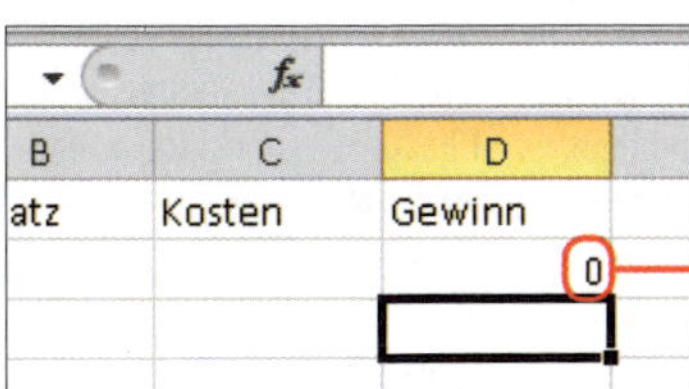

7 Wenn Sie nun probehalber zwei Beispielwerte eintragen, sehen Sie allerdings sofort, dass die Berechnung korrekt durchgeführt wird: ●.

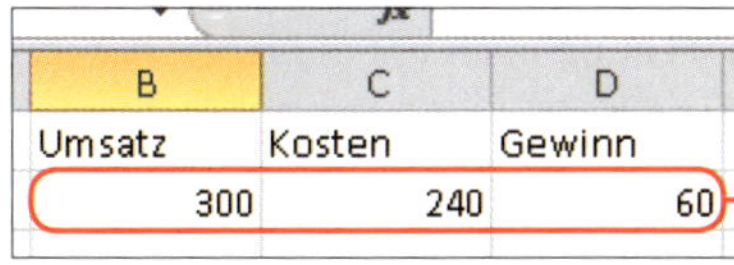

In der Zelle D2 erscheint zwar ein Zahlenwert, nämlich das Rechenergebnis. Tatsächlich enthält die Zelle aber, wie Sie wissen, eine Formel. Klicken Sie in die Zelle, wird diese Formel in der **Bearbeitungsleiste** angezeigt: ●.

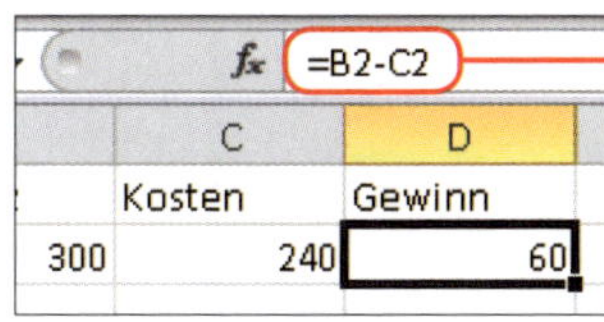

Ändern Sie einen Wert, beispielsweise den Umsatz, wird die Berechnung automatisch angepasst: ●.

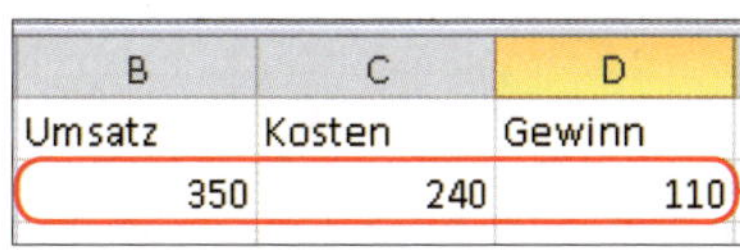

8 Die Formel können Sie jetzt ganz einfach auf die übrigen Monate übertragen. Klicken Sie dazu in die Zelle D2, führen Sie den Mauszeiger über die rechte untere Ecke, bis er seine Form ändert ●,

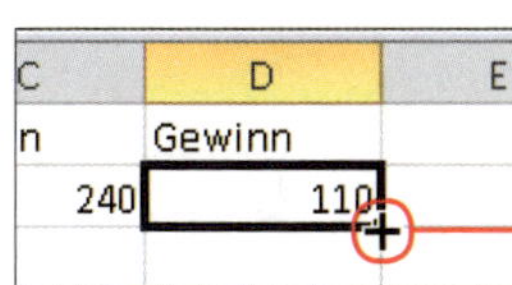

drücken Sie die Maustaste, und halten Sie sie gedrückt, während Sie eine **Ziehbewegung** nach unten bis zur benötigten Zelle ausführen.

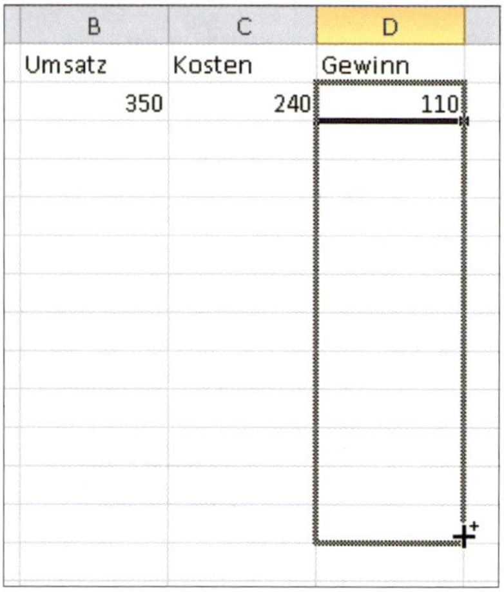

9 Nach einem Mausklick in eine der Zellen, in die im vorigen Schritt die Formel übernommen wurde, beispielsweise in die Zelle D5, können Sie in der Bearbeitungsleiste sehen, dass Excel die Zellbezüge automatisch sinnvoll angepasst hat:.

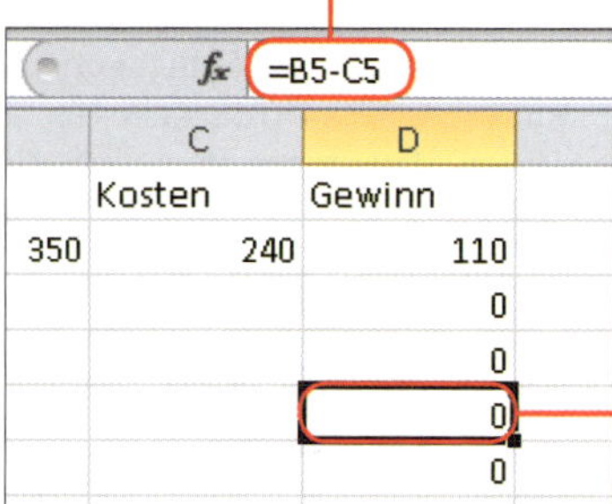

Rechnen mit Klammern

Auch für das Rechnen mit Excel gilt, dass Punkt- vor Strichrechnung geht. Durch das Setzen von Klammern können Sie von dieser Reihenfolge abweichen. Konkret bedeutet dies, dass beispielsweise die Anweisung

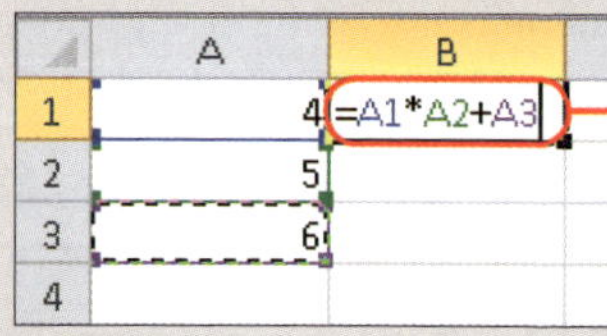

zu einem anderen Ergebnis führt als die Anweisung.

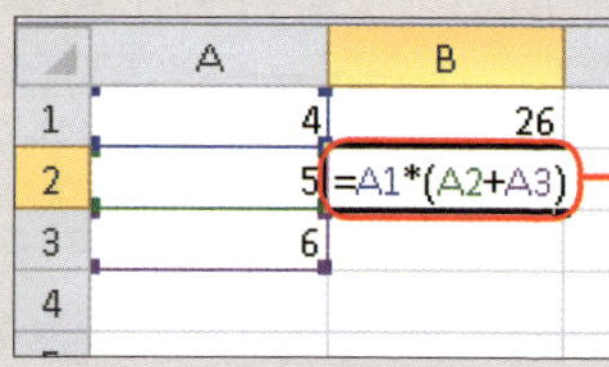

Im ersten Fall werden nämlich zunächst die Zellen A1 und A2 multipliziert und dann der Wert der Zelle A3 zu diesem Zwischenergebnis addiert. Bei der Formel in der Zelle B2 dagegen werden erst die Zellen A2 und A3 addiert und dann die Summe mit A1 multipliziert. Das führt zu den unterschiedlichen Ergebnissen.

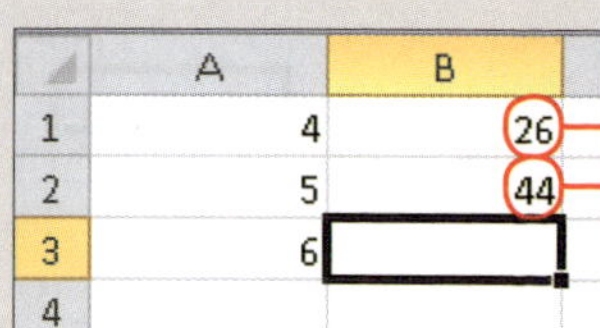

Rechnen über mehrere Arbeitsmappen

Wenn Sie Berechnungen mit Excel anstellen, sind Sie nicht auf ein einziges **Arbeitsblatt** beschränkt. Denn Formeln können sich auch auf Zellen verschiedener Blätter beziehen. Ja, es ist sogar möglich, Berechnungen mit Zellen, die sich in unterschiedlichen Arbeitsmappen befinden, durchzuführen. Das ist in der Praxis sehr hilfreich. So können zum Beispiel verschiedene Abteilungen eigene Kosten- oder Umsatzaufstellungen in separaten Arbeitsmappen anlegen. In einer weiteren Arbeitsmappe kann dann eine Gesamtauswertung erfolgen. Und zwar ohne dass Sie etwa Werte von Hand übertragen müssen. Das erledigt Excel für Sie. Im folgenden einfachen Beispiel stehen Ihnen drei Arbeitsmappen zur Verfügung. Eine enthält Umsatzzahlen, eine zweite Angaben zu Kosten. In der dritten Arbeitsmappe schließlich wollen Sie den Gewinn als Differenz daraus berechnen.

1 Öffnen Sie zunächst alle drei Arbeitsmappen. Wenn Sie den Mauszeiger in der **Taskleiste** auf das Excel-Symbol

bewegen, erscheinen Miniaturabbildungen der geöffneten Arbeitsmappen, im Beispiel ●.

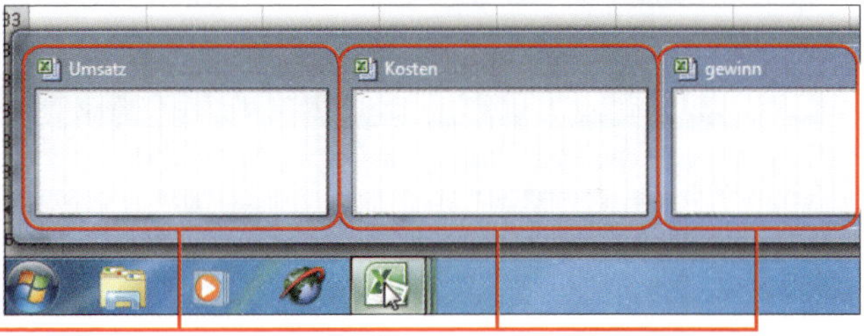

Durch Anklicken können Sie die jeweilige Mappe in den Bildschirmvordergrund holen. Als Erstes benötigen Sie die Mappe „Gewinn“, in der Sie die Formel eingeben müssen. Tippen Sie dort in der Zelle A2 ein Gleichheitszeichen ein: ●.

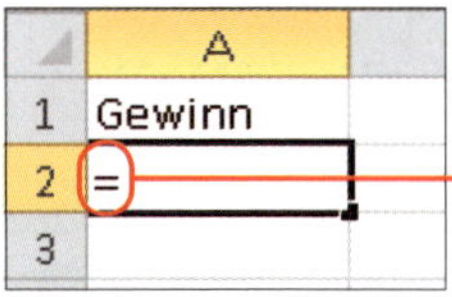

2 Da Sie anschließend die Umsatz-Arbeitsmappe brauchen, wählen Sie wie in Schritt 1 per Klick auf ●

die entsprechende Mappe aus und klicken darin in die Zelle ●.

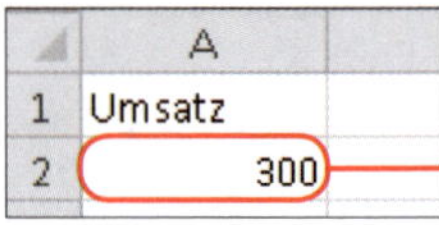

Die Zelle ist nun umrandet, und die dazugehörige Adresse wird automatisch in die Formel übernommen.

Danach tippen Sie ein Minuszeichen ein. In der Bearbeitungsleiste können Sie die Entwicklung der Formel übrigens nachvollziehen.

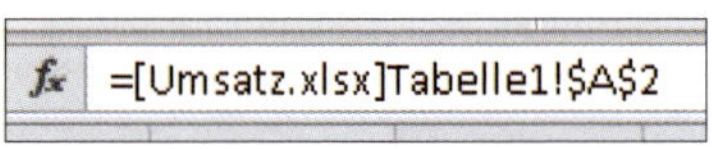

3 Vom Umsatz sollen die Kosten abgezogen werden. Klicken Sie daher, wie in Schritt 1 gezeigt, auf ●

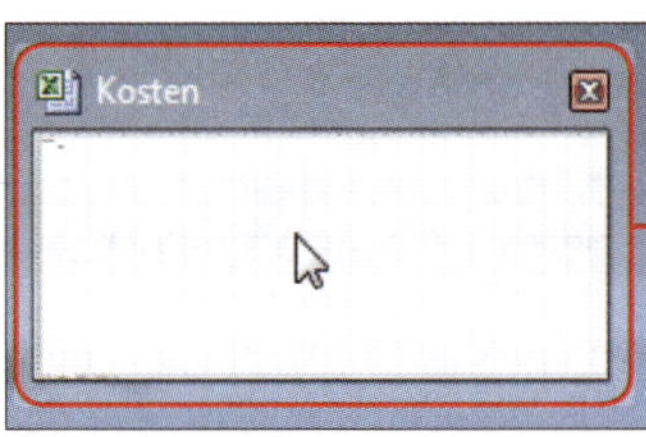

und danach in die Zelle ●.

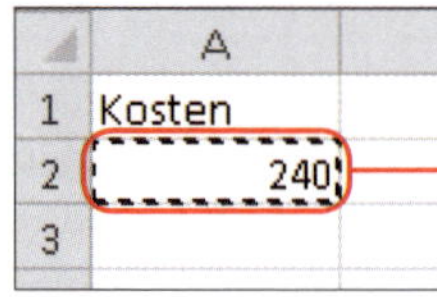

4 Bestätigen Sie Ihre Eingaben, indem Sie die Taste ⇆ oder ↵ drücken. Daraufhin wird automatisch die Gewinn-Arbeitsmappe in den Vordergrund geholt. In der Zelle A2 sehen Sie auch gleich das korrekte Rechenergebnis: ●.

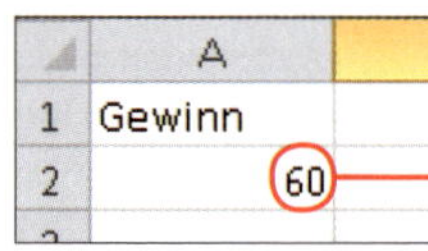

5 Schließen Sie nun die Gewinn-Mappe. Dann ändern Sie in der Kosten-Mappe den Betrag von 240 beispielsweise in 265 ●.

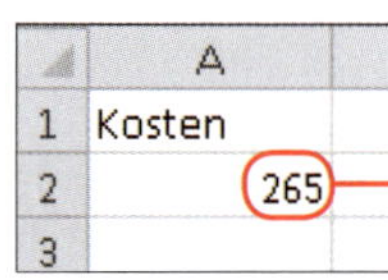

Danach können Sie auch diese Mappe schließen und die Änderung speichern.

Funktionen manuell eingeben

Alle Funktionen und Zellbezüge, die Sie in diesem Kapitel durch Anklicken ausgewählt haben, können Sie natürlich auch genauso über die Tastatur eingeben. Für manchen Anwender ist dies – vor allem bei komplexeren Funktionen – der schnellere Weg. Was auch immer Ihnen besser gefällt: Das berechnete Ergebnis ist dasselbe!

6 Wechseln Sie wieder in die Gewinn-Mappe: Dort wurde das Ergebnis automatisch aktualisiert: ●.

1	Gewinn
2	35

Funktionen anwenden

Funktionen sind vorgefertigte Rechenanweisungen. Es gibt sie für alle denkbaren Bereiche. Kaufleute führen damit Zinsberechnungen durch, Mathematiker berechnen mithilfe von trigonometrischen Funktionen Sinus- oder Cosinus-Werte. Um das Prinzip des Arbeitens mit Funktionen zu verdeutlichen, wird in diesem Abschnitt die Summenfunktion vorgestellt, die wirklich jeder beim Rechnen mit Tabellen benötigt.

1 In der Beispieltabelle soll in der **aktiven Zelle** A7 der Gesamtbetrag der Spalten B und C summiert werden.

	A	B	C
1	Kunde	Januar	Februar
2	Müller	600	700
3	Meier	500	800
4	Schulze	400	500
5			
6	Gesamtergebnis		
7			
8			

2 Um das zu bewerkstelligen, brauchen Sie nicht etwa jede Zelle einzeln zu addieren, was Sie mit der Formel =B2+B3 usw. bis hin zu +C4 erreichen würden. Das geht viel einfacher: Mit einem Gleichheitszeichen teilen Sie Excel mit, dass nun eine Rechenanweisung folgt. Dann tippen Sie die Funktionsbezeichnung „summe" ein. Excel weiß jetzt, dass die folgenden Zellen addiert werden sollen. Noch während der Eingabe zeigt Ihnen Excel eine Liste der möglichen Funktionen an. Klicken Sie die gewünschte Funktion an, damit sie ausgewählt wird, hier also ●.

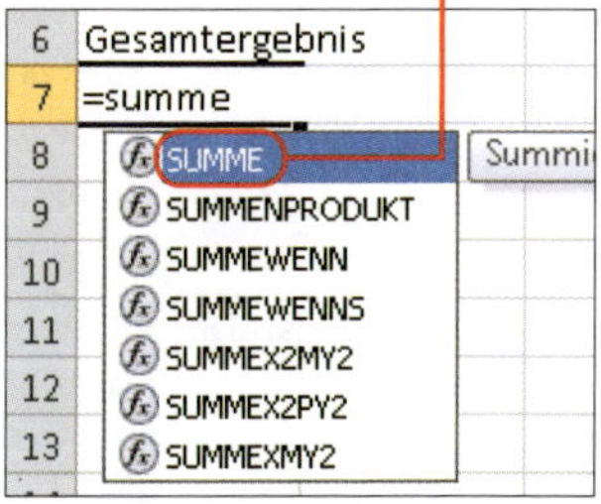

Welche Zellen summiert werden sollen, schreiben Sie nach der Funktionsbezeichnung in Klammern. Die komplette Anweisung lautet also „=summe(B2:C4)". Der Ausdruck B2:C4 steht dabei für den Zellbereich, der von den Zellen B2 links oben und C4 rechts unten begrenzt wird. Bestätigen Sie die Formeleingabe, erscheint das Ergebnis: ●.

6	Gesamtergebnis
7	3500

3 Den Zellbereich, der von der Funktion berechnet werden soll, können Sie auch mithilfe der Maus kennzeichnen: Sobald Sie das Gleichheitszeichen und die Funktionsbezeichnung eingetippt haben, wie im vorigen Schritt gezeigt, klicken Sie in die Zelle B2 und markieren dann mit der bereits mehrfach geschilderten Ziehtechnik den Zellbereich. Die entsprechende Adressangabe wird dann automatisch in die Formel übernommen: ●.

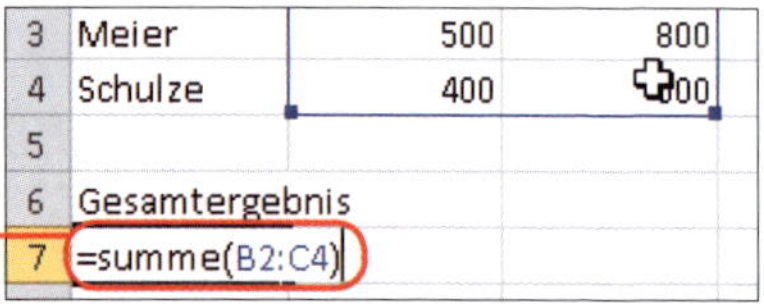

Auto-Funktionen nutzen

Das Summieren von Werten in Spalten oder Zeilen benötigen Sie in der Praxis sehr häufig. Excel stellt Ihnen daher eine spezielle Funktion zur Verfügung, mit der dieses Summieren oft noch schneller geht. Diese Funktion wird als „AutoSumme“ bezeichnet. Wenn Sie beispielsweise in der Tabelle unten die Umsätze summieren möchten, klicken Sie in die Zelle ●

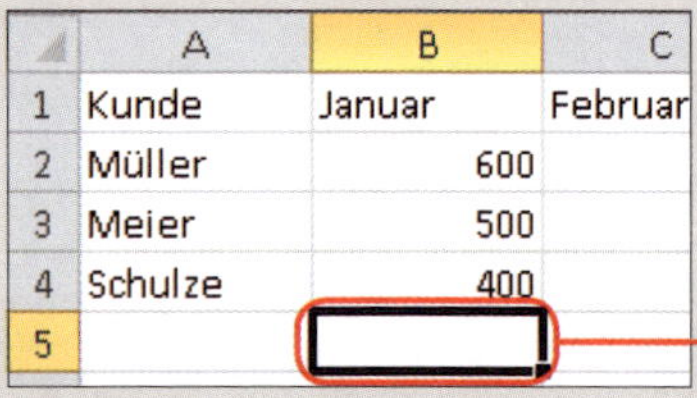

und dann im Start-Register auf ●.

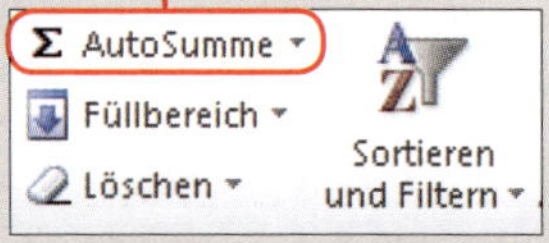

Dadurch tragen Sie zum einen die Summenfunktion in die Zelle ein. Zum anderen wird Ihnen aber auch gleich ein Zellbereich vorgeschlagen: ●.

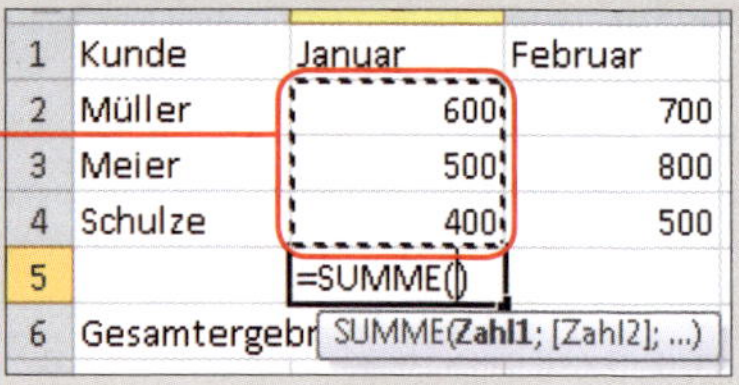

Im Beispielfall brauchen Sie also nichts weiter zu tun, als ↵ zu drücken, um die Rechenanweisung fertigzustellen.

Und wenn Sie neben dem Symbol auf den nach unten weisenden Pfeil ●

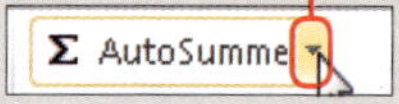

klicken, erhalten Sie Zugriff auf weitere Auto-Funktionen, die Sie häufig benötigen.

Damit können Sie nach demselben Prinzip den Mittelwert der Umsätze, die Anzahl der Umsatzeinträge oder den höchsten und niedrigsten vorkommenden Wert berechnen lassen.

Rabatte automatisch berechnen

Im folgenden Beispiel knüpfen Sie eine Berechnung daran, ob eine Bedingung erfüllt ist oder nicht. Zu dieser Prüfung verwenden Sie die „Wenn-Funktion“. Dabei definieren Sie eine Bedingung und legen dann fest, was passiert, wenn diese erfüllt ist, beziehungsweise was passiert, wenn sie nicht erfüllt ist.

1 Als Beispiel dient eine Umsatzaufstellung. In der Spalte C soll ein Rabattbetrag von 5 Prozent ausgewiesen werden, falls der Umsatz eines Kunden über 500 liegt. Bei einem geringeren Umsatz soll als Rabattbetrag eine Null erscheinen. Klicken Sie dazu zunächst in die Zelle C2, in der Sie die entsprechende Anweisung erteilen wollen.

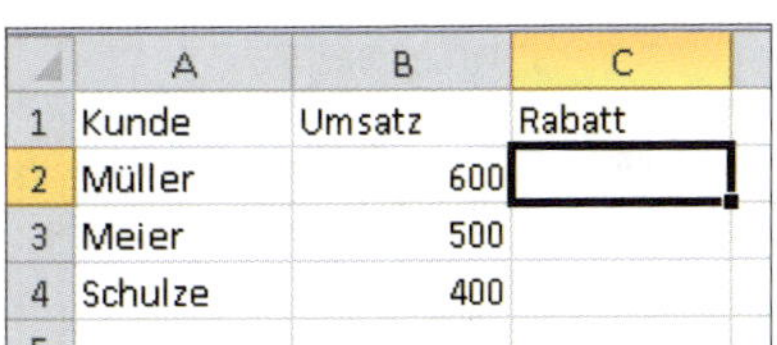

2 Danach klicken Sie im **Menüband** auf den Registerreiter ●.

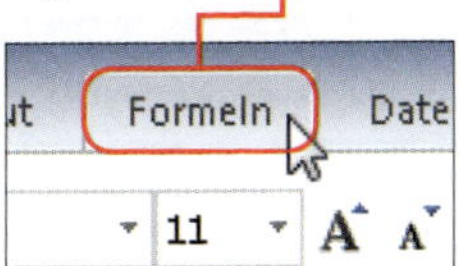

In dem Register, das daraufhin in den Vordergrund rückt, sind die Funktionen in Gruppen zusammengefasst. Bei der benötigten Wenn-Anweisung handelt es sich um eine „logische Funktion“. Klicken Sie daher auf den gleichnamigen Eintrag ●.

3 In der Auswahl der logischen Funktionen, die anschließend aufklappt, klicken Sie auf den Eintrag ●.

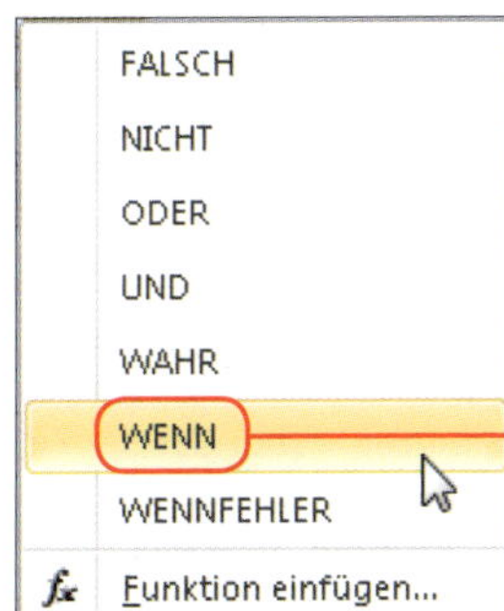

Schon erscheint die Funktionsbezeichnung in der Zelle: ●.

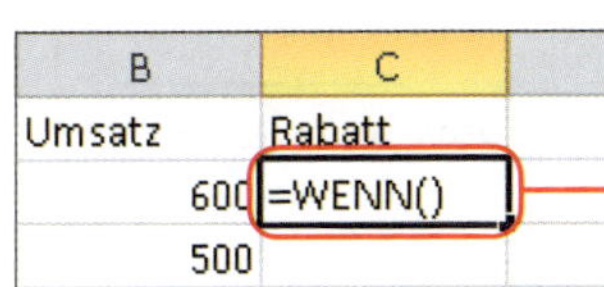

4 Viel wichtiger aber ist das Hilfsfenster, das sich nun öffnet. Damit können Sie Ihre Formel nämlich ganz einfach definieren, ohne sich um die korrekte Funktionsschreibweise kümmern zu müssen. Im Einzelnen legen Sie fest, welche Bedingung geprüft werden soll ●, was geschehen soll, wenn diese Bedingung erfüllt ist ●,

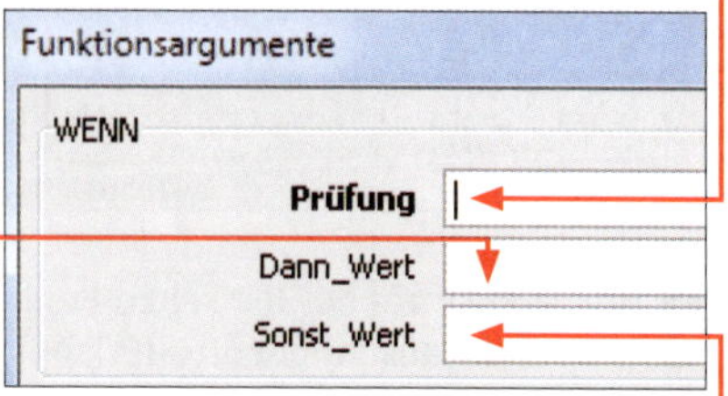

und was in der Zelle erscheinen soll, wenn dies nicht der Fall ist: ●.

5 Im Beispielfall füllen Sie die Eingabefelder im Hilfsfenster wie folgt aus: Der Rabattbetrag soll gewährt werden, sobald der ausgewiesene Umsatz in der Zelle B2 größer ist als 500. Ins Feld „Prüfung" tippen Sie daher ●.

Ist diese Bedingung erfüllt, soll ein Rabattbetrag von 5 Prozent auf diesen Umsatz ausgewiesen werden. Die Anweisung im Feld darunter lautet also ●.

Ist der Umsatz hingegen kleiner oder gleich 500, soll es keinen Rabatt geben. Tippen Sie daher einfach eine Null in das dritte Feld: ●.

Hilfe bei der Eingabe der Zelladressen

Im nebenstehenden Beispiel ist die Eingabe der Zelladresse natürlich sehr einfach. In anderen Fällen, wenn etwa Zellbereiche in einer Funktion auftauchen, kann es jedoch recht umständlich werden. Sie können sich aber helfen lassen: Wenn Sie im Beispielfall neben dem Feld

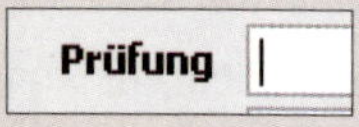

auf das Symbol

klicken, wird das Hilfsfenster ganz schmal. Klicken Sie nun in die Zelle ●, wird die Adresse in dieses schmale Fenster übernommen: ●.

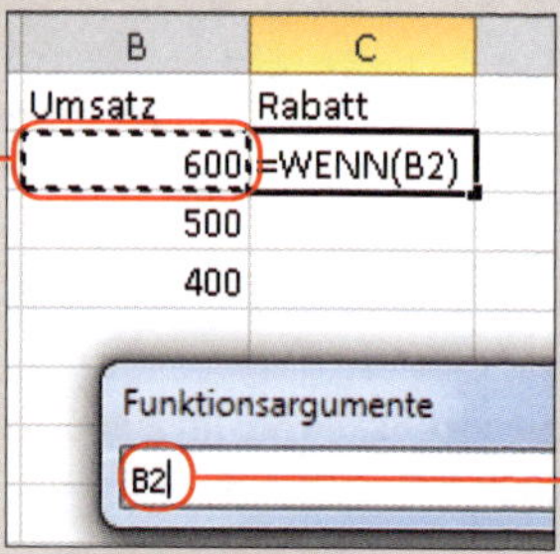

Mit einem Mausklick auf

übernehmen Sie die Adresse in das Prüfungsfeld. Dann brauchen Sie nur noch den Rest der Anweisung „>500" einzutippen.

6 Die Funktion ist nun komplett definiert. Klicken Sie daher auf die Schaltfläche

.

Umgehend erscheint der korrekte Rabattbetrag in der Zelle: ●.

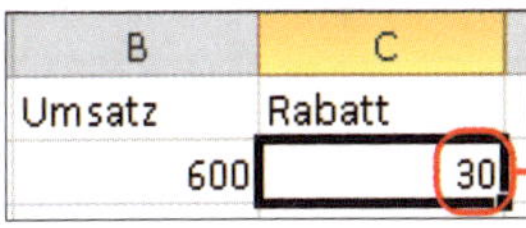

Klicken Sie diese an, sehen Sie in der Bearbeitungsleiste die entsprechende Rechenanweisung, die Sie in den vorigen Schritten zusammengestellt haben.

7 Mithilfe der Ziehtechnik (siehe zum Beispiel Schritt 8 auf Seite 41/42) können Sie die Rechenanweisung auch auf die Zellen C3 und C4 übertragen. Im Beispiel sehen die Ergebnisse dann so aus: ●.

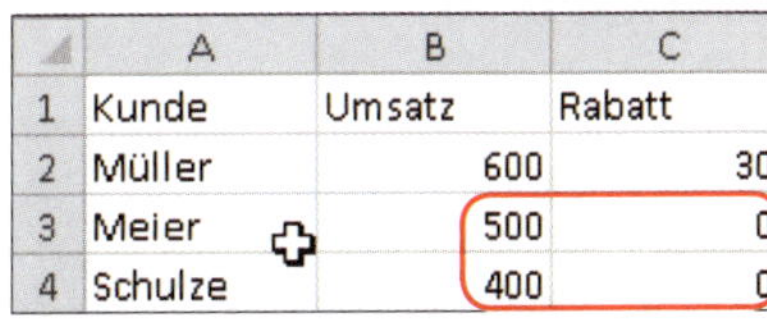

Funktionen bearbeiten

Wenn Sie im nebenstehenden Beispiel in die Zelle ● klicken, wird die Rechenanweisung in der Bearbeitungsleiste angezeigt: ●.

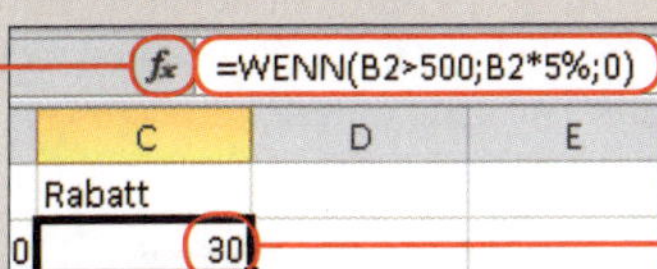

Dort können Sie gegebenenfalls auch Änderungen vornehmen. Im Beispielfall wäre dies relativ leicht. Bei komplizierteren Anweisungen ist es aber sinnvoll, auf ● zu klicken.

Dann bekommen Sie nämlich das komplette Hilfsfenster angezeigt. Und darin können Sie Bearbeitungen wesentlich einfacher durchführen.

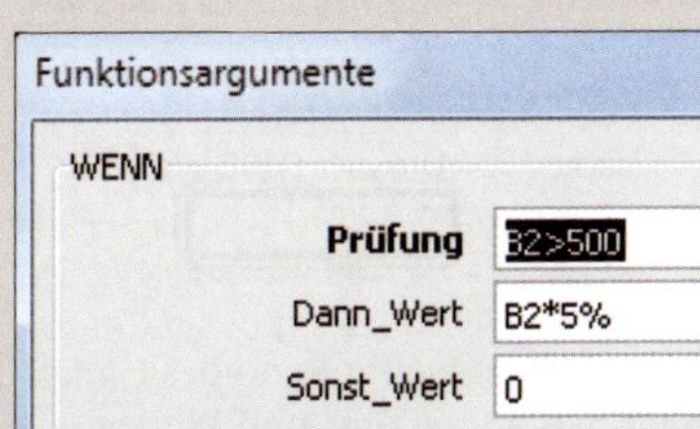

Absolute Zellbezüge verwenden

In den bisherigen Beispielen haben Sie Funktionen durch Ziehen mit der Maus in angrenzende Zellen übertragen und sich darüber gefreut, dass Excel automatisch die Zellbezüge angepasst hat. Diese nennen sich dann „relative Bezüge", weil sie je nach Position und Richtung des Kopierens Zeilen- oder Spaltenindex verändern. Das ist aber nicht immer sinnvoll. Stellen Sie sich, basierend auf der Tabelle im vorigen Abschnitt, beispielhaft die folgende Situation vor: Die Umsätze Ihrer Kunden sind in Euro angegeben, Sie wollen sie aber gleichzeitig auch in US-Dollar sehen.

1 Für die Umrechnung geben Sie zunächst den aktuellen Umrechnungskurs in eine Zelle ein, hier ●.

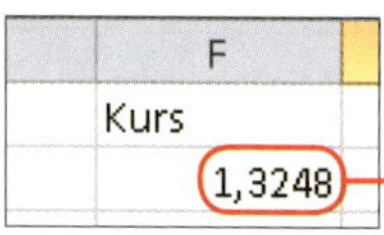

Klicken Sie dann in die erste Zelle, in der der in US-Dollar umgerechnete Umsatz eines Kunden erscheinen soll, im Beispiel ●.

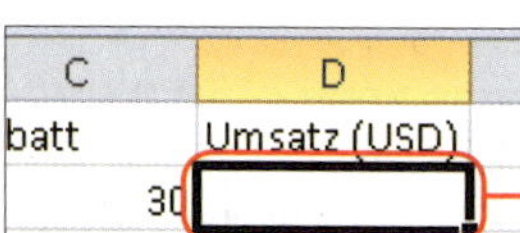

2 Geben Sie anschließend das Gleichheitszeichen ● ein, und klicken Sie die Zelle an, in der der Umsatz in Euro steht, etwa ●.

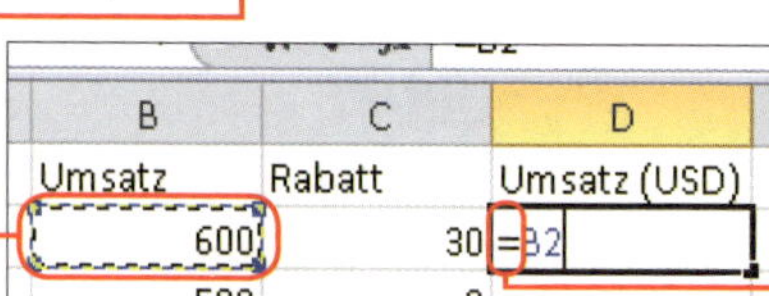

Tragen Sie nun das „*"-Zeichen ● ein, und klicken Sie danach auf die Zelle, in der der Umrechnungskurs steht, im Beispielfall also hierhin: ●.

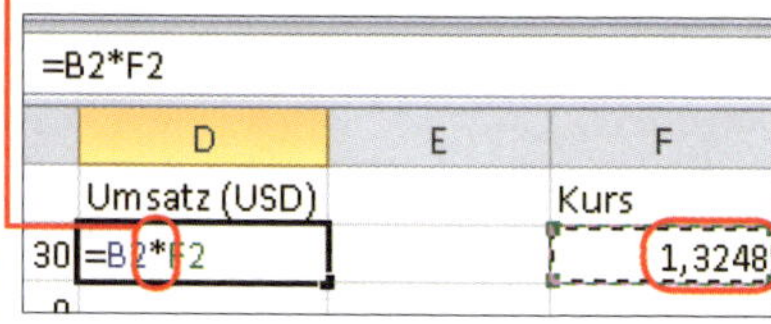

Sobald Sie die [↵]-Taste gedrückt haben, wird der in US-Dollar umgerechnete Umsatz angezeigt: ●.

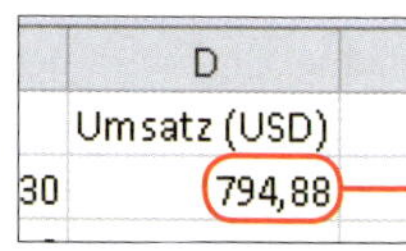

3 Als Nächstes klicken Sie wie gewohnt auf die Zelle mit den US-Dollar-Umsätzen und ziehen die untere, rechte Ecke mit weiterhin gedrückter Maustaste nach unten:

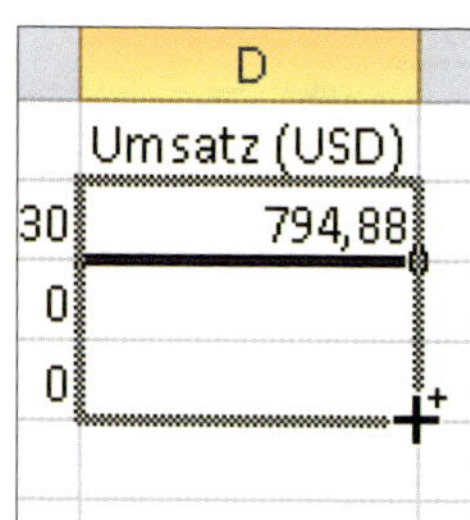

Wenn Sie die Maustaste loslassen, werden Sie sehen, dass die Dollar-Umsätze der anderen Kunden gleich Null sind, auch wenn diese in Euro durchaus Umsatz gemacht haben: ●.

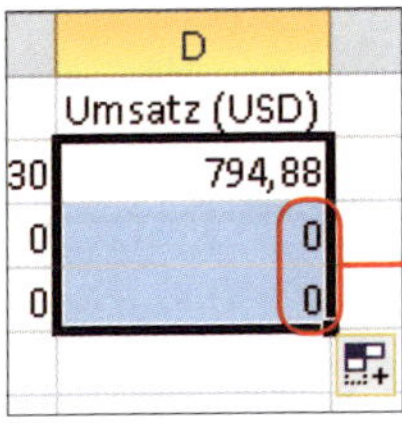

4 Warum das so ist, erkennen Sie in der Bearbeitungszeile nach einem Klick in die zweite Dollar-Zelle: Beim Kopieren der Zelle hat Excel fälschlicherweise automatisch auch den Bezug zur Zelle F2, in der der Umrechnungskurs steht, nach unten verschoben: ●.

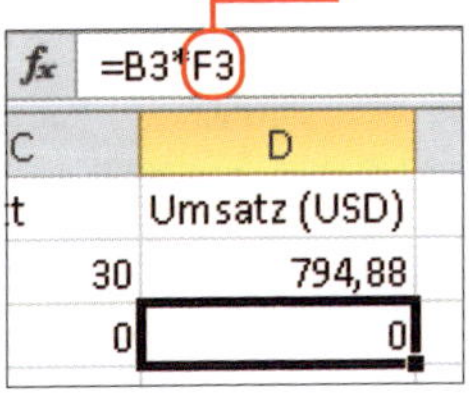

In diesem Beispiel muss also festgelegt werden, dass – egal, wie die Funktion in der Arbeitsmappe hin und her kopiert wird – für den Umrechnungskurs immer die Zelle F2 maßgeblich ist. Zu diesem Zweck verwendet man einen „absoluten Zellbezug".

5 Klicken Sie wieder in die Zelle, in der der umgerechnete Umsatz des ersten Kunden eingetragen ist, also ●.

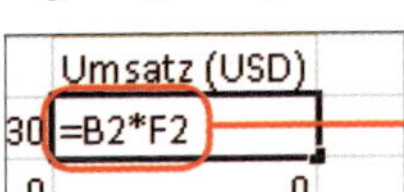

In der Bearbeitungszeile, die die Formel enthält, klicken Sie nun auf ●.

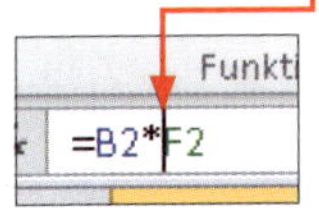

6 Geben Sie dann vor dem Spalten- und dem Zeilenbezug jeweils ein „$" ●

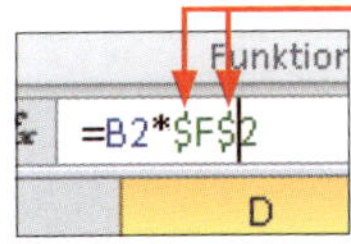

ein, und drücken Sie die [↵]-Taste. Am Wert der Berechnung ändert sich erst einmal nichts: ●.

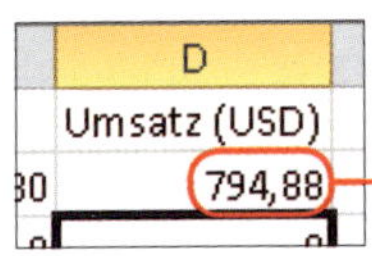

7 Wenn Sie nun aber Schritt 3 erneut durchführen und die Zelle mit dem Dollar-Umsatz nach unten zu den anderen Kunden ziehen, tut sich was: ●.

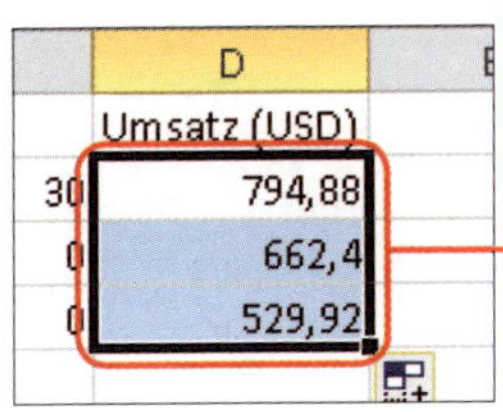

Nach einem Klick auf ●

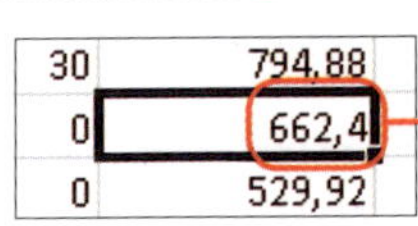

sehen Sie in der Bearbeitungszeile die kopierte Funktion: ●. Hier ist die Zelle für den Umsatz also automatisch angepasst worden ●, der Zellbezug auf den Umrechnungskurs ist aber wie gewünscht gleich geblieben ●.

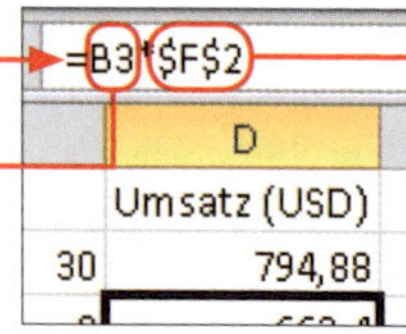

Fehler vermeiden und aufspüren

Je umfangreicher eine Tabellenkonstruktion ist, desto höher ist natürlich das Fehlerrisiko. Bei der Formeleingabe bietet Ihnen Excel eine Fülle von Hilfestellungen. Sollte es dennoch einmal zu Fehlern kommen, stellt Ihnen Excel spezielle Helfer zur Verfügung, mit denen sich die Gründe für das Problem aufspüren lassen.

1 Wenn Sie in eine Zelle klicken, die eine Formel enthält, sehen Sie in der Bearbeitungsleiste die Rechenanweisung. In einem solchen Fall ist es also ein Leichtes zu prüfen, ob die richtigen Zelladressen eingetragen sind: ●

B9 | fx =B2-C2

A	B	C
Kunde	Umsatz	Rabatt
Müller	600	30
Meier	500	0
Schulze	400	0
Schmitt	750	37,5
	Umsatz nach Rabatt	
Müller	570	

Noch einfacher geht es, wenn Sie doppelt, also zweimal kurz hintereinander in die Zelle klicken. Dann werden nämlich die Zellen, die in der Formel vorkommen (oder Zellbereiche), in der Tabelle eingefärbt: ●.

	A	B	C
1	Kunde	Umsatz	Rabatt
2	Müller	600	30
3	Meier	500	0
4	Schulze	400	0
5	Schmitt	750	37,5
6			
7			
8		Umsatz nach Rabatt	
9	Müller	=B2-C2	

Mit dieser optischen Hilfe sehen Sie auf den ersten Blick, ob die richtigen Zelladressen eingetragen sind oder nicht, zumal die jeweilige Zelladresse dieselbe Farbe hat wie die dazugehörige Umrandung.

2 Mitunter kann es sinnvoll sein, sich Abhängigkeiten zwischen Zellen anzeigen zu lassen, zum Beispiel dann, wenn Sie Ihre Tabelle umgestalten möchten. Klicken Sie etwa in die Zelle ●,

	A	B	C
1	Kunde	Umsatz	Rabatt
2	Müller	600	30
3	Meier	500	0
4	Schulze	400	0
5	Schmitt	750	37,5
6			
7			
8		Umsatz nach Rabatt	
9	Müller	570	

danach im Menüband auf den Registerreiter ●

und schließlich auf ●.

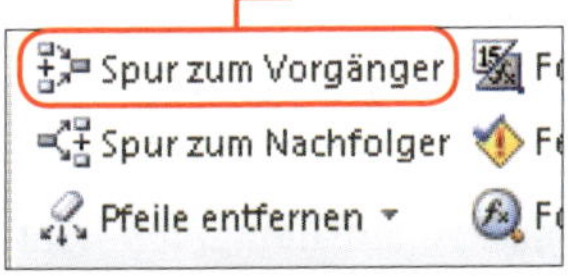

An den blauen Pfeilen können Sie nun erkennen, welche Zellen in einer Formel der Zelle B9 vorkommen.

	A	B	C
1	Kunde	Umsatz	Rabatt
2	Müller	600	30
3	Meier	500	0
4	Schulze	400	0
5	Schmitt	750	37,5
6			
7			
8		Umsatz nach Rabatt	
9	Müller	570	

Um die Pfeile wieder auszublenden, genügt ein Klick auf

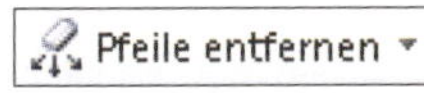

.

3 Auch eine Prüfung in die andere Richtung ist denkbar. Wollen Sie beispielsweise wissen, ob es auf Ihrem Arbeitsblatt irgendwo eine Zelle mit einer Formel gibt, die sich auf die Zelle B9 bezieht, klicken Sie hinein ●

7			
8		Umsatz nach Rabatt	
9	Müller	570	
10			

und dann auf

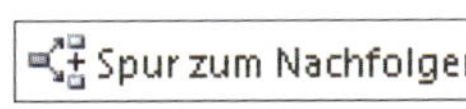

.

Im Beispielfall verläuft diese Prüfung negativ. Die entsprechende Meldung nehmen Sie per Klick auf ● zur Kenntnis.

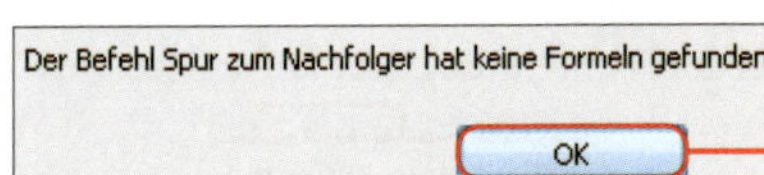

4 Anders sieht es aus, wenn Sie in die Zelle C2 ●

	A	B	C
1	Kunde	Umsatz	Rabatt
2	Müller	600	30
3	Meier	500	0
4	Schulze	400	0
5	Schmitt	750	37,5
6			
7			

klicken und dann ebenfalls auf

Spur zum Nachfolger.

Wie zu erwarten, können Sie jetzt an dem Pfeil erkennen, dass sich in der Zelle B9

	A	B	C
1	Kunde	Umsatz	Rabatt
2	Müller	600	30
3	Meier	500	0
4	Schulze	400	0
5	Schmitt	750	37,5
6			
7			
8		Umsatz nach Rabatt	
9	Müller	570	

eine Formel befindet, die sich auf die Zelle C2 bezieht.

5 Damit Sie schnell in Erfahrung bringen, welche Zellen Ihrer Tabelle überhaupt Formeln enthalten, klicken Sie im Formeln-Register auf .

Formeln anzeigen
Fehlerüberprüfung
Formelauswertung

Statt der Ergebnisse werden dann die Formeln angezeigt.

B	C
Umsatz	Rabatt
600	=WENN(B2>500;B2*5%;0)
500	=WENN(B3>500;B3*5%;0)
400	=WENN(B4>500;B4*5%;0)
750	=WENN(B5>500;B5*5%;0)

Mit einem erneuten Mausklick auf

Formeln anzeigen

kehren Sie wieder zur normalen Darstellung zurück.

6 Excel versucht, Sie bei der Formeleingabe so oft wie möglich vor Fehlern zu bewahren. So werden Sie beispielsweise vor sogenannten Zirkelbezügen gewarnt. Ein Zirkelbezug liegt vor, wenn Sie in einer Rechenanweisung die Zelle selbst verwenden. Wollen Sie beispielsweise in der Zelle B6

	A	B	C
1	Kunde	Umsatz	Rabatt
2	Müller	600	30
3	Meier	500	0
4	Schulze	400	0
5	Schmitt	750	37,5
6			

die Umsätze aufsummieren, lautet die korrekte Formel „=summe(B2:B5)“. Geben Sie stattdessen versehentlich

	A	B	C
1	Kunde	Umsatz	Rabatt
2	Müller	600	
3	Meier	500	
4	Schulze	400	
5	Schmitt	750	
6		=summe(B2:B6)	

ein, bedeutet dies, dass fälschlicherweise die Zelle B6 selbst mit einbezogen wird. Eine sinnvolle Berechnung ist daher nicht möglich. Sobald Sie diese falsche Eingabe bestätigen, erscheint daher eine Fehlermeldung, in der Sie auf den Zirkelbezug hingewiesen werden.

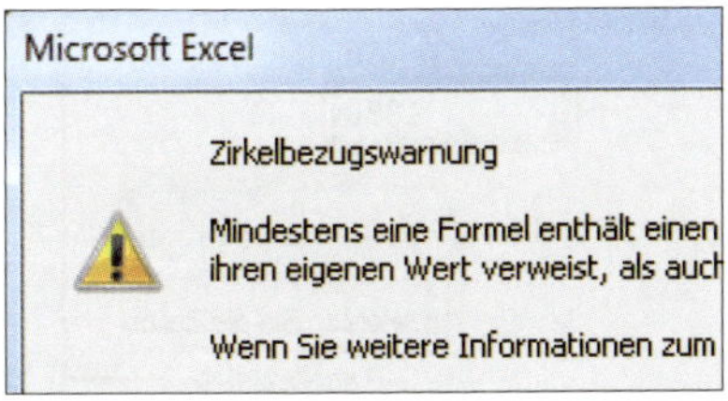

Diese Meldung nehmen Sie einfach per Klick auf

zur Kenntnis. Anschließend können Sie die Formel korrigieren.

7 Manchmal erscheinen Fehlermeldungen nicht in einem separaten Fenster, sondern in der Zelle selbst. Nach Bestätigung der Rechenanweisung

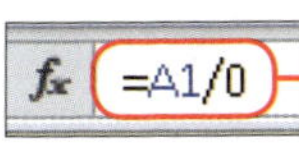

etwa erscheint die Fehlermeldung,

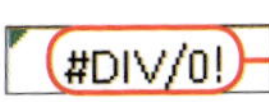

die Sie darauf aufmerksam macht, dass eine Division durch Null nicht zulässig ist.

8 Ein weiteres Beispiel: Es kann leicht einmal passieren, dass Sie sich beim Eintippen der Funktionsbezeichnung vertun. Vergessen Sie beispielsweise ein „m“ im Wort „summe“,

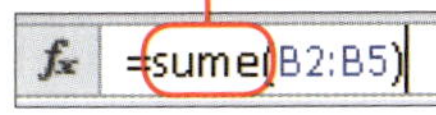

erscheint in der Zelle nach dem Bestätigen der falschen Anweisung der Hinweis. Wenn eine Zelle mit einer Fehlermeldung aktiviert ist, taucht neben der Zelle ein Warnsymbol

auf. Klicken Sie darauf, öffnet sich eine Befehlsauswahl. Mit einem Mausklick auf

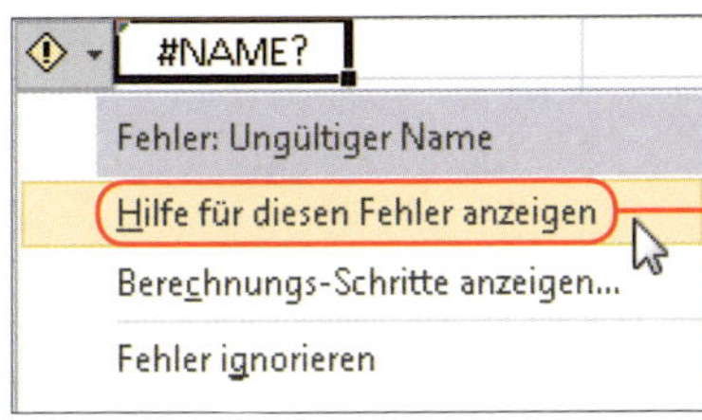

können Sie die Excel-Hilfe öffnen und sich notfalls weitere Informationen besorgen.

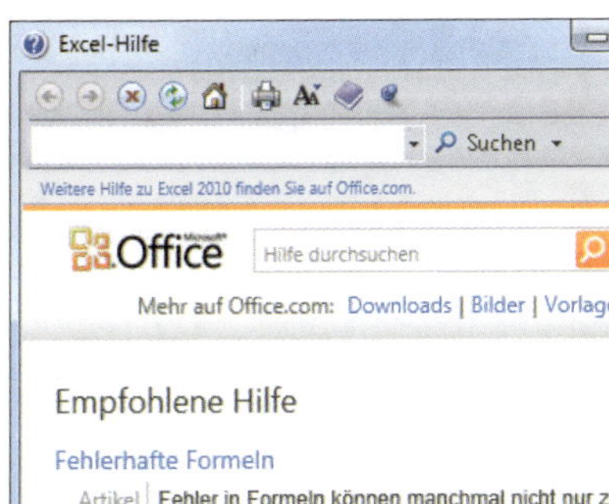

Formeln im Blick: Das Überwachungsfenster

Je komplexer Ihre Tabelle wird und je mehr Formeln Sie verwenden, desto schwieriger wird der Überblick. Sind tatsächlich alle Formeln richtig eingegeben und die neuen Werte korrekt berechnet worden? Eine wertvolle Hilfe dazu ist das sogenannte Überwachungsfenster, das Ihnen übersichtlich Formeln darstellt und Ergebnisse präsentiert.

1 Um das Überwachungsfenster zu öffnen, klicken Sie im Menüband auf

.

Am Anfang ist das erscheinende Fenster natürlich noch komplett leer. Wenn Sie eine Formel hinzufügen möchten, die auf Änderungen überwacht werden soll, klicken Sie auf ●.

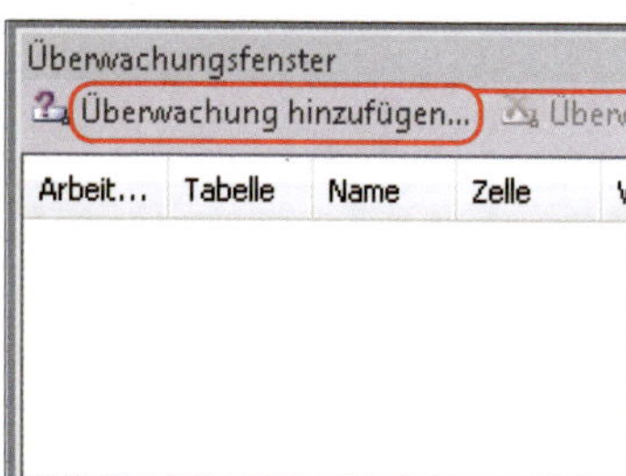

2 Als Nächstes klicken Sie die Zelle mit der zu überwachenden Formel einfach an, etwa ●. Im Überwachungsbereich sehen Sie daraufhin automatisch deren Adresse, hier ●.

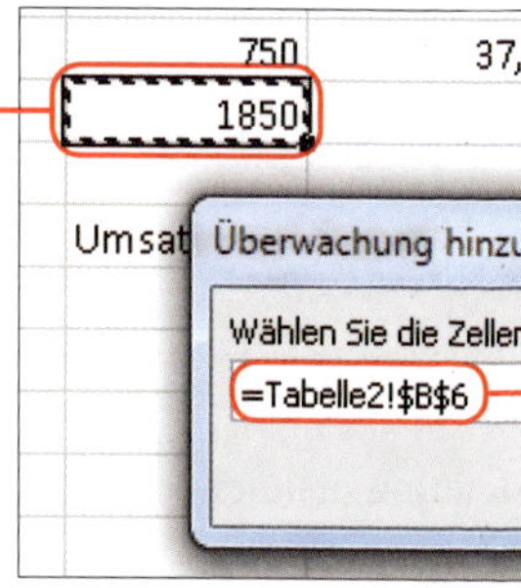

Klicken Sie anschließend auf

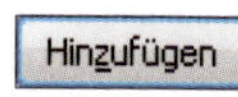

.

3 Daraufhin sehen Sie im Überwachungsfenster alle notwendigen Details: den Namen der Arbeitsmappe ● und der Tabelle ●,

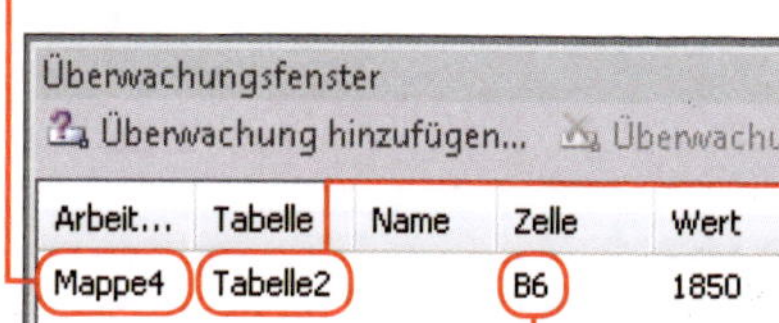

die überwachte Zelle ● den aktuellen Wert der Zelle ● und die Formel ●, aus der sich dieser Wert zusammensetzt.

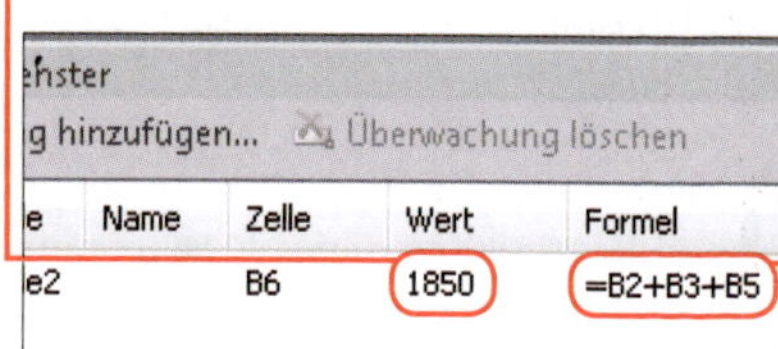

4 Sie können nun über Arbeitsmappen und Tabellen hinweg Zellen definieren, die sich auf einen Blick in der Tabelle der überwachten Zellen erkennen lassen.

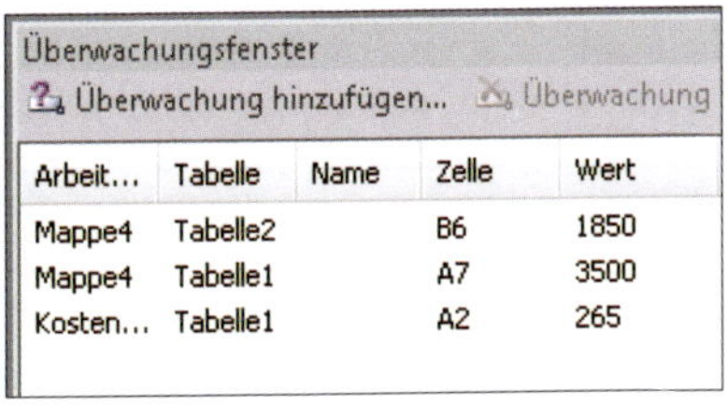

Ändert sich eine der überwachten Zellen, dann wird das Fenstersymbol im Menüband leuchtend gelb: ●.

5 Noch komfortabler wird's, wenn Sie in die Titelleiste ● des Überwachungsfensters klicken und die linke Maustaste gedrückt halten.

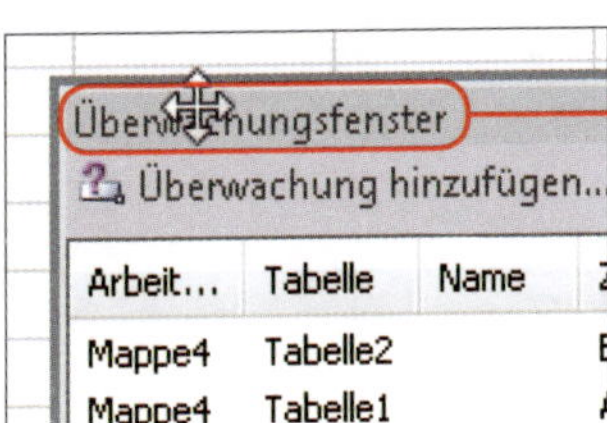

Ziehen Sie das Fenster dann mit weiterhin gedrückter Maustaste nach oben. Auf diese Weise wird es unter dem Menüband verankert und überdeckt so keine Zellen mehr: ●

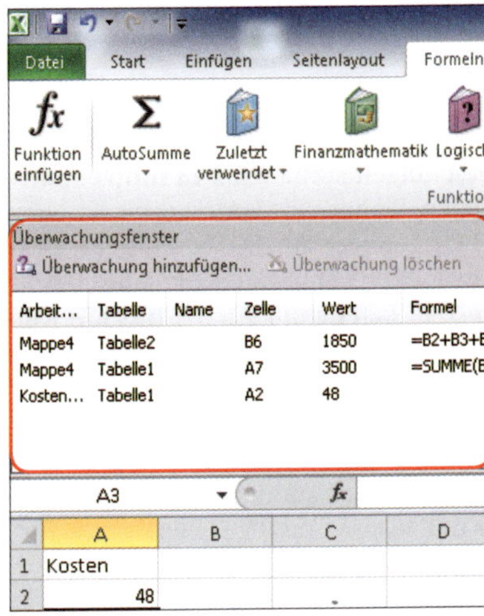

6 Damit eine Zelle nicht mehr überwacht wird, klicken Sie sie einfach an und danach auf ●.

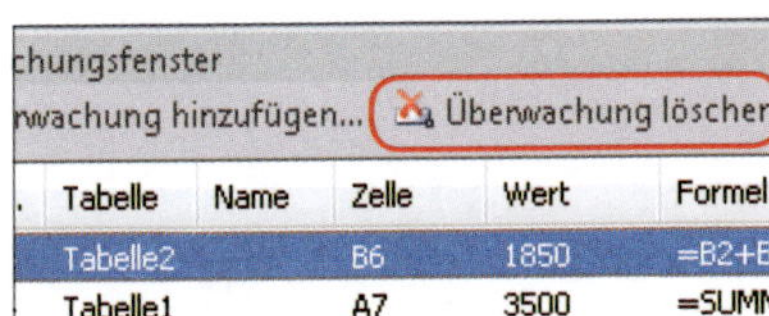

Zum Schließen des Überwachungsfensters genügt ein Klick auf ●.

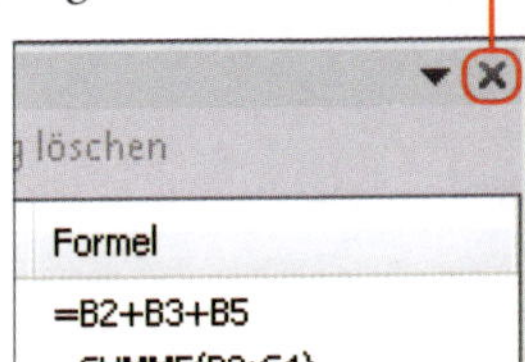

4 Tabellen sortieren und filtern

Damit Sie Ihre Tabellen als Basis für betriebliche oder auch private Planungen wirklich nutzen können, ist es sinnvoll, den Blick freizubekommen auf die wichtigsten Daten. Blenden Sie Einträge, die Sie gerade nicht benötigen, einfach aus, und konzentrieren Sie sich auf das Wesentliche. Das erreichen Sie entweder durch das Setzen von geeigneten Filtern oder auch durch das Sortieren von Daten. Ganz nach Wunsch lassen Sie sich dann zum Beispiel nur Kunden mit einem bestimmten Mindestumsatz anzeigen oder nur aus einer vorgegebenen Region.

Im vierten Kapitel dieses Buches erfahren Sie,

- wie Sie die Werte einer Tabelle blitzschnell sortieren,
- wie Sie Eintragungen, die Sie gerade nicht benötigen, ausblenden
- und wie Sie Auszüge einer Tabelle für eine neue Tabelle nutzen können.

Kapitel-Wegweiser

Tabellen sortieren

Bei der Datenerfassung in Excel-Tabellen brauchen Sie sich normalerweise keine Gedanken über die Reihenfolge der Einträge zu machen. Denn mit wenigen Mausklicks lassen sich Tabellen jederzeit sortieren. Dabei ist es ganz einfach, nicht nur ein Kriterium, sondern sogar mehrere Kriterien festzulegen. Im folgenden Beispiel geht es darum, eine Kundenliste zunächst nach der Stadt und dann nach dem Umsatz zu sortieren. Die Auflistung der Städte soll dabei alphabetisch aufsteigend, also von A nach Z erfolgen. Die Kunden der einzelnen Städte sollen hingegen absteigend nach ihrem Umsatz im Januar des Jahres erscheinen. Der mit dem höchsten Umsatz soll also oben stehen.

1 **Markieren** Sie als Erstes die Tabelle, die Sie sortieren möchten,

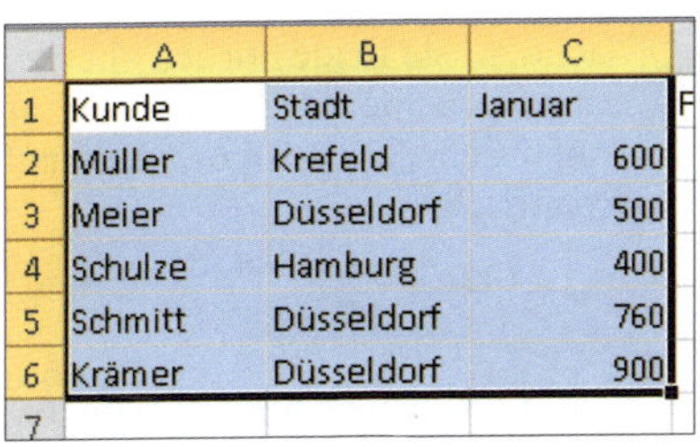

	A	B	C
1	Kunde	Stadt	Januar
2	Müller	Krefeld	600
3	Meier	Düsseldorf	500
4	Schulze	Hamburg	400
5	Schmitt	Düsseldorf	760
6	Krämer	Düsseldorf	900
7			

und klicken Sie dann im **Menüband** auf den Registerreiter

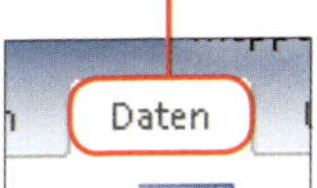

sowie anschließend auf .

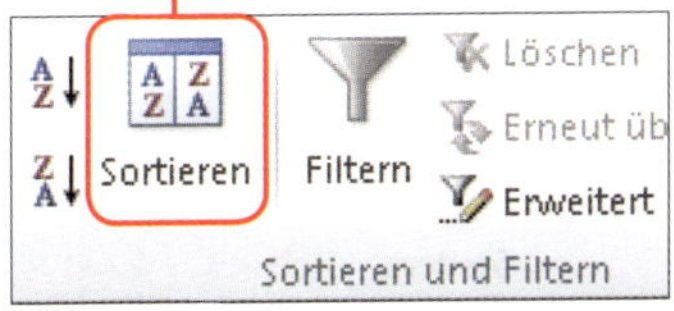

2 Daraufhin öffnet sich ein Fenster, in dem Sie die Sortierkriterien bestimmen können. Die Beispieltabelle enthält in der Zeile 1 Spaltenbezeichnungen. Daher sollten Sie den Haken im Kästchen

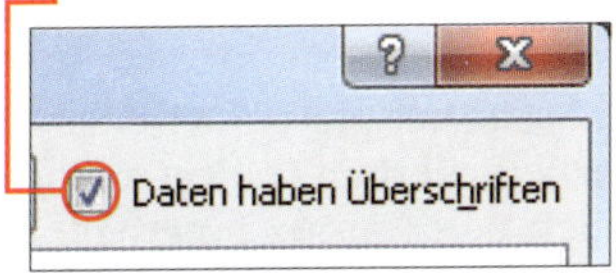

stehen lassen. Ansonsten würden diese nämlich unsinnigerweise in die Sortierung miteinbezogen.

3 Zunächst soll die Kundenliste nach Städtenamen sortiert werden. Klicken Sie also auf

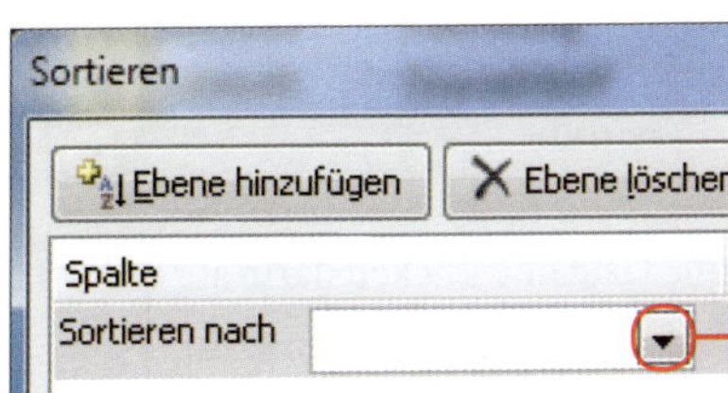

und in der dann aufklappenden Auswahlliste auf den Eintrag ●.

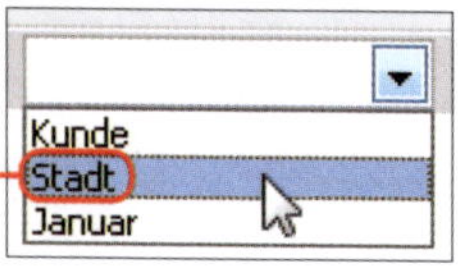

Die Auswahl im Feld ●

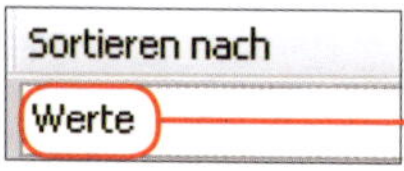

können Sie beibehalten. Dasselbe gilt für das Feld daneben: ●.

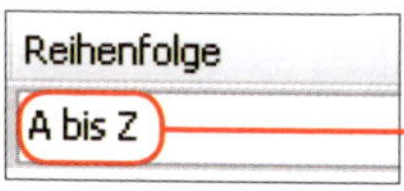

4 Da Sie im Beispiel ja noch ein zweites Sortierkriterium festlegen möchten (nämlich den Umsatz innerhalb einer Stadt im Januar des betreffenden Jahres), klicken Sie als Nächstes auf

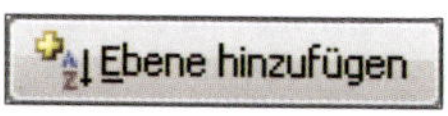

.

Anschließend öffnen Sie per Klick auf den unteren Pfeil ●

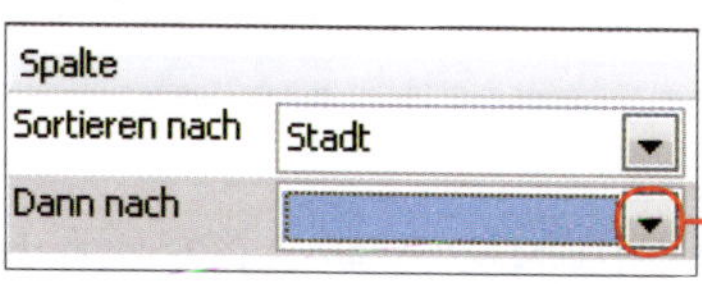

eine Liste und klicken darin auf ●.

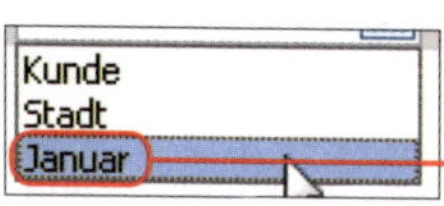

5 Die Vorauswahl im Bereich „Sortieren nach Werten" können Sie wieder beibehalten,

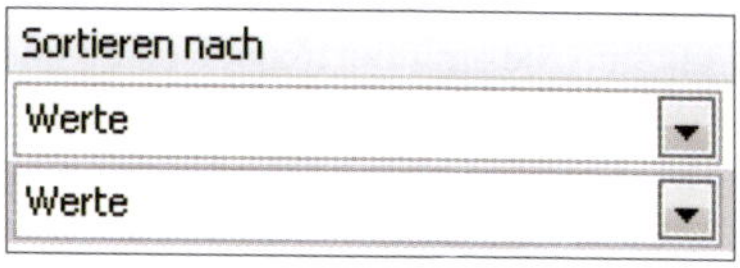

nicht aber die Sortierreihenfolge. Denn die höchsten Umsatzwerte sollen ja ganz oben stehen. Klicken Sie daher auf ●

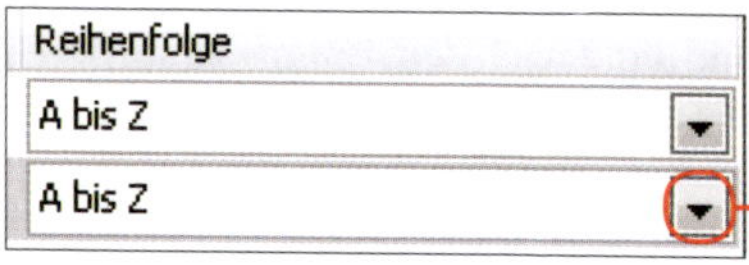

und danach auf den Eintrag ●.

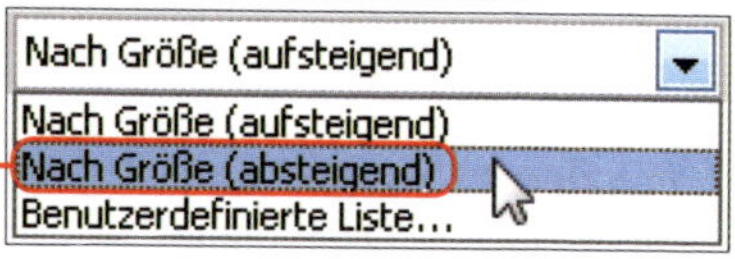

6 Nachdem Sie beide Sortierkriterien festgelegt haben, brauchen Sie zur Bestätigung abschließend nur noch auf die Schaltfläche

zu klicken. Umgehend wird die Kundenliste nach Ihren Wünschen sortiert.

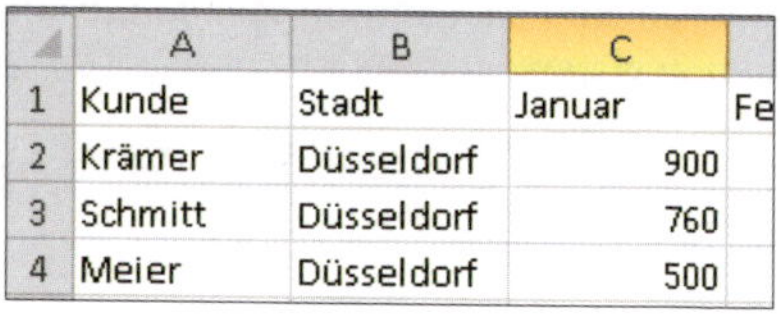

	A	B	C	
1	Kunde	Stadt	Januar	Fe
2	Krämer	Düsseldorf	900	
3	Schmitt	Düsseldorf	760	
4	Meier	Düsseldorf	500	

Nur bestimmte Werte einer Tabelle anzeigen

Tabellen können Tausende Einträge enthalten. Häufig benötigen Sie aber nur eine Auswahl dieser Daten. Und zwar solche, die bestimmte Kriterien erfüllen. Das erreichen Sie mithilfe der Filterfunktion. Stellen Sie sich vor, Sie möchten sich aus der folgenden Beispieltabelle

	A	B	C	
1	Kunde	Stadt	Januar	Febru
2	Krämer	Düsseldorf	900	
3	Schmitt	Düsseldorf	760	
4	Meier	Düsseldorf	500	
5	Schulze	Hamburg	400	
6	Müller	Krefeld	600	
7	Hartmann	Stuttgart	900	
8	Petersen	Berlin	850	
9	Meyer	Krefeld	700	
10				
11				

nur Kunden aus Düsseldorf anzeigen lassen, die zudem einen Umsatz von mehr als 700 Euro aufweisen.

1 Um die Filterfunktion anwenden zu können, brauchen Sie nicht die ganze Tabelle zu markieren. Es genügt, in eine beliebige Zelle zu klicken, zum Beispiel A4.

	A	B
1	Kunde	Stadt
2	Krämer	Düsseldorf
3	Schmitt	Düsseldorf
4	Meier	Düsseldorf
5	Schulze	Hamburg
6	Müller	Krefeld

Klicken Sie dann im Menüband auf den Registerreiter

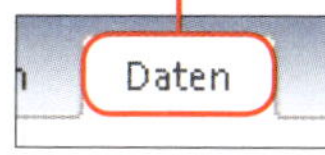

sowie anschließend auf .

2 Das Filtersymbol sieht daraufhin aus wie ein niedergedrückter Schalter.

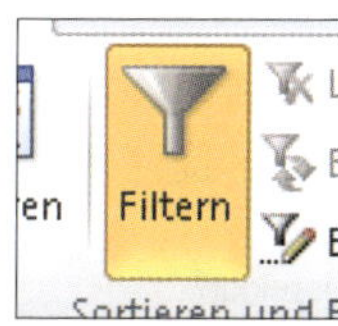

Zudem erscheinen in der Zeile 1 mit den Spaltenbezeichnungen Auswahlpfeile. Ein Filterkriterium, das Sie anwenden wollen, betrifft den Firmensitz Ihrer Kunden. Klicken Sie also in der entsprechenden Spalte auf den Auswahlpfeil .

	A	B	C
1	Kunde	Stadt	Januar
2	Krämer	Düsseldorf	900
3	Schmitt	Düsseldorf	760

3 Daraufhin werden alle in dieser Spalte vorkommenden Werte, also die Städtenamen, angezeigt. Klicken Sie zunächst in das Kästchen ●,

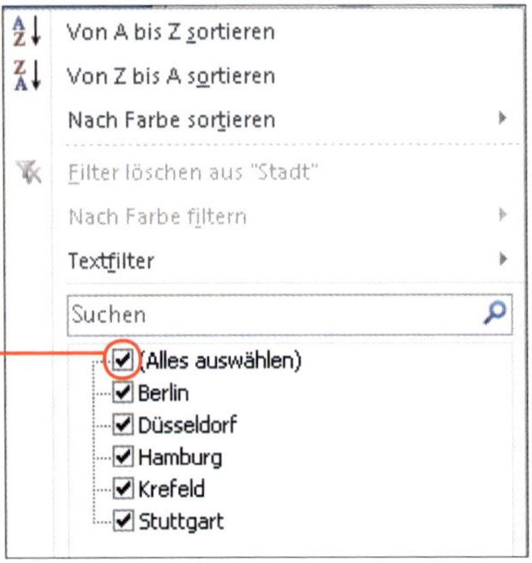

um alle Auswahlhaken auf einen Schlag zu entfernen, und anschließend in das Kästchen ●,

um nur dort wieder einen Haken zu setzen: ●.

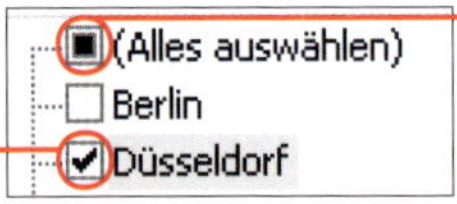

Das kleine Viereck ● signalisiert, dass nur Teile der Liste angewählt sind. (Klicken Sie einmal hinein, wenn wieder alle Elemente der Liste markiert werden sollen.) Nach einem Klick auf die Schaltfläche

bekommen Sie nur noch die Düsseldorfer Kunden angezeigt.

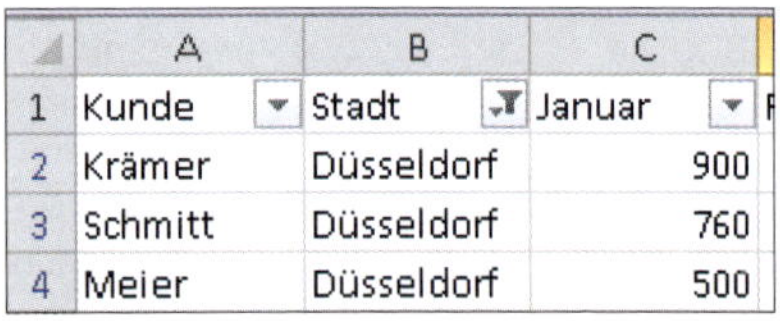

	A	B	C
1	Kunde	Stadt	Januar
2	Krämer	Düsseldorf	900
3	Schmitt	Düsseldorf	760
4	Meier	Düsseldorf	500

An dem kleinen Filtersymbol ● an der Spalte können Sie erkennen, dass nicht alle Daten sichtbar sind, sondern ein Filter die Auswahl einschränkt.

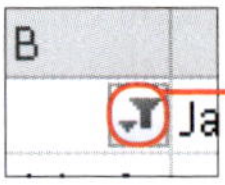

4 Das genügt aber noch nicht. Denn im Beispielfall sollen schließlich nur die Kunden angezeigt werden, deren Umsatz im Januar größer ist als 700 Euro. Klicken Sie daher auf den Pfeil ●.

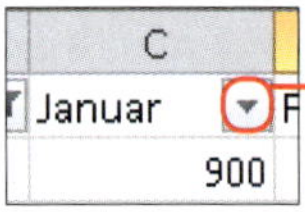

Wie im vorigen Schritt werden jetzt alle vorkommenden Werte, in diesem Fall statt der Städtenamen die Umsatzwerte, angezeigt. In sehr umfangreichen Tabellen mit vielen Werten wäre es jedoch sehr mühsam, jeden Auswahlhaken einzeln zu setzen. Führen Sie daher den

Mauszeiger über den Eintrag ●,

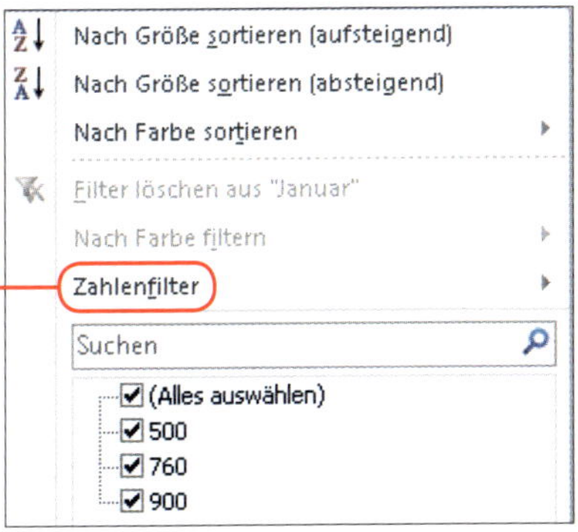

und klicken Sie dann auf ●.

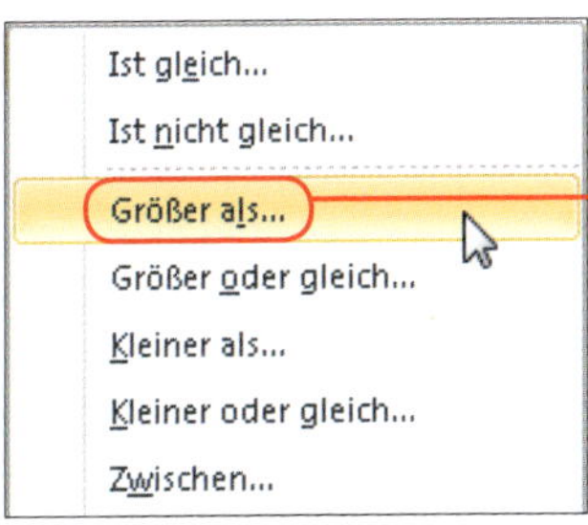

5 Anschließend öffnet sich ein Dialogfenster, in dem das Filterkriterium bereits vorgegeben ist: ●. Sie brauchen also nur noch den Wert ●

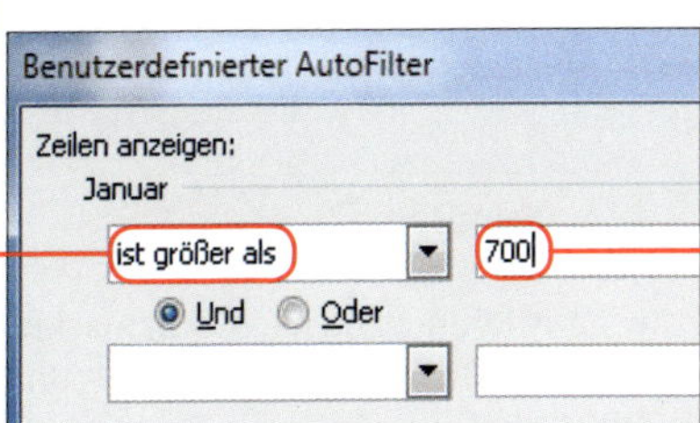

einzutragen und dann zur Bestätigung auf

zu klicken. Wie gewünscht, sehen Sie in Ihrer Tabelle jetzt nur noch Düsseldorfer Kunden mit einem Umsatz, der über 700 Euro liegt.

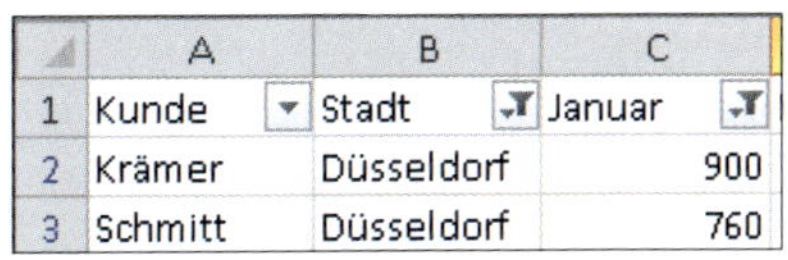

	A	B	C
1	Kunde	Stadt	Januar
2	Krämer	Düsseldorf	900
3	Schmitt	Düsseldorf	760

6 Bei der Verwendung eines Filters bleibt die eigentliche Tabelle unangetastet. Das bedeutet, dass Werte, die ein Kriterium nicht erfüllen, lediglich ausgeblendet werden. Um einzelne oder alle Einträge wieder zu sehen, können Sie Filter entfernen, entweder einzeln oder auch alle auf einen Schlag. Falls Sie beispielsweise wieder alle Düsseldorfer Kunden unabhängig vom Umsatz sehen möchten, löschen Sie den betreffenden Filter separat. Klicken Sie dazu auf ●

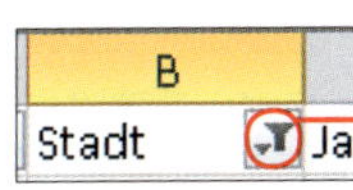

sowie anschließend auf ●.

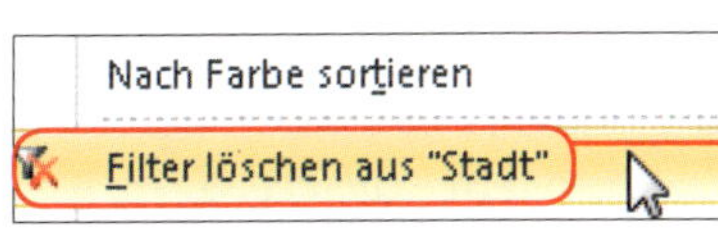

Schon werden wieder alle Städte dargestellt, der Filter für den Januar-Umsatz ist aber immer noch vorhanden, wie das

Filter erneut übernehmen

Wenn Sie einen Filter anwenden, werden nur die Werte ausgeblendet, die *zu diesem Zeitpunkt* die Kriterien nicht erfüllen. Sie können aber nach wie vor Eintragungen in Ihrer Tabelle vornehmen. Im folgenden Beispiel sehen Sie, dass der neu eingetragene Kunde das Ortskriterium nicht erfüllt: ●.

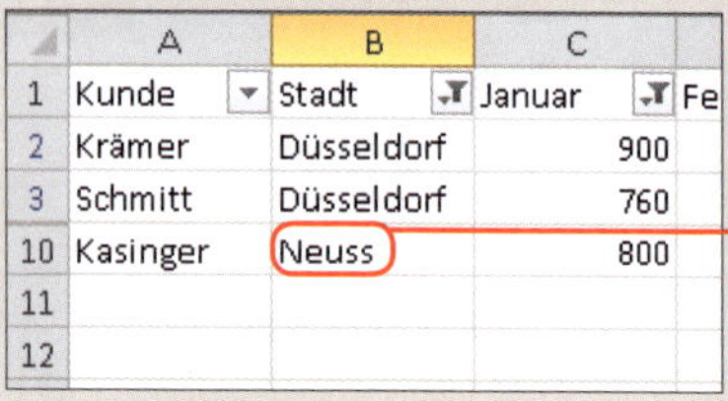

	A	B	C	
1	Kunde	Stadt	Januar	Fe
2	Krämer	Düsseldorf	900	
3	Schmitt	Düsseldorf	760	
10	Kasinger	Neuss	800	
11				
12				

Klicken Sie im Menüband aber auf den Befehl ●,

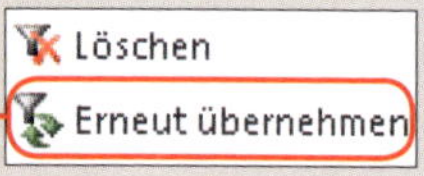

kommt der Filter noch einmal zum Einsatz. Die Folge: Der Kunde Kasinger wird nicht mehr angezeigt.

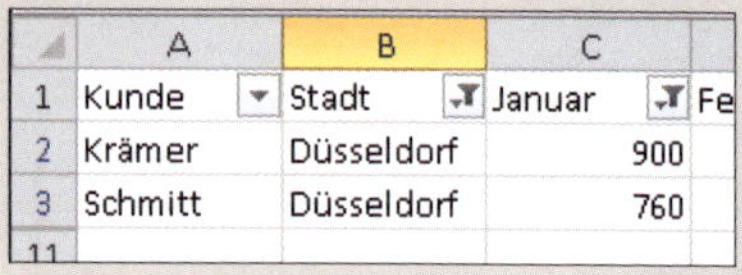

	A	B	C	
1	Kunde	Stadt	Januar	Fe
2	Krämer	Düsseldorf	900	
3	Schmitt	Düsseldorf	760	

kleine Filtersymbol ● zeigt.

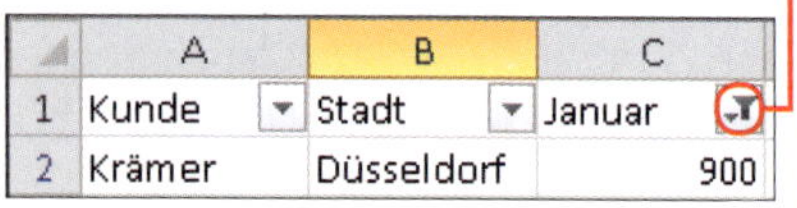

	A	B	C
1	Kunde	Stadt	Januar
2	Krämer	Düsseldorf	900

Damit sämtliche Filter entfernt werden, also wieder alle Einträge zu sehen sind, reicht ein Klick im Menüband auf ●.

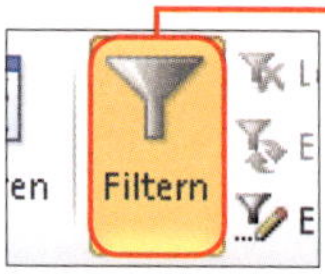

7 Mithilfe der **Zwischenablage** können Sie gefilterte Daten kopieren. Wenn Sie beispielsweise einem Mitarbeiter eine Liste Krefelder Kunden weitergeben wollen, nicht jedoch die ganze Tabelle, gehen Sie so vor: Filtern Sie zunächst die Krefelder Kunden heraus, wie in Schritt 3 gezeigt, und markieren Sie dann die gefilterten Werte wie gewohnt.

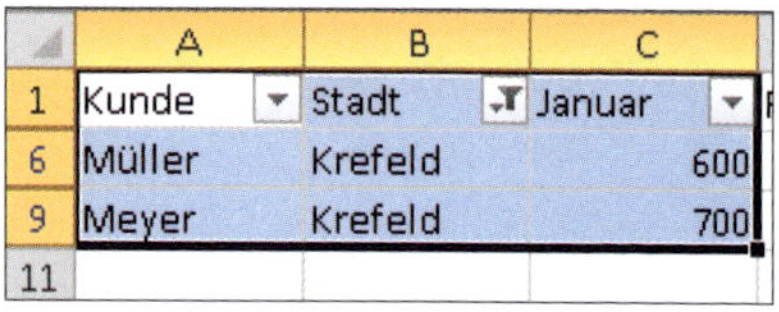

	A	B	C
1	Kunde	Stadt	Januar
6	Müller	Krefeld	600
9	Meyer	Krefeld	700
11			

8 Klicken Sie nun mit der *rechten* Maustaste in die Markierung und im Kontextmenü, das daraufhin geöffnet wird, wieder mit der linken Maustaste auf

.

Alternativ können Sie nach dem Markieren auch die **Tastenkombination** [Strg] und [C] anwenden.

9 Legen Sie danach eine neue leere **Arbeitsmappe** an, und klicken Sie anschließend mit der *rechten* Maustaste in die Zelle A1 und im dann erscheinenden Kontextmenü – wieder mit links – auf ●.

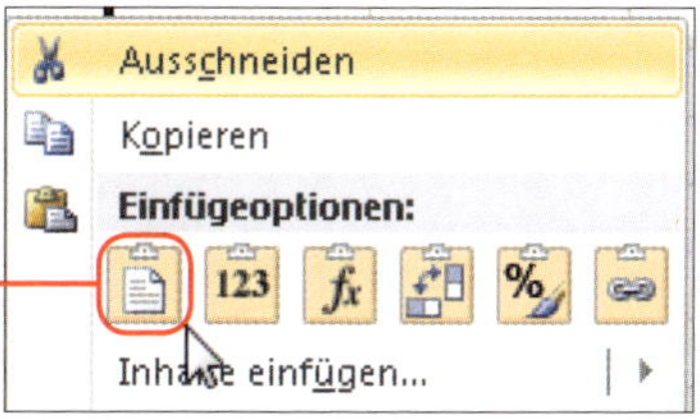

Alternativ können Sie auch die Tastenkombination Strg und V drücken. Die neue Arbeitsmappe enthält nun wunschgemäß nur die Krefelder Kunden.

	A	B	C
1	Kunde	Stadt	Januar
2	Müller	Krefeld	600
3	Meyer	Krefeld	700

Diese Mappe können Sie jetzt ganz normal speichern und weitergeben.

Blitzschnell nach Städtenamen filtern

Wenn Sie keine ausführlichen Filterbedingungen benötigen, sondern lediglich identische Werte zu einem Eintrag suchen, können Sie sich den Weg über das Menüband ersparen. Um beispielsweise nur Krefelder Kunden anzuzeigen, klicken Sie mit der *rechten* Maustaste in eine Zelle, in der Krefeld als Stadt eingetragen ist, also etwa die Zelle B6 ●.

	A	B	C
1	Kunde	Stadt	Januar
2	Krämer	Düsseldorf	900
3	Schmitt	Düsseldorf	760
4	Meier	Düsseldorf	500
5	Schulze	Hamburg	400
6	Müller	Krefeld	600
7	Hartmann	Stuttgart	900
8	Petersen	Berlin	850
9	Meyer	Krefeld	700
10	Kasinger	Neuss	800
11			

Im geöffneten Kontextmenü führen Sie dann den Mauszeiger über den Eintrag ●

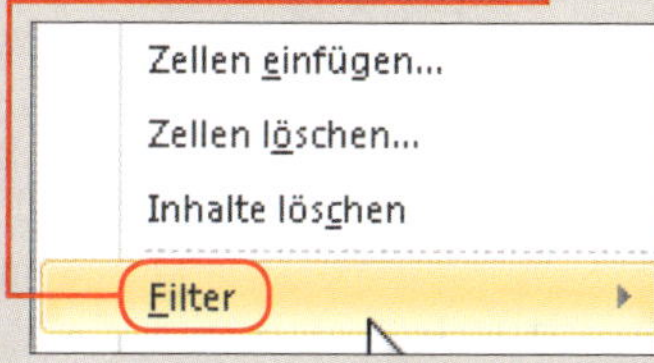

und klicken anschließend in der seitlich erscheinenden Auswahl auf ●.

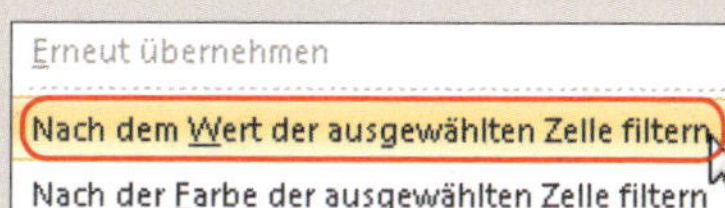

Umgehend werden daraufhin die Kunden der anderen Städte ausgeblendet.

	A	B	C
1	Kunde	Stadt	Januar
6	Müller	Krefeld	600
9	Meyer	Krefeld	700
11			

5 Daten ansprechend präsentieren

Wer hat schon Lust, endlose Zahlenkolonnen durchzuackern? Ein **Diagramm** spart dem Betrachter viel Zeit, denn eine solche Grafik lässt in vielen Fällen auf den ersten Blick erkennen, welche Trends, Schwankungen oder prozentuale Verteilungen bei Wertereihen vorliegen. Excel verfügt über eine große Auswahl verschiedener Diagrammtypen. Welche Wahl Sie treffen, ob Sie also zum Beispiel eine Tortengrafik einem Säulendiagramm vorziehen, hängt natürlich davon ab, wie die Tabelle aufgebaut ist. Zudem ist entscheidend, welchen Sachverhalt Sie durch die optische Gestaltung betonen möchten. In Excel 2010 gibt es mit den Sparklines einen neuen Diagrammtyp, der Ihnen mittels einer einfachen Minigrafik einen Überblick über die Tendenz in den nebenstehenden Zellen gibt.

Im sechsten Kapitel dieses Buches erfahren Sie,

- wie Sie mit Linien und Flächendiagrammen eine Erfolgskurve abbilden,
- wie sich Verteilungen besonders gut mit Kreisdiagrammen veranschaulichen lassen,
- wie Sie ganz fix ein Diagramm mithilfe von Vorlagen gestalten,
- wie Sie jedes Detail im Diagramm selbst bestimmen
- und wie Sie mittels der Sparkline-Diagramme einen schnellen Überblick über Daten bekommen.

Kapitel-Wegweiser

Mit wenigen Klicks ein Diagramm erstellen

Mit Excel ein Diagramm zu erstellen, geht ruck, zuck! Sie wählen die Daten aus, die das Diagramm enthalten soll, und bestimmen anschließend den Diagrammtyp. Im folgenden Beispiel geht es darum, die Gewinnentwicklung der letzten Jahre zu veranschaulichen.

1 **Markieren** Sie zunächst die Tabelle, deren Werte Sie in einem Diagramm abbilden wollen,

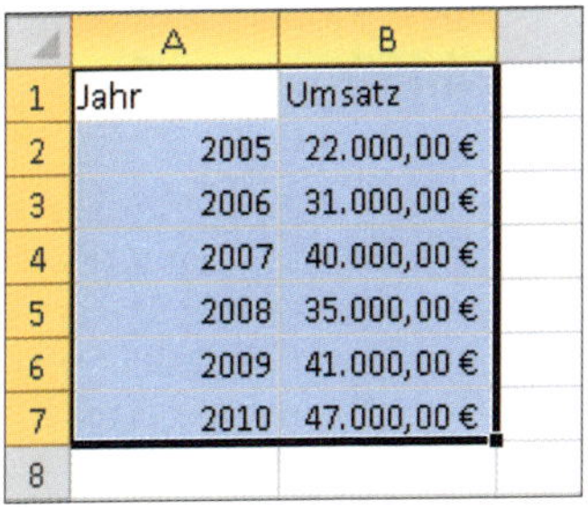

	A	B
1	Jahr	Umsatz
2	2005	22.000,00 €
3	2006	31.000,00 €
4	2007	40.000,00 €
5	2008	35.000,00 €
6	2009	41.000,00 €
7	2010	47.000,00 €
8		

und klicken Sie dann im **Menüband** auf den Registerreiter ●.

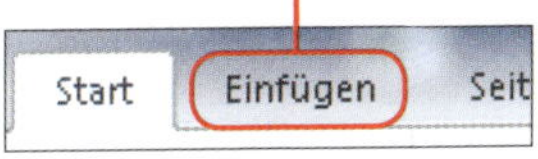

Daraufhin erscheint eine Übersicht über die verschiedenen Diagrammtypen von Excel 2010.

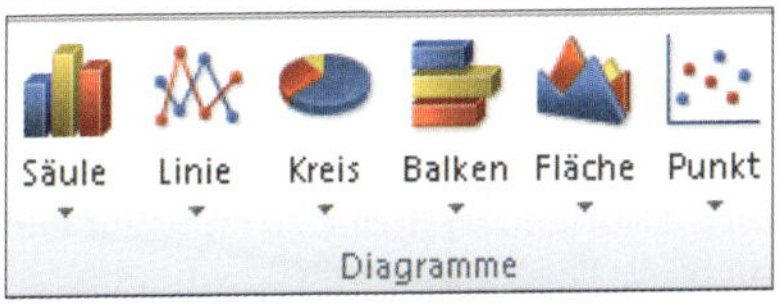

2 Für die Darstellung der Umsatzentwicklung aus dem Beispiel in Schritt 1 ist ein Liniendiagramm gut geeignet. Klicken Sie daher auf

,

damit eine Auswahl mit verschiedenen Liniendiagrammen aufklappt.

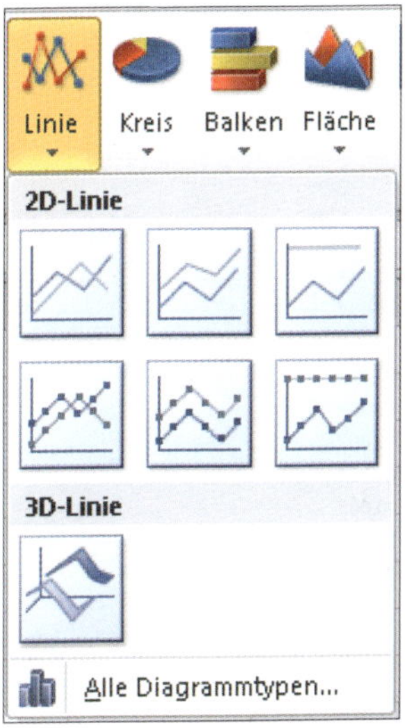

3 Um Ihnen die Auswahl zu erleichtern, wird ein Hilfstext eingeblendet, sobald Sie den Mauszeiger einen Moment über ein Symbol halten. Darin erhalten Sie Informationen über die Funktion des jeweiligen Diagramms.

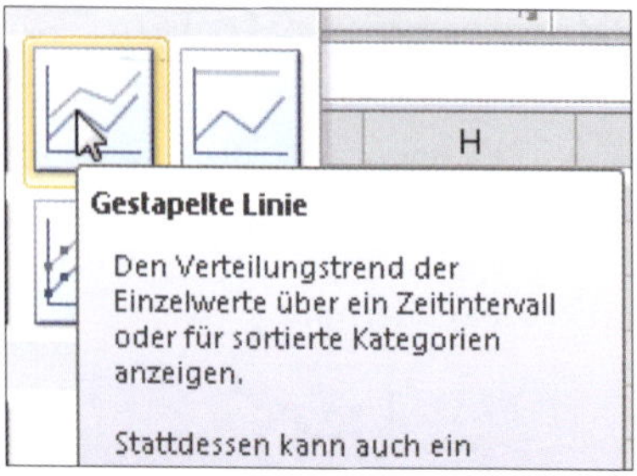

4 Wenn Sie Ihre Entscheidung getroffen haben, brauchen Sie das Symbol nur anzuklicken. Schon wird das Diagramm erstellt. Im Beispiel sehen Sie dann auf den ersten Blick, dass es im Jahr 2008 nach konstanten Zuwächsen einen Umsatzeinbruch gegeben hat.

5 Standardmäßig wird das Diagramm auf dem **Arbeitsblatt** mit der zugrunde liegenden Tabelle eingefügt. Dabei kann es passieren, dass der Blick auf die Daten selbst verdeckt wird. Um das Diagramm dann zu verschieben, führen Sie den Mauszeiger über das Diagramm, bis er seine Form verändert: ●.

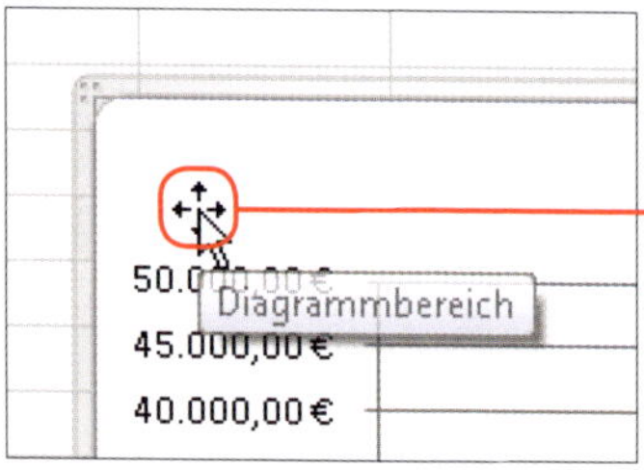

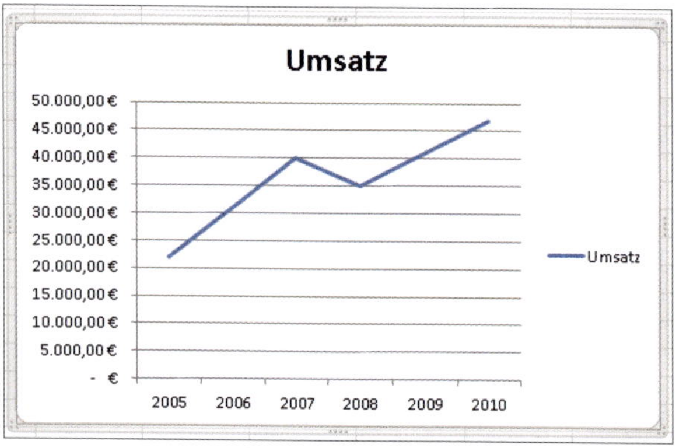

Mit gedrückt gehaltener Maustaste können Sie das Diagramm nun dorthin verschieben, wo es die Datenreihen nicht verdeckt. Bei umfangreichen Diagrammen ist es aber meist sinnvoller, diese auf einem eigenen Tabellenblatt zu platzieren Wie das geht, erfahren Sie im folgenden Abschnitt.

Diagramm in eigenem Arbeitsblatt speichern

Aus Gründen der Übersichtlichkeit empfiehlt es sich bei umfangreicheren Datenreihen, Diagramme in einem separaten Arbeitsblatt zu speichern. Ebenso gilt dies natürlich, wenn Sie zu einer Tabelle mehrere Diagramme anlegen möchten.

1 Um ein Diagramm zu markieren, brauchen Sie es nur anzuklicken. Unmittelbar danach taucht im Menüband eine zusätzliche Schaltfläche auf: ●.

Klicken Sie darauf und anschließend auf ●.

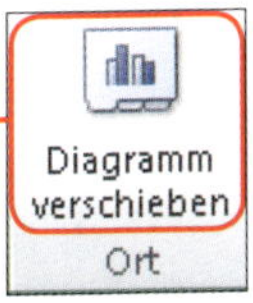

2 Im Dialogfenster, das daraufhin angezeigt wird, setzen Sie per Klick in den Auswahlkreis ●

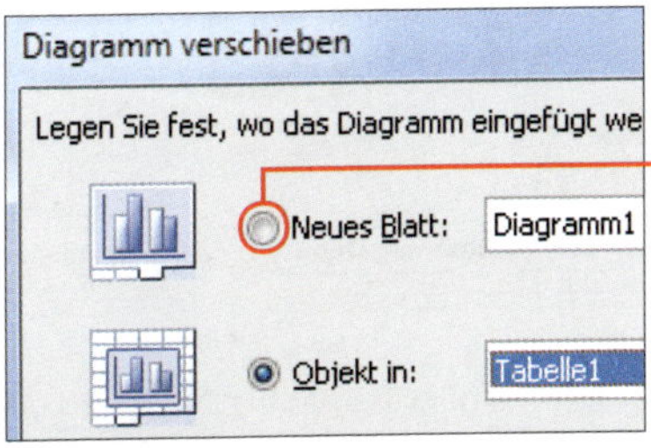

einen Punkt wie in der Abbildung unten. Im Feld daneben können Sie dem Diagramm einen Namen geben, im Beispiel ●.

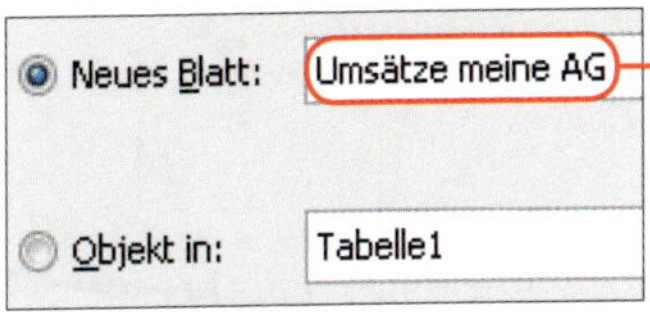

Diese Bezeichnung erscheint gleich als Beschriftung für das neue Arbeitsblatt. Um das Fenster zu schließen, reicht ein Mausklick auf

.

3 Das Diagramm befindet sich jetzt auf einem eigenen Arbeitsblatt und wird auch gleich bildschirmfüllend angezeigt.

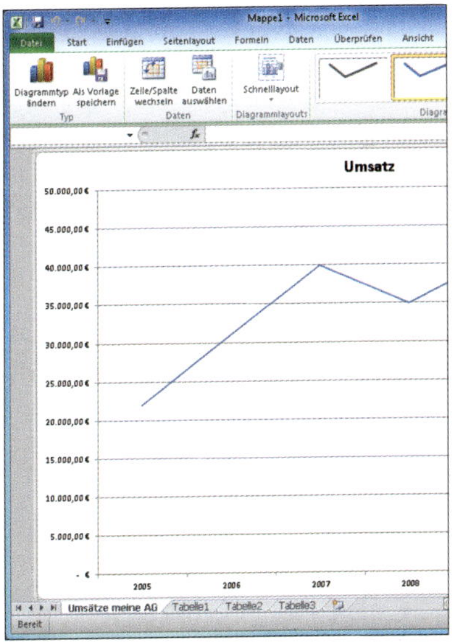

Links unten sehen Sie den zusätzlichen Registerreiter ●,

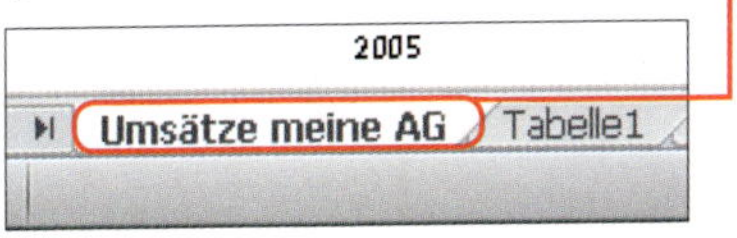

der den im vorigen Schritt eingegebenen Namen trägt.

Diagrammtyp ändern

Falls Sie nachträglich feststellen sollten, dass ein anderer Diagrammtyp eigentlich besser zu Ihren Daten gepasst hätte, brauchen Sie das Diagramm nicht etwa komplett neu anzulegen. Eine Änderung können Sie jederzeit durchführen.

1 Wollen Sie beispielsweise Ihre Umsatzentwicklung nicht mit einer Linie, sondern mit einer Fläche darstellen, gehen Sie so vor: Klicken Sie mit der *rechten* Maustaste auf das Diagramm, und wählen Sie im dann geöffneten Kontextmenü den Eintrag .

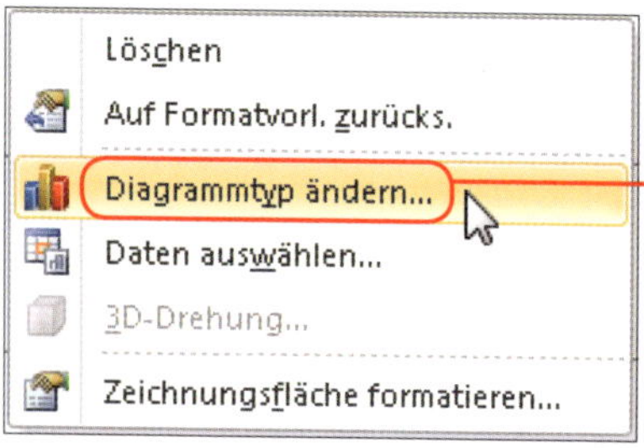

2 Im nachfolgenden Dialogfenster bekommen Sie in der linken Spalte

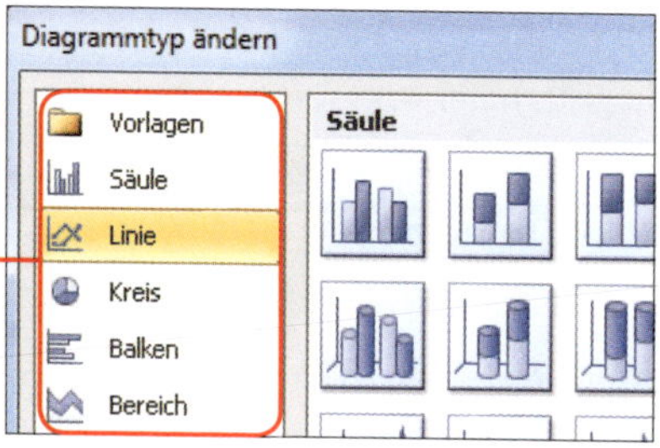

Zugriff auf alle Diagrammtypen. Je nachdem, welchen Typ Sie hier angeklickt haben, können Sie rechts davon ein Diagramm auswählen, beispielsweise .

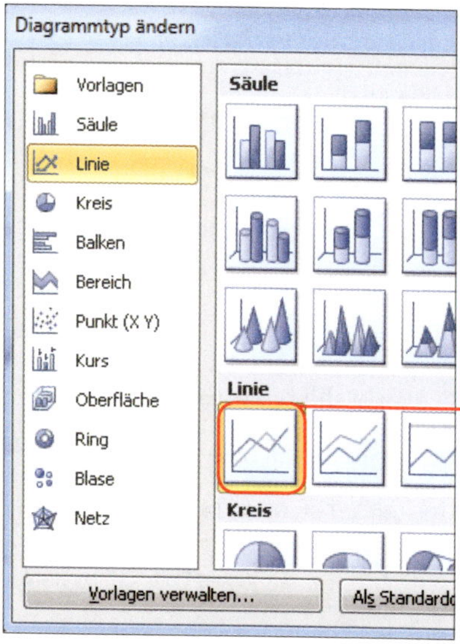

3 Um den gewünschten Typ auszuwählen, klicken Sie also als Erstes links zum Beispiel auf

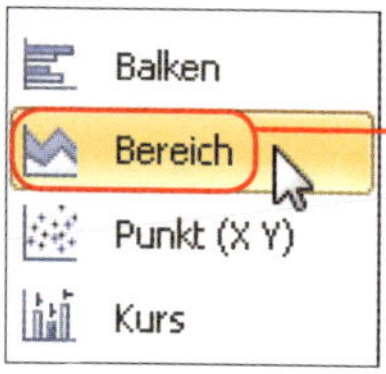

und anschließend rechts beispielsweise

auf das markante Symbol ●.

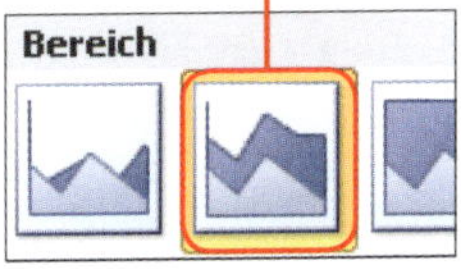

Mit einem Klick auf die Schaltfläche

bestätigen Sie Ihre Wahl. Schon ist im Diagramm statt einer einfachen Linie eine gefärbte Fläche zu sehen.

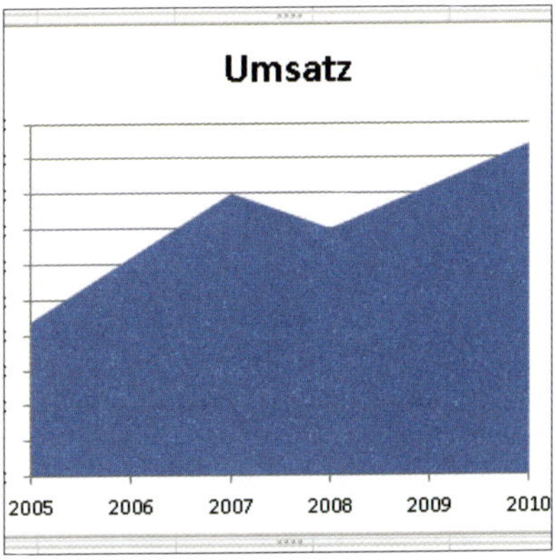

Diagramme mit Vorlagen fix gestalten

Wie Sie ab Seite 75 in diesem Kapitel noch sehen werden, lässt sich das Aussehen eines Diagramms bis ins Detail festlegen. In vielen Fällen können Sie sich das Leben aber auch erleichtern, indem Sie Vorlagen verwenden. Denn damit haben Sie Zugriff auf verschiedene Gestaltungsstile. So können Sie beispielsweise zwischen verschiedenen Farbkompositionen wählen oder auch bestimmen, ob die Wertetabelle im Diagramm eingeblendet wird oder nicht.

In der Beispieltabelle sind die verkauften Stückzahlen dreier Typen von Mobiltelefonen erfasst.

	A	B	C	D
1	Monat	Windows Phone	iPhone	Android
2	April	250	100	80
3	Mai	270	110	76
4	Juni	310	98	67

Die Absatzentwicklung der ersten beiden Typen verläuft zufriedenstellend. Beim dritten Produkt ist dies jedoch nicht der Fall. Diese Tatsache soll mithilfe eines Diagramms verdeutlicht werden.

1 Markieren Sie zunächst die Tabelle, wie in der Abbildung zu sehen,

	A	B	C	D
1	Monat	Windows Phone	iPhone	Android
2	April	250	100	80
3	Mai	270	110	76
4	Juni	310	98	67
5				

und klicken Sie danach im Menüband wieder auf den Registerreiter ●.

2 Im vorliegenden Fall entscheiden Sie sich für ein Balkendiagramm und klicken daher zunächst auf das Symbol

und anschließend zum Beispiel auf ●.

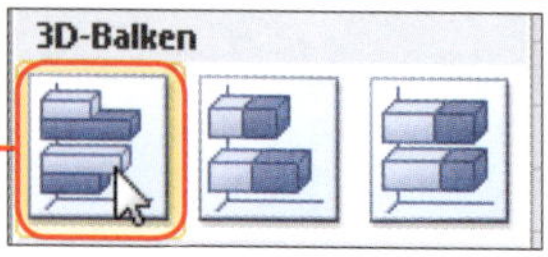

3 Umgehend wird das gewünschte Diagramm angezeigt. Auf der X-Achse des Diagramms (horizontal) sind die abgesetzten Stückzahlen zu sehen. Nach Produkten aufgeteilt ● können Sie die jeweiligen Werte für die einzelnen Monate abzulesen. Jeder der Monatsbalken hat dabei eine andere Farbe.

4 Falls Ihnen die Farben der Balken im Diagramm nicht gefallen sollten, können Sie auch eine andere Farbzusammenstellung wählen. Klicken Sie in das Diagramm, und holen Sie gegebenenfalls mit einem Mausklick auf ●

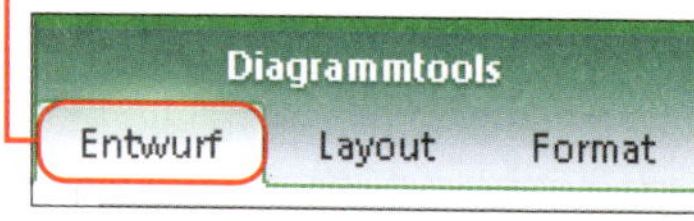

das Entwurfsregister in den Bildschirmvordergrund, und klicken Sie darin auf ●,

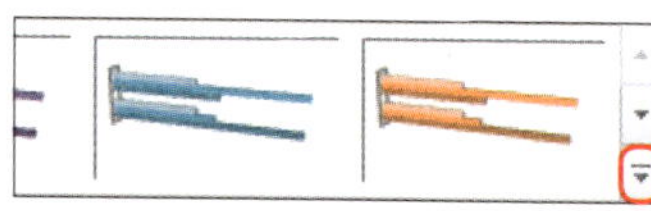

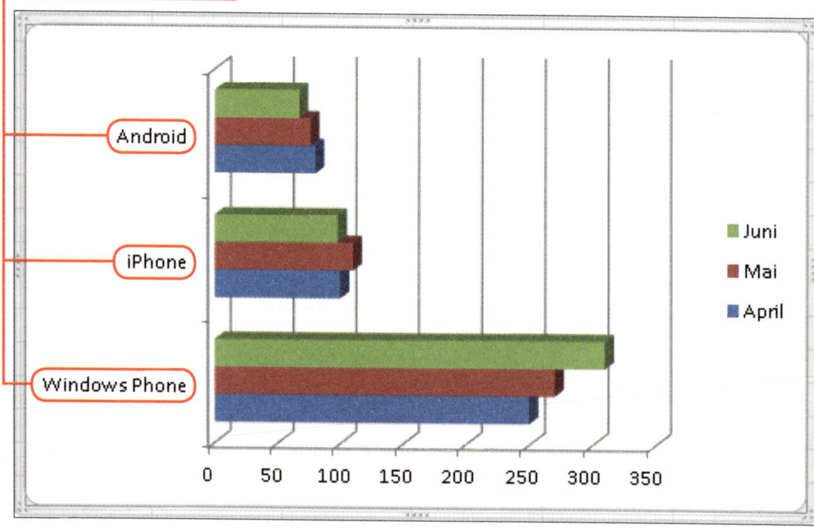

damit die komplette Vorlagenauswahl angezeigt wird.

5 Wenn Sie in dieser Auswahl beispielsweise auf ● klicken, werden die Balken in unterschiedlichen Blautönen dargestellt.

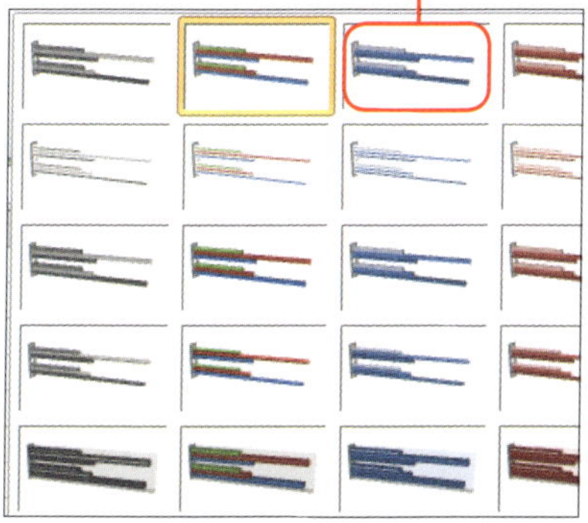

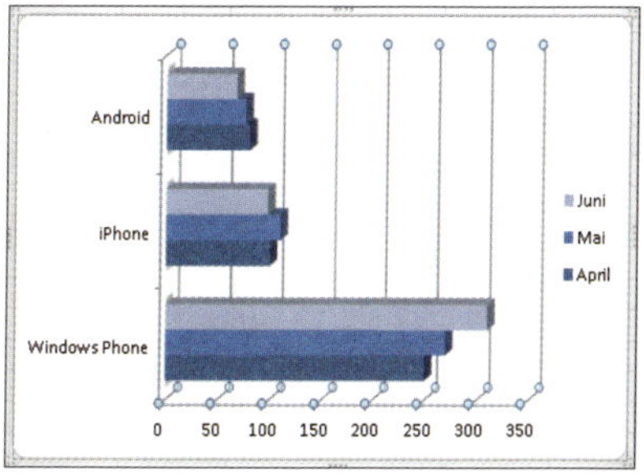

6 Das ist aber noch längst nicht alles: Mithilfe von Layoutvorlagen können Sie auch festlegen, welche Elemente in Ihrem Diagramm erscheinen sollen.

Werte anders gruppieren

Sofern Sie das Diagramm, das Sie in der Schrittfolge 1 und 2 dieser Anleitung erstellt haben, markieren und dann im Entwurfsregister auf

klicken, werden Ihre Daten anders dargestellt. Auf der X-Achse sind nach wie vor die Stückzahlen abzulesen. Nun sind jedoch links die Monate gruppiert. Die einzelnen Balken repräsentieren dann jeweils die Produkte. Welche das sind, sehen Sie rechts vom Diagramm in der Legende: ●. Im Beispielfall lässt sich mit dieser Ansichtsform besonders gut zeigen, wie sich die Absatzzahlen über die Monate entwickelt haben.

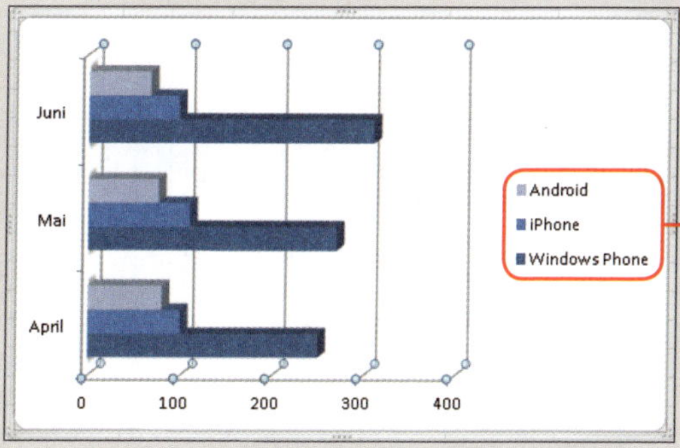

Wenn Sie etwa auf

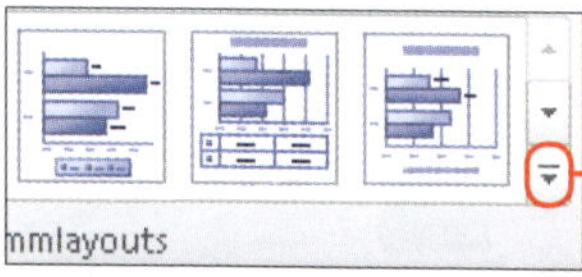

und in der dann geöffneten Auswahl auf

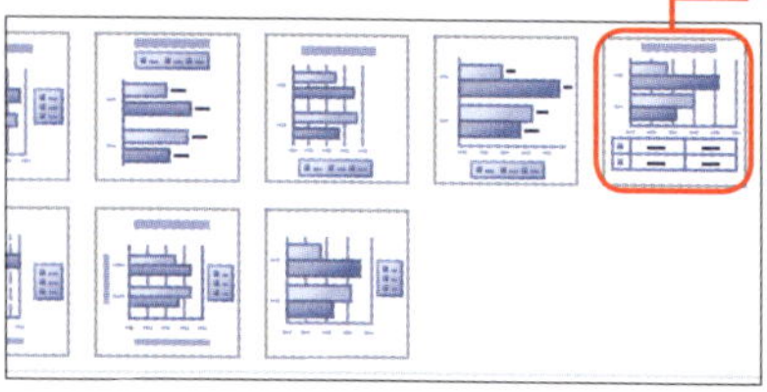

klicken, wird eine Kopie der Tabelle in das Diagramm eingebunden: . Zudem erscheint ein Platzhaltertext für den Diagrammtitel: .

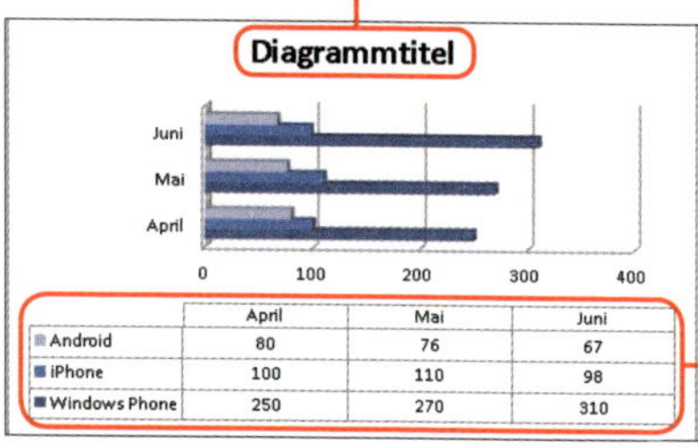

7 Damit Sie den Platzhaltertext ersetzen können, markieren Sie ihn per Mausklick.

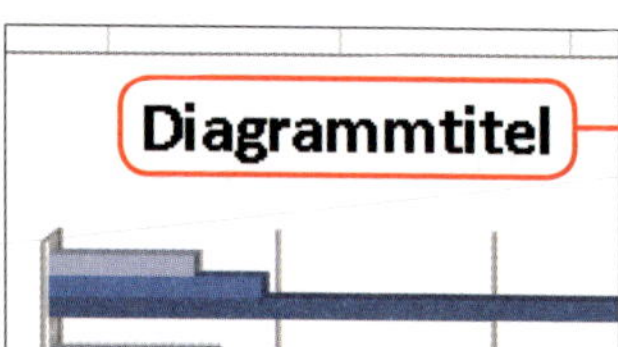

Daraufhin erscheint ein Auswahlrechteck rund um den Text.

Jetzt brauchen Sie nur noch in dieses Rechteck zu klicken, um die Einfügemarke hineinzusetzen. Dann können Sie den Text einfach mit Ihrem Diagrammtitel überschreiben.

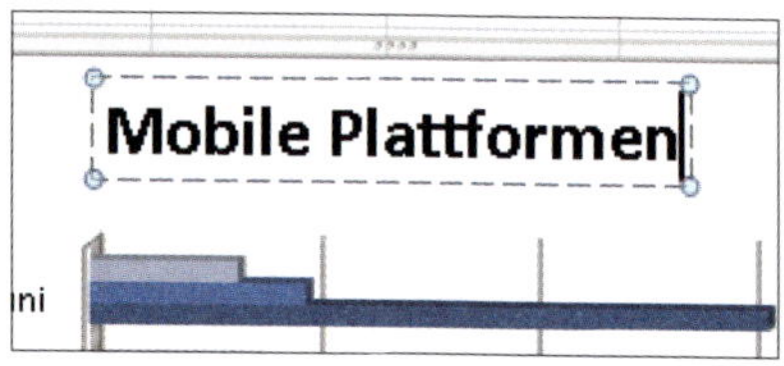

Zur Bestätigung reicht ein Klick in einen Bereich außerhalb des Rechtecks.

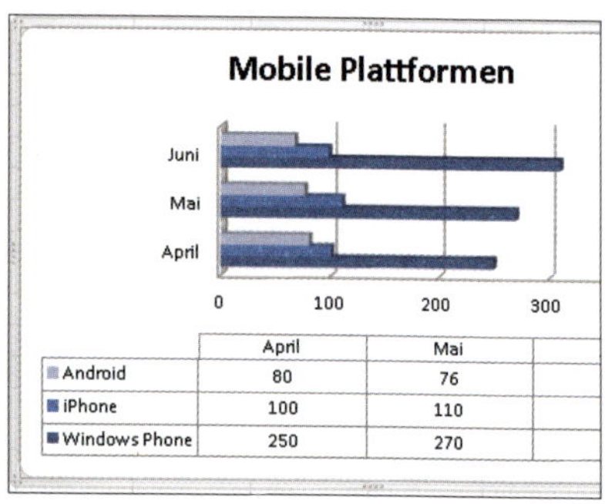

8 Durch das Einfügen der Wertetabelle wird das eigentliche Diagramm etwas „gestaucht“. Sie können aber problemlos Abhilfe schaffen. Markieren Sie das Diagramm, und führen Sie dann den Mauszeiger über die obere Begrenzungslinie, bis er seine Form verändert: ●.

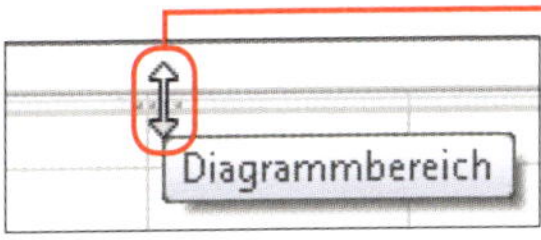

Mit gedrückt gehaltener Maustaste können Sie nun eine **Zieh**bewegung nach oben ausführen und dann die Maustaste loslassen.

Das Diagramm wird dadurch höher, und die Balken sind besser zu erkennen.

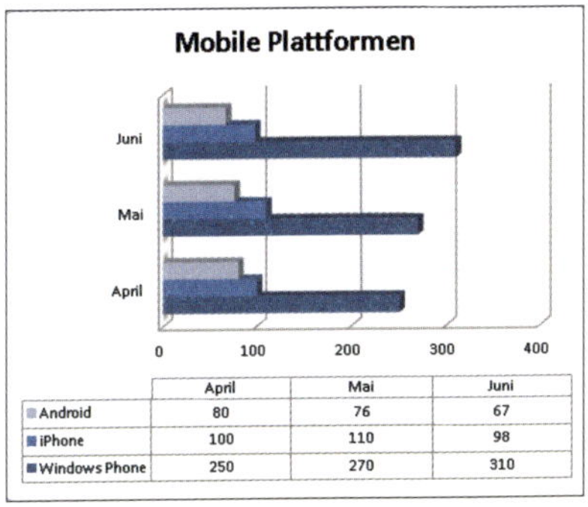

Diagrammelemente beschriften

Dank der Vorlagen können Sie ohne großen Aufwand blitzschnell aussagekräftige Diagramme erstellen. Es besteht aber auch die Möglichkeit, das Aussehen eines Diagramms ganz nach Wunsch bis ins Detail festzulegen. Im Folgenden erfahren Sie, wie Sie zum Beispiel verschiedene Beschriftungen für Ihr Diagramm bestimmen.

1 Als Basis dient dieselbe Tabelle wie im vorigen Abschnitt. Dieses Mal sollen die Werte aber mithilfe eines Säulendiagramms abgebildet werden. Markieren Sie zunächst die Tabelle,

	A	B	C	
1	Monat	Windows Phone	iPhone	And
2	April	250	100	
3	Mai	270	110	
4	Juni	310	98	
5				

und klicken Sie dann im Einfügen-Register des Menübandes auf

und in der geöffneten Auswahl zum Beispiel auf ●.

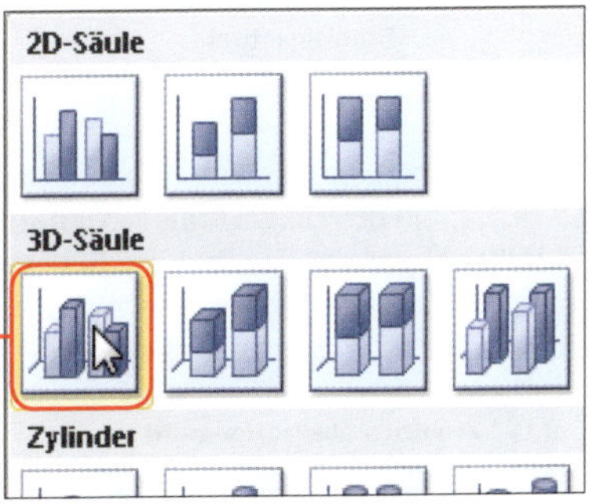

2 Die Absatzzahlen der einzelnen Produkte erscheinen daraufhin gruppiert. Die Säulen entsprechen dabei den Werten der einzelnen Monate.

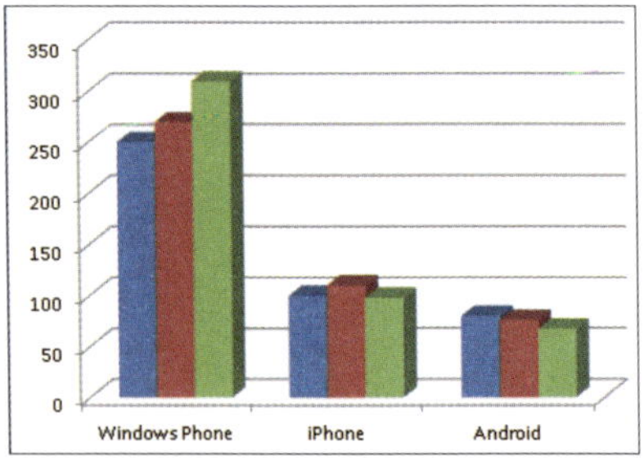

Als Erstes versehen Sie das Diagramm mit einer Überschrift. Klicken Sie dazu zunächst auf den Registerreiter ●,

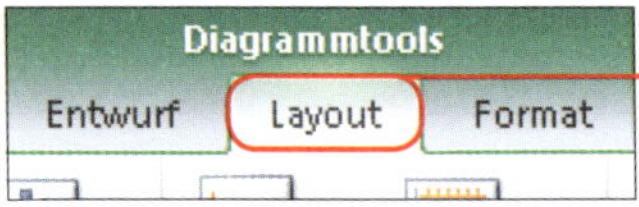

um das benötigte Register in den Vordergrund zu holen, und anschließend auf

.

3 Nun haben Sie die Wahl, ob der Titel innerhalb des Diagramms stehen soll oder klar abgesetzt darüber. Im Beispiel entscheiden Sie sich für die zweite Variante und klicken daher auf ●.

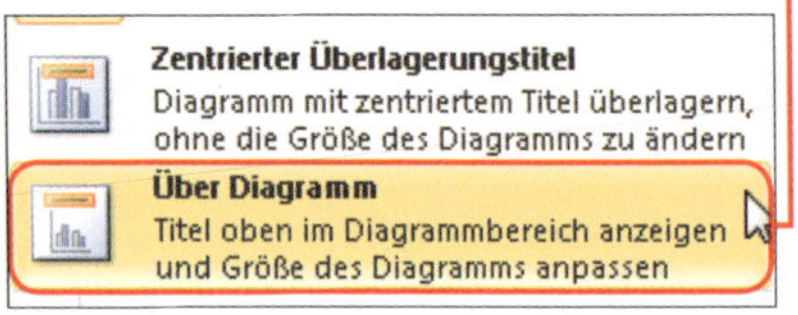

Danach überschreiben Sie einfach den Platzhaltertext mit einer Überschrift Ihrer Wahl, wie im vorigen Abschnitt bereits geschildert.

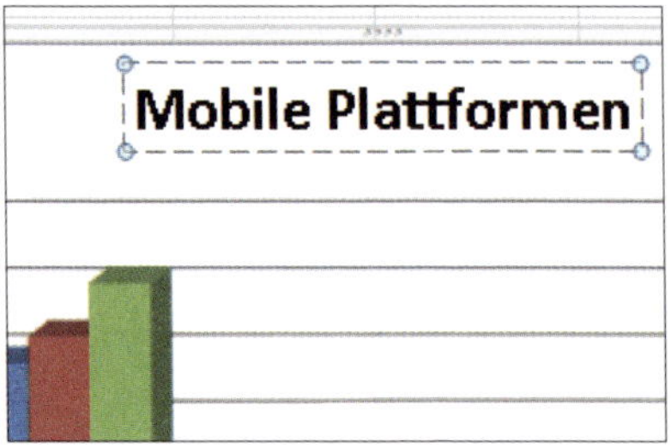

4 Die Beschriftungen der X-Achse ● sind unmissverständlich. Anders sieht es bei den Werten der Y-Achse ● aus.

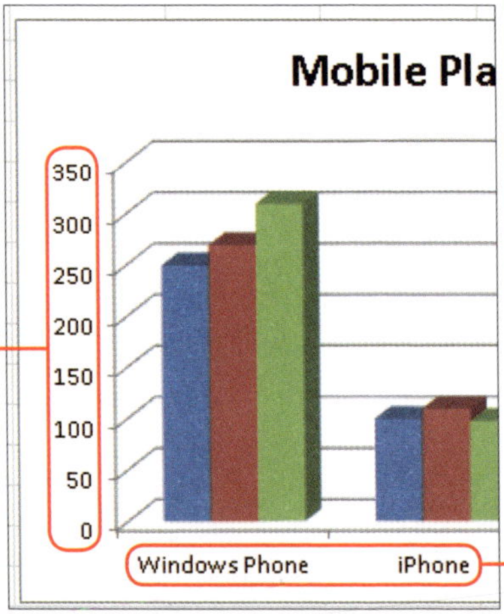

Denn hier ist nicht ohne Weiteres zu erkennen, dass es sich bei den Werten um abgesetzte Stückzahlen handelt. Fügen Sie also eine entsprechende Beschriftung ein. Klicken Sie dazu erst auf

,

danach auf den Eintrag

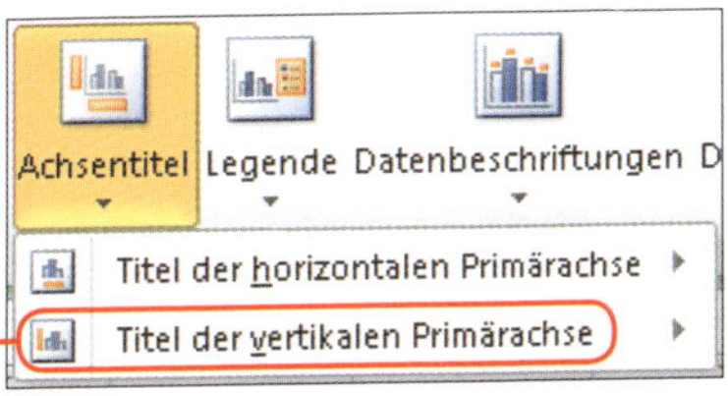

und dann beispielsweise auf .

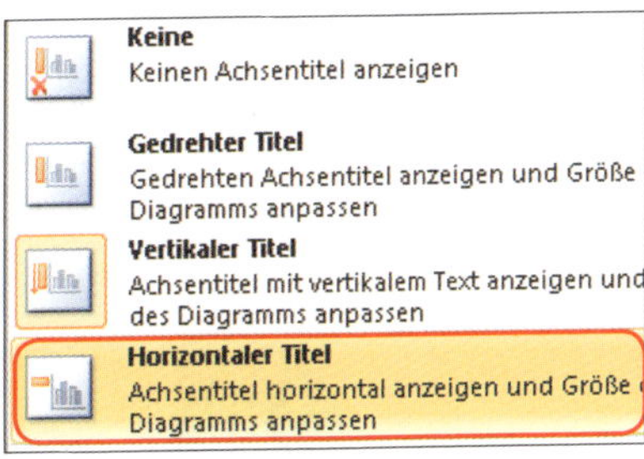

5 Links neben der Achse erscheint daraufhin ein Platzhaltertext: .

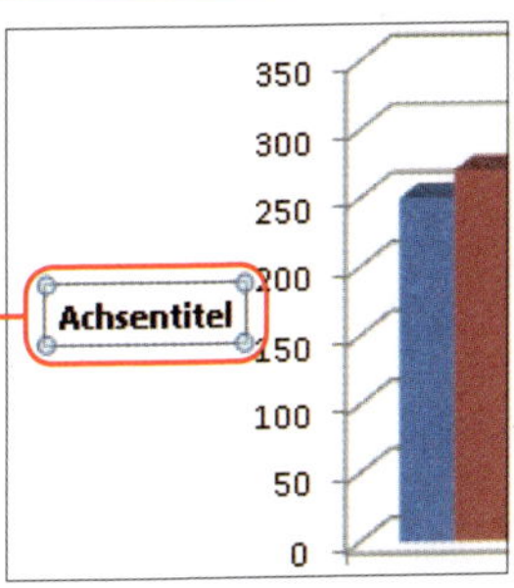

Wie die Diagrammüberschrift können Sie auch diesen Text einfach überschreiben: .

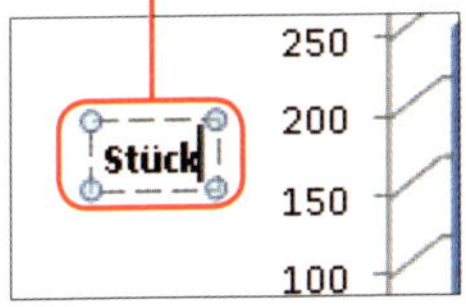

6 Das Diagramm enthält von vornherein eine Legende am rechten Rand: .

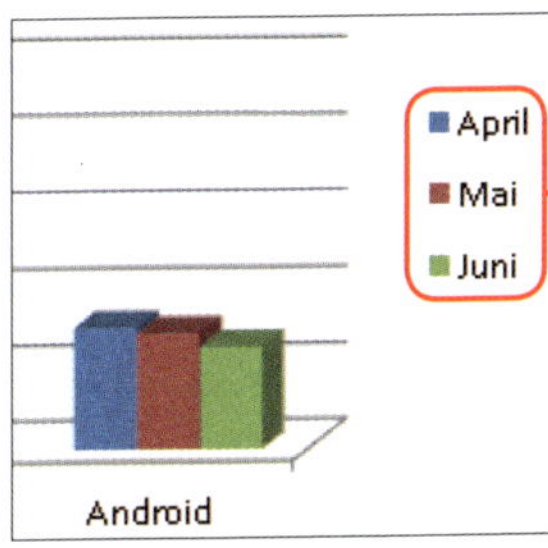

Wenn Sie diese entfernen oder an eine andere Stelle verschieben möchten, öffnen Sie per Klick auf

eine entsprechende Befehlsauswahl. Klicken Sie auf ,

um die Legende auszublenden (wenn beispielsweise wenig Platz zur Verfügung steht), oder wählen Sie hier die gewünschte Position aus.

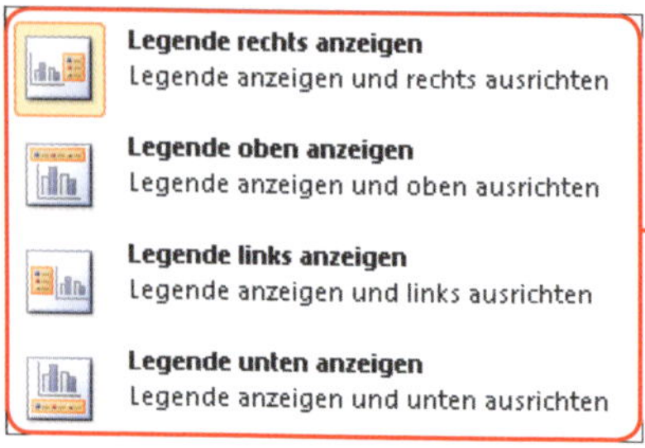

7 Um bei Bedarf auch die Originaltabelle in das Diagramm einzubinden, klicken Sie zuerst auf

und dann auf den Eintrag .

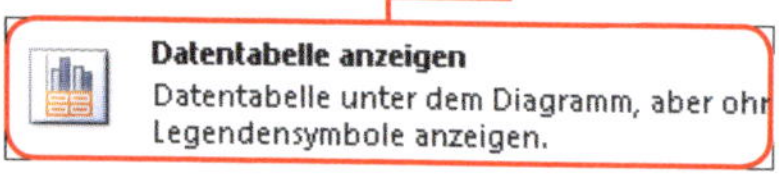

Daraufhin erscheint die Originaltabelle unterhalb der Balken: .

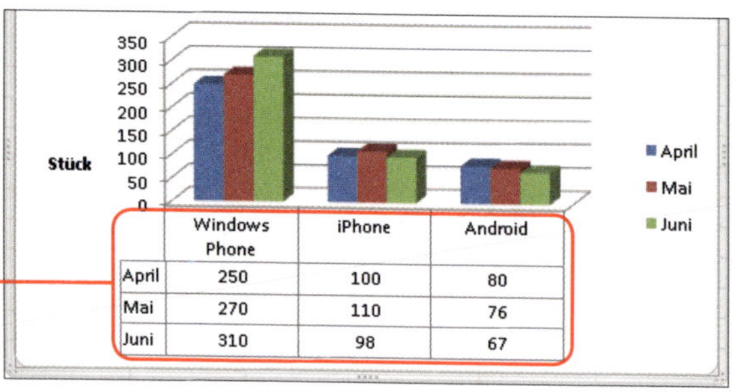

8 Da die Tabelle aber viel Platz beansprucht, wählen Sie eine Alternative. Klicken Sie auf

und anschließend auf den Eintrag .

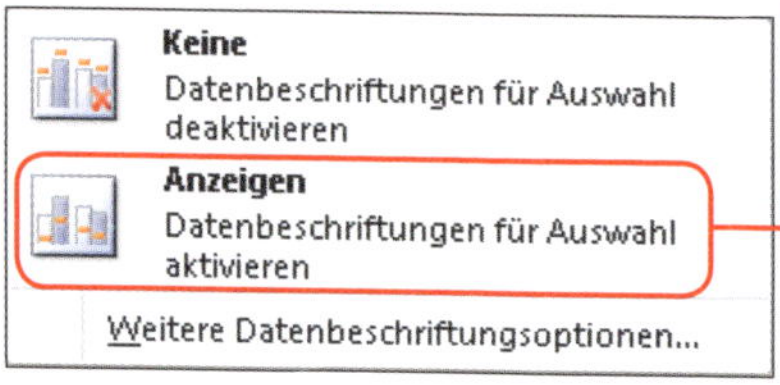

Dadurch erreichen Sie, dass jede Säule mit dem dazugehörigen Zahlenwert beschriftet wird: .

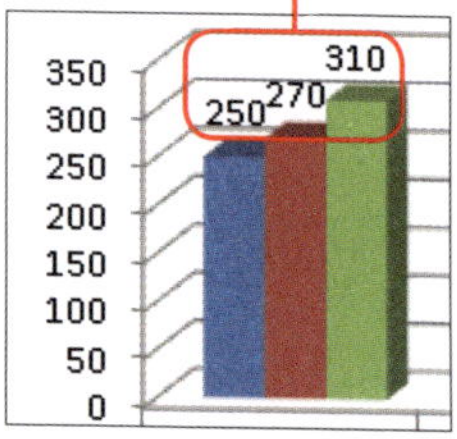

Der Betrachter braucht also nicht die Originaltabelle zu sehen, um den exakten Wert eines Monats in Erfahrung zu bringen. Von daher können Sie sich das Einbinden der sehr viel Platz einnehmenden Originaltabelle sparen.

Farben und Rahmen anwenden

Im vorigen Abschnitt haben Sie verschiedene Elemente Ihres Diagramms individuell beschriftet. Doch damit nicht genug: Wie wäre es, wenn Sie den Hintergrund des Diagramms einfärbten und einen schicken Rahmen hinzufügen?

1 Markieren Sie wie üblich als Erstes das Diagramm, das im vorigen Abschnitt als Beispiel diente, und klicken Sie dann im Menüband auf den Registerreiter

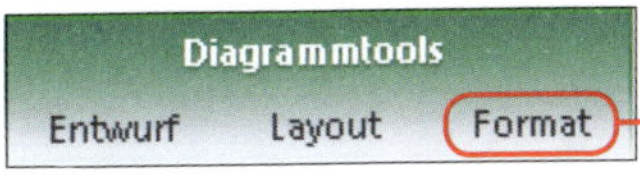

und anschließend auf , um Zugriff auf die verschiedenen Farbvariationen zu bekommen.

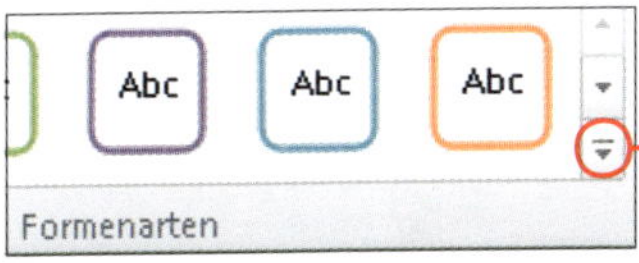

2 Wenn Sie den Mauszeiger über ein Symbol führen, taucht das Diagramm mit der entsprechenden Farbe in einer Vorschau auf. Erst mit einem Klick auf ein Symbol, beispielsweise ,

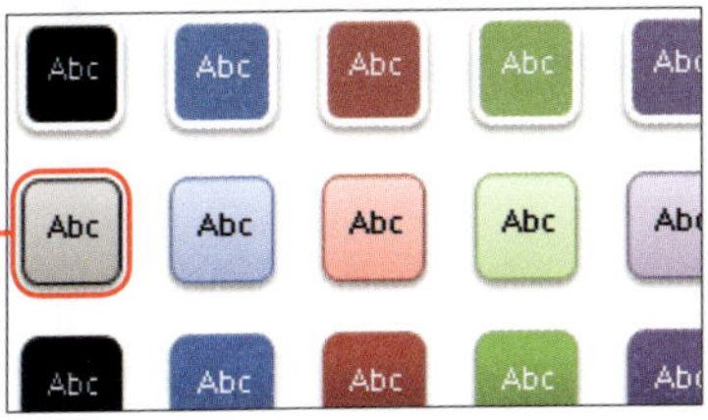

weisen Sie die entsprechende Farbe zu.

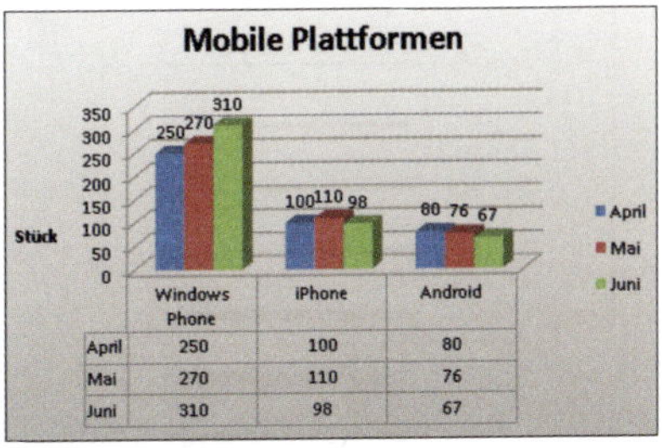

3 Als Nächstes klicken Sie in derselben Befehlsgruppe auf ,

führen dann den Mauszeiger über den Eintrag

und klicken schließlich auf die gewünschte Linienstärke der Umrandungslinie, etwa ●.

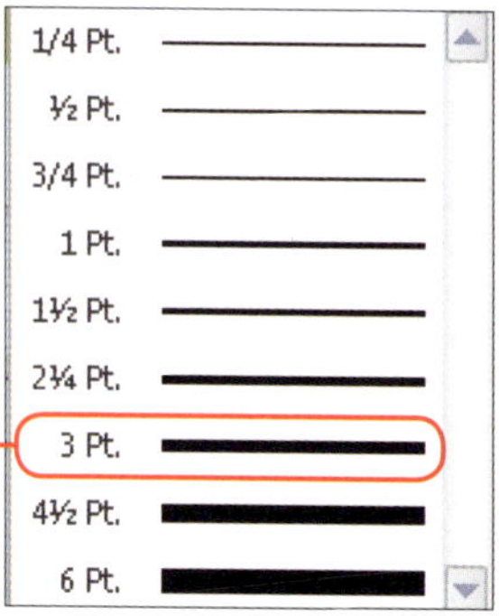

Umgehend wird das Diagramm mit einem entsprechenden Rahmen versehen.

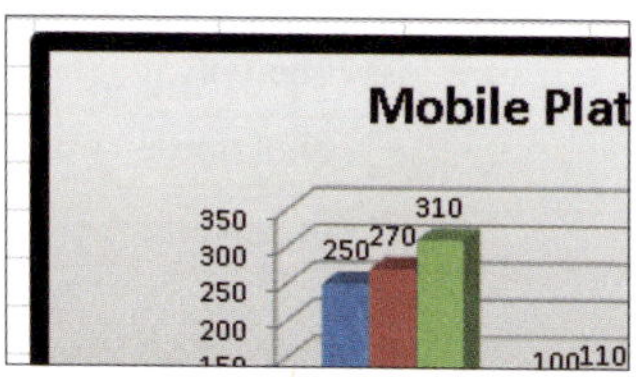

4 Es geht aber noch raffinierter. Bei Bedarf können Sie den Rahmen sogar zum Leuchten bringen. Klicken Sie dazu auf

, führen Sie den Mauszeiger über ●,

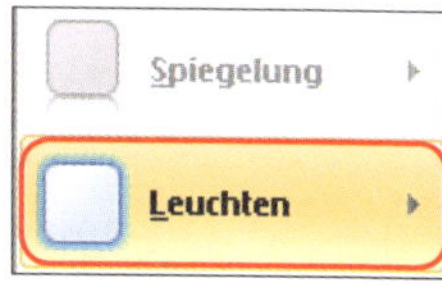

und klicken Sie dann beispielsweise auf ●.

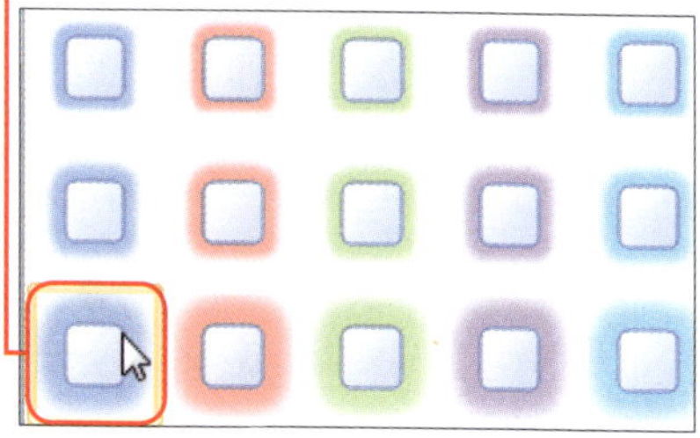

Schon beginnt Ihr Diagramm zu leuchten.

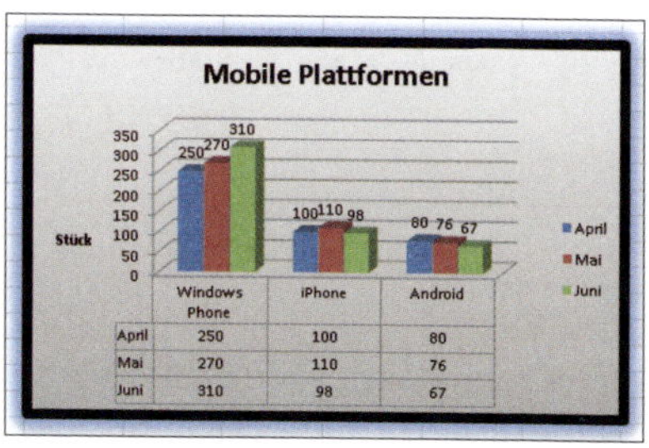

Hintergrundbild einfügen

Diagramme können zum einen bei der Interpretation von Daten behilflich sein. Mitunter werden Sachverhalte nämlich überhaupt erst deutlich, wenn sie optisch aufbereitet sind. Zum anderen gibt es aber auch Fälle, in denen Diagramme nur schmückendes Beiwerk sind. Im ersten Fall sollten Sie mit visuellen Effekten etwas vorsichtiger sein. Denn diese könnten schnell vom eigentlichen Zweck des Diagramms ablenken. Im zweiten Fall aber spricht nichts dagegen, etwa ein nüchternes Säulendiagramm mit einem Hintergrundbild aufzupeppen.

1 Das Beispieldiagramm unten, das Urlaubsausgaben veranschaulicht, lässt sich etwa durch ein Hintergrundbild mit dem Meer aufwerten. Klicken Sie dazu mit der *rechten* Maustaste auf das Diagramm (sollte das Diagramm markiert sein, klicken Sie vorher in eine beliebige Zelle außerhalb des Diagramms!),

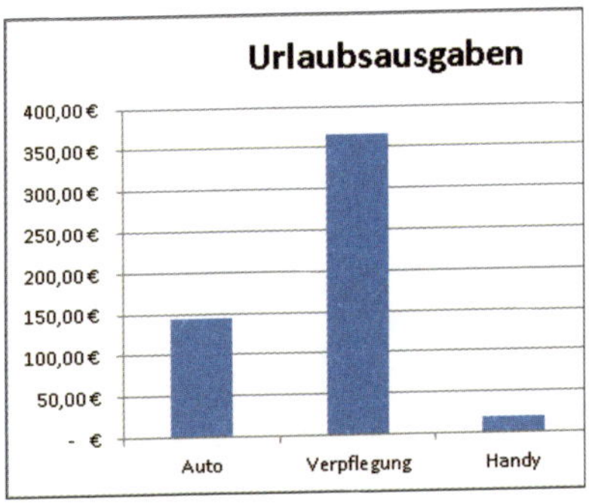

und wählen Sie im geöffneten Kontextmenü den Eintrag ●.

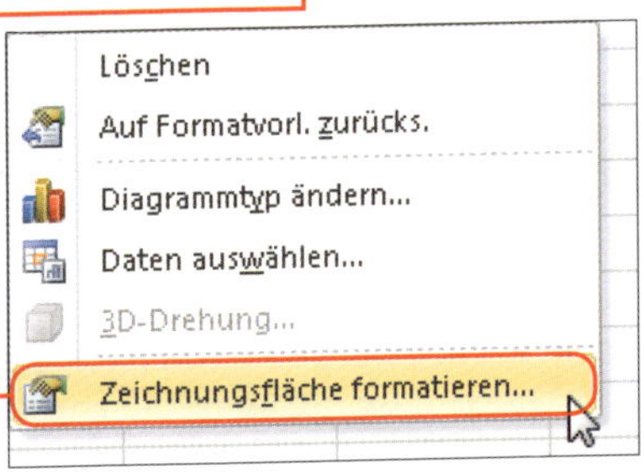

2 Im nachfolgenden Dialogfenster klicken Sie gegebenenfalls auf den Eintrag ●, falls er nicht sowieso schon markiert sein sollte. Dann klicken Sie in den Kreis ●

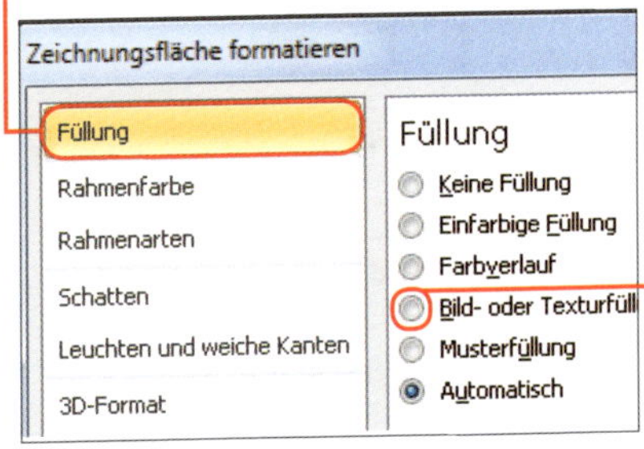

um einen Auswahlpunkt hineinzusetzen ●. Anschließend folgt ein Mausklick auf die jetzt sichtbare Schaltfläche ●.

3 Über ein **Explorer-Fenster** können Sie nun auf die Dateien auf Ihrem Rechner zugreifen. Begeben Sie sich also zu Ihrem Bilderordner,

markieren Sie das Bild, das Sie als Hintergrund verwenden möchten, mit einem

Mausklick, im Beispielfall

,

und klicken Sie danach auf die Schaltfläche

.

Umgehend taucht das Bild hinter Ihrem Diagramm auf.

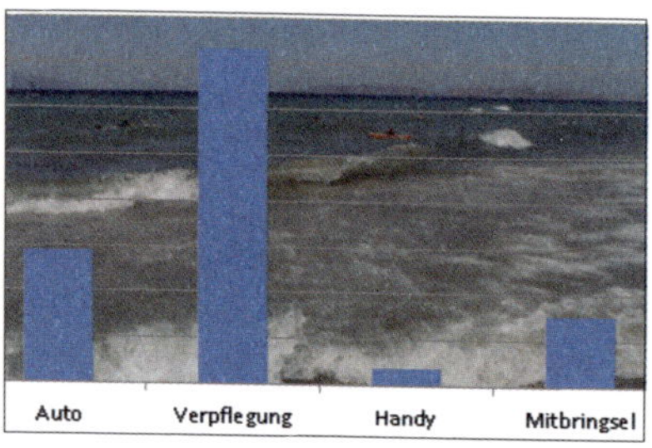

4 Durch das Einfügen des Bildes kann es passieren, dass Beschriftungen schlecht oder gar nicht mehr zu erkennen sind. Das können Sie ändern: Ziehen Sie einfach mit gedrückt gehaltener Maustaste den Schieberegler

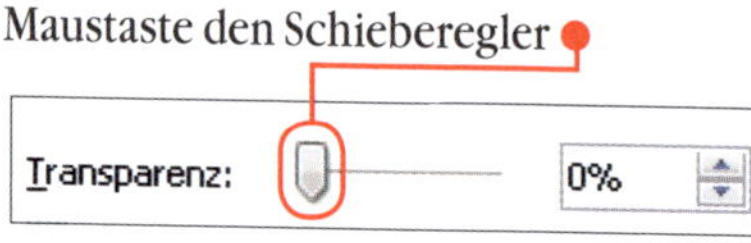

nach rechts. Das eingefügte Bild wird dadurch immer durchsichtiger, wie Sie noch während des Ziehvorgangs sehen können. Ist ein geeigneter Wert erreicht,

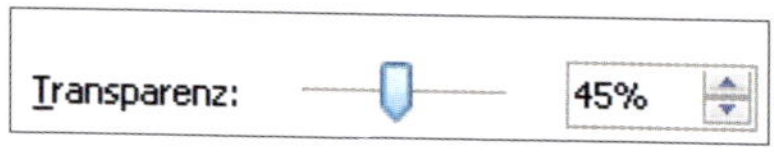

klicken Sie auf

.

Das Bild erscheint nun blass im Hintergrund, und die Balken und Beschriftungen des Diagramms sind besser zu erkennen.

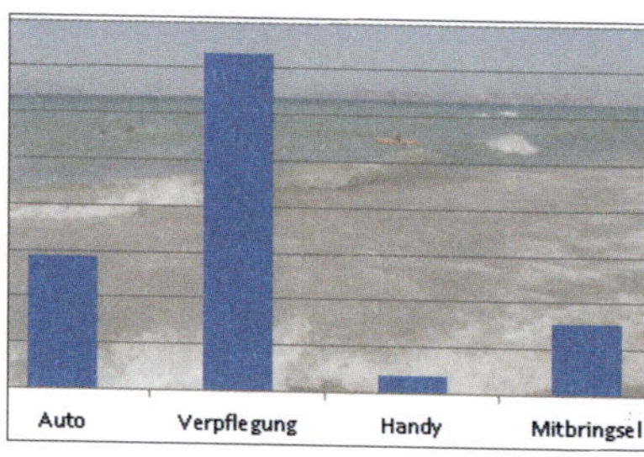

Schnelle Übersicht mit Sparklines

Stellen Sie sich die folgende Situation vor: Sie haben eine Arbeitsmappe mit Daten gefüllt, mit denen Sie über einen bestimmten Zeitverlauf die Entwicklung von Verkäufen verdeutlichen wollen. In einem solchen Fall geht es oft mehr um den schnellen Überblick als um ein detailliertes Diagramm, und zu diesem

Zweck sind in Excel 2010 die sogenannten Sparklines eingeführt worden. Das sind ganz einfache Miniaturgrafiken, die schnell neben einer Zeile von Daten eingefügt werden und die Entwicklung der Werte übersichtlich darstellen können. Ihr Name stammt von ihrem Erfinder, Edward Tufte, einem US-amerikanischen Experten für Grafiken und Diagramme, und hat keine tiefere Bedeutung.

Deaktivieren des Kompatibilitätsmodus

Die Sparklines wurden erst mit Excel 2010 eingeführt und sind somit in älteren Excel-Versionen noch nicht verfügbar. Hinzu kommt noch, dass sie sich nur in dem neuen Speicher-Format von Excel sichern lassen. Bei einigen Rechnern ist standardmäßig eingestellt, dass das „alte" Excel-Dateiformat zum Speichern genutzt werden soll, dies nennt Microsoft auch den „Kompatibilitätsmodus". Dieser war für eine Übergangszeit sinnvoll, um Benutzern, die noch eine ältere Version von Excel verwenden, Zugriff auf die Dateien zu erlauben. Mittlerweile sind Excel 2007 und 2010 weit verbreitet, und Microsoft selbst bietet kostenlose Dienstprogramme an, mit denen sich auch in älteren Excel-Versionen aktuelle Dateien öffnen lassen. Um die Sparklines nutzen zu können, müssen Sie den Kompatibilitätsmodus ausschalten.

1 Ob sich Ihr Excel im Kompatibilitätsmodus befindet oder nicht, erkennen Sie sehr schnell, wenn Sie wie gewohnt eine neue Arbeitsmappe anlegen und dann in die Titelzeile schauen. Findet sich dort neben dem Namen der Arbeitsmappe in Klammern der Hinweis ●,

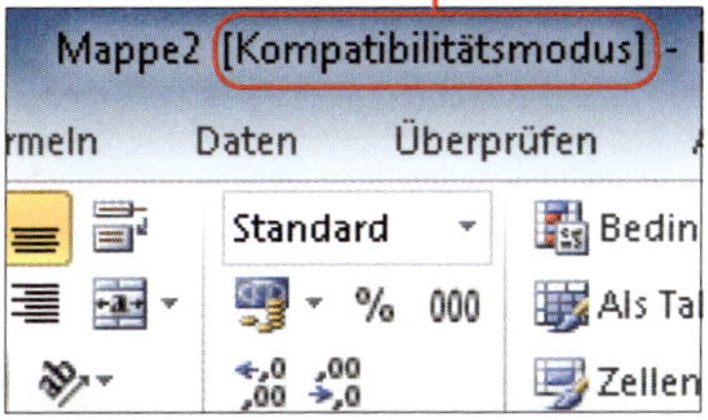

dann ist der Kompatibilitätsmodus aktiviert.

2 Um diesen zu deaktivieren, müssen Sie in die Einstellungen von Excel wechseln. Klicken Sie dazu als Erstes auf ●,

dann auf den Eintrag ●

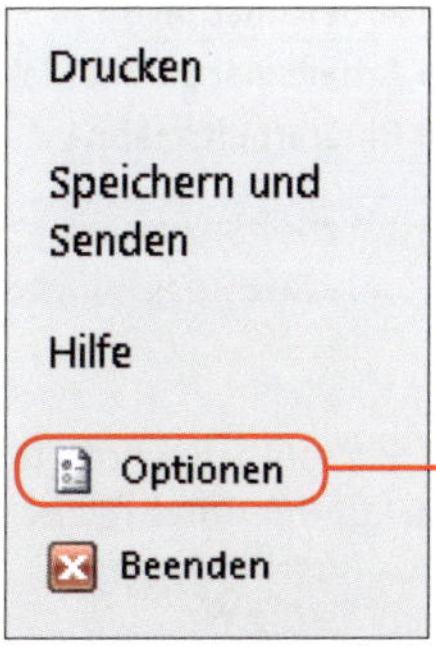

und schließlich auf den Befehl ●.

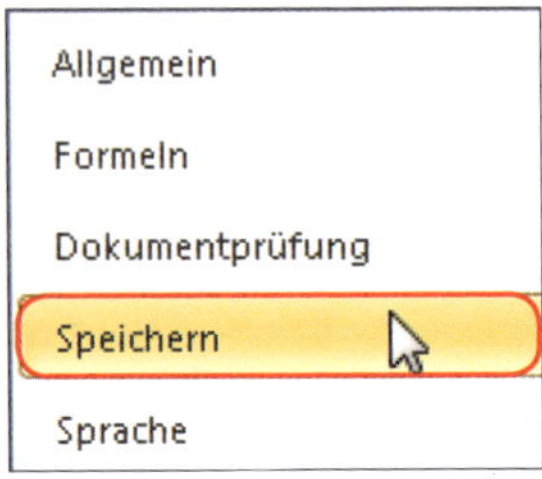

3 Nun haben Sie verschiedene Speicher-Optionen. Neben dem Befehl ●

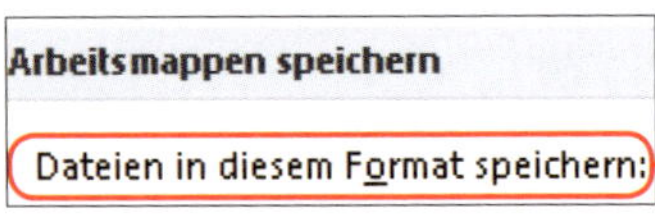

finden Sie im Kompatibilitätsmodus ein Auswahlfeld. Öffnen Sie dieses per Klick auf den nach unten weisenden Pfeil ●,

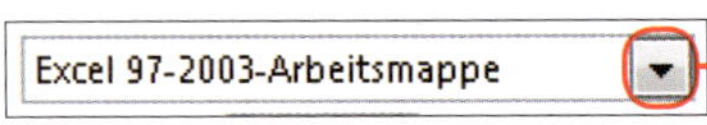

und klicken Sie in der geöffneten Liste auf ●,

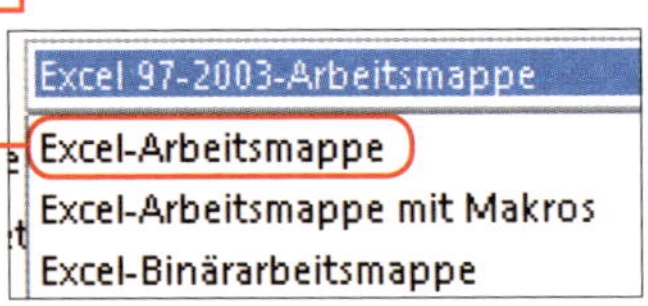

damit Ihre Arbeitsmappen künftig im neuen Excel-Dateiformat gespeichert werden.

4 Wenn Sie zum Speichern der Einstellungen auf die Schaltfläche

klicken, weist Excel Sie darauf hin, dass Sie im Begriff sind, das Standarddateiformat zu ändern. Zur Bestätigung reicht ein Klick auf ●.

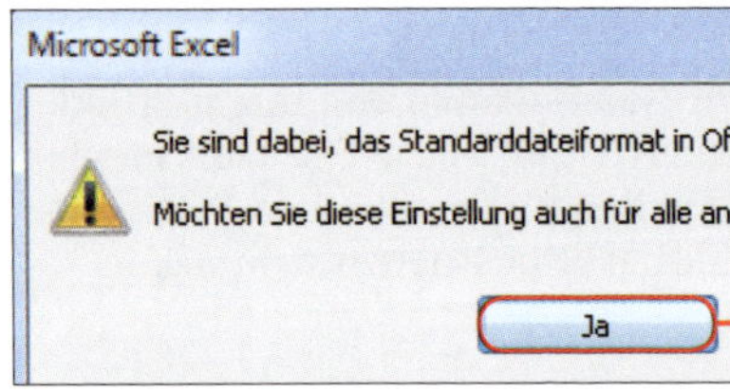

> **Kompatibilitätspack für ältere Excel-Versionen herunterladen**
>
> Wenn Sie auf einem älteren Rechner noch Excel 2003 verwenden, dann können Sie ohne großen Aufwand dafür sorgen, dass sich die neuen Arbeitsmappen auch auf diesem nutzen lassen. Rufen Sie einfach in Ihrem Internetzugriffsprogramm die Internetadresse
>
> **http://office.microsoft.com/de-de/excel-help/offnen-einer-office-excel-2007-arbeitsmappe-in-einer-fruheren-version-von-excel-HA010014107.aspx**
>
> auf, und folgen Sie den Anweisungen auf dem Bildschirm.

Sparklines erstellen

Im folgenden Beispiel sollen die Verkaufszahlen von drei verschiedenen Firmen schnell und übersichtlich direkt neben den Datenzeilen dargestellt werden. Sie benötigen dazu kein detailliertes, großes Diagramm, sondern nur eine schnell erfassbare Tendenz.

1 Markieren Sie als Erstes die Zelle, in die das Sparkline-Diagramm eingefügt werden soll, mit einem Mausklick, im Beispiel ●.

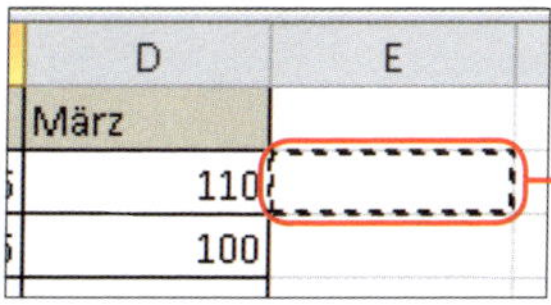

Sparklines sollten immer direkt neben die Datenreihe platziert werden.

2 Um jetzt ein Sparkline auf der Basis eines Säulendiagramms einzufügen, klicken Sie im Menüband erst auf ●

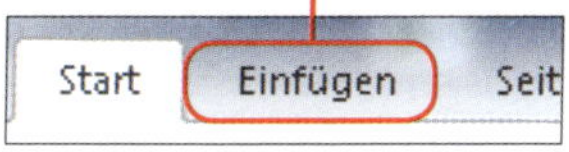

und dann auf den Befehl ●.

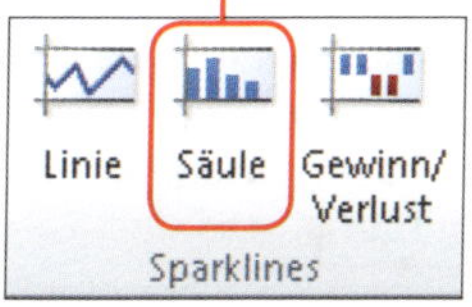

3 Als Nächstes markieren Sie wie gewohnt den Bereich Ihrer Daten, aus denen das Sparkline-Diagramm erzeugt werden soll, beispielsweise ●.

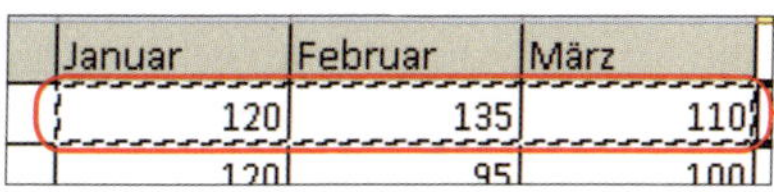

Der markierte Datenbereich wird automatisch im Eingabefeld des Sparkline-Diagramms angezeigt: ●.

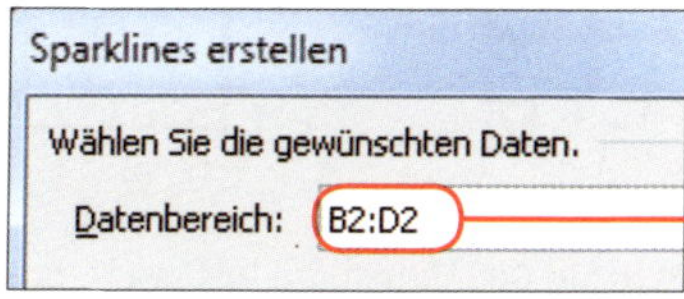

4 Nachdem Sie zur Bestätigung auf die Schaltfläche

geklickt haben, wird das Sparkline-Diagramm in der in Schritt 1 festgelegten Zelle eingefügt: ●.

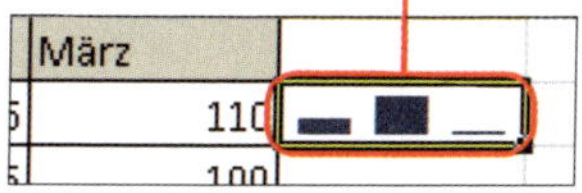

5 Die Wahrscheinlichkeit ist hoch, dass Sie für mehrere Datenzeilen ein Diagramm einfügen möchten. Sie können das einmal eingefügte Sparkline-Diagramm wie eine Formel in der Tabelle „nach unten ziehen". Klicken Sie dazu in die entsprechende Zelle, sodass diese markiert ist, und bewegen Sie die Maus dann auf ●.

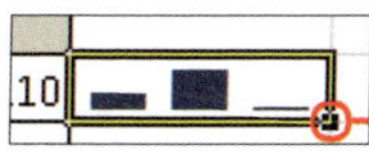

Halten Sie die Maustaste gedrückt, und ziehen Sie den Markierungsrahmen mit weiterhin gedrückter Maustaste bis in die letzte Zelle, in die ein Sparkline-Diagramm eingefügt werden soll, etwa .

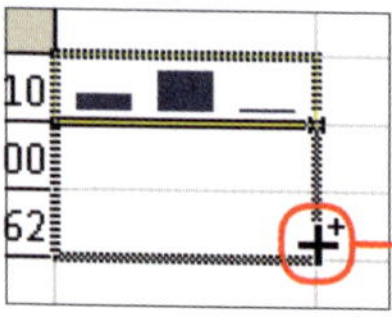

Sowie Sie die Maustaste loslassen, befindet sich in jeder markierten Zelle ein Sparkline-Diagramm, das zur nebenstehenden Datenreihe gehört.

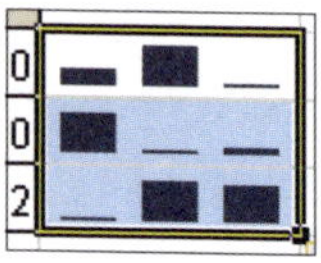

Sparklines anpassen und löschen

Ebenso wie „normale" Diagramme lassen sich auch Sparklines nach ihrer Erstellung ganz einfach anpassen.

1 Klicken Sie auf die Zelle, in der sich das bereits erstellte Sparkline-Diagramm befindet, im Beispiel ,

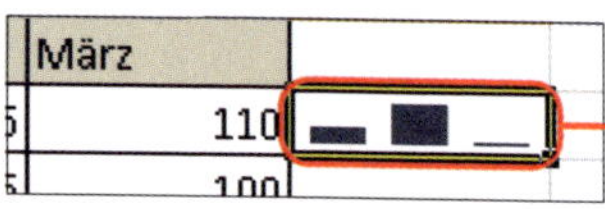

und wählen Sie dann über dem Menüband den Eintrag .

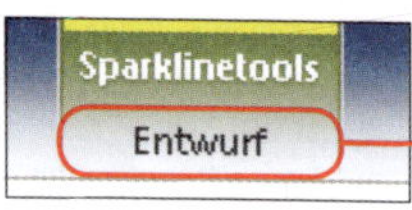

2 Wenn Sie für Ihre Sparkline-Diagramme Vorlagen verwenden möchten, öffnen Sie nun per Mausklick auf

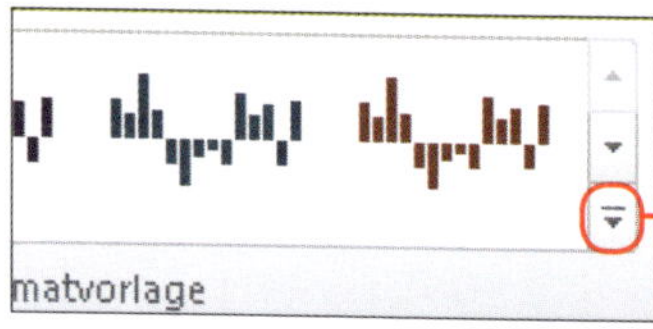

eine Auswahlliste und klicken darin (wie auf Seite 72/73 für „normale Diagramme" beschrieben) die gewünschte Vorlage an, beispielsweise .

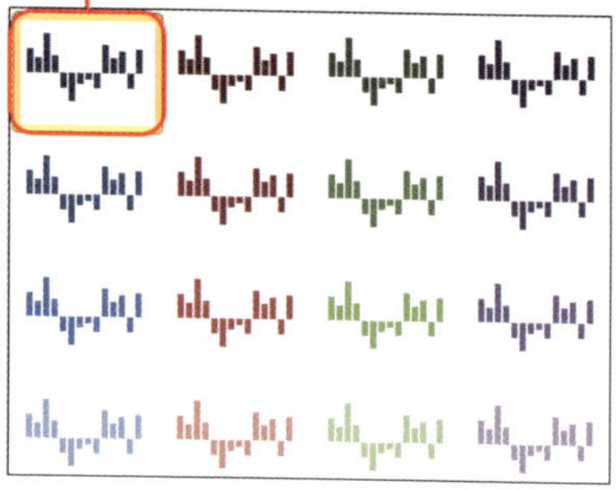

3 Natürlich können Sie aus dem Säulendiagramm auch ein Liniendiagramm machen. Dazu klicken Sie einfach im Menüband auf .

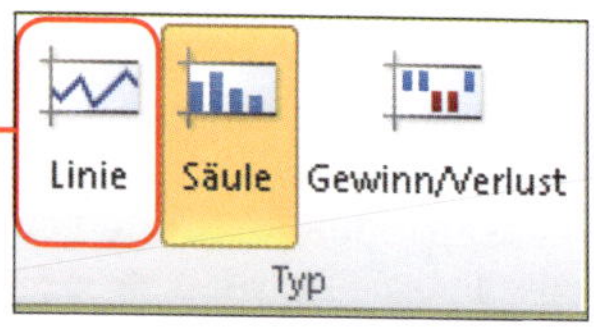

Alle Sparkline-Diagramme (siehe Schritt 5 des vorigen Abschnitts) ändern daraufhin automatisch ihre Form in ein Liniendiagramm: ●.

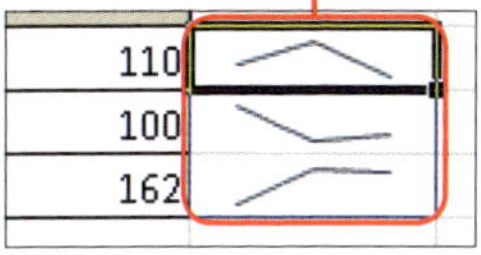

4 Aufgrund der geringen Größe der Sparkline-Diagramme ist es ratsam, sich auf die wichtigsten Informationen zu beschränken, beispielsweise den größten und den kleinsten Wert. Um die dazugehörigen Datenpunkte angezeigt zu bekommen, klicken Sie auf ● und ●.

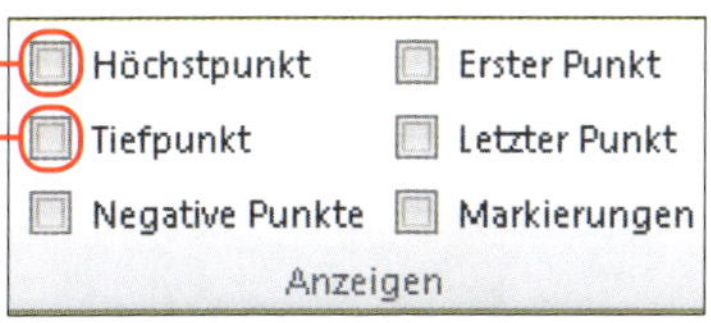

Die Punkte werden anschließend im Diagramm dargestellt: ●.

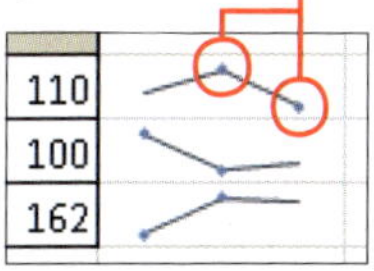

5 Liegen Datenwerte eng beieinander, dann ist mit bloßem Auge manchmal schwer zu unterscheiden, welcher der dargestellten Punkte nun für welchen Wert steht. Färben Sie doch einfach den kleinsten Wert rot und den größten grün ein! Dazu klicken Sie auf ●

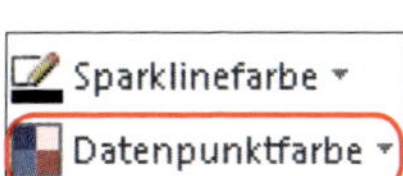

und wählen dann aus dem sich öffnenden Menü für den Maximalwert den Eintrag ●

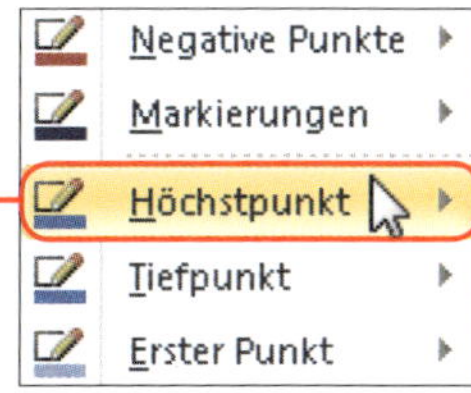

aus. In der Farbauswahl folgt ein Klick beispielsweise auf ●.

6 Analog dazu klicken Sie im vorigen Schritt für den Minimalwert auf ●

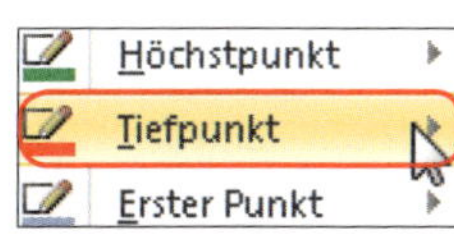

und wählen danach in der Farbskala einen Rotton. Schon sind die Sparkline-Diagramme intuitiv lesbar:

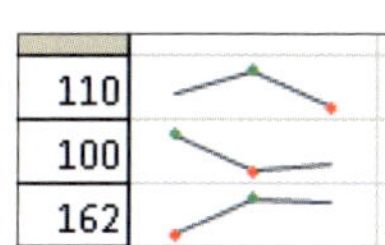

7 Wenn Sie einmal ein Sparkline-Diagramm löschen möchten, werden Sie feststellen, dass die betroffenen Zellen ein ganzes Stück hartnäckiger sind als „normale" Zellen: Das Drücken der [Entf]-Taste hilft Ihnen nicht weiter! Stattdessen markieren Sie (ausschließlich!) die Zellen, in denen sich die zu löschenden Sparkline-Diagramme befinden. Dann bewegen Sie den Mauszeiger über eine der Zellen, drücken die *rechte* Maustaste und wählen im sich öffnenden Menü erst den Eintrag

und anschließend den Befehl .

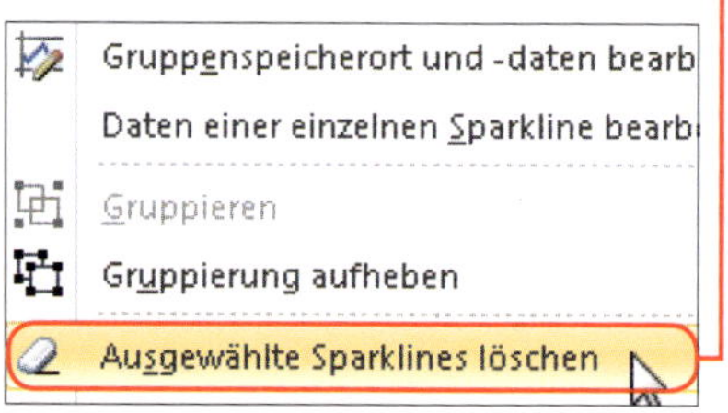

Schon werden die Zellen geleert.

Achsen verändern

Die wirtschaftliche Lage ist angespannt, und unsere drei Beispielfirmen erleben dies hautnah am eigenen Leib: Die Zahlen werden schlechter, und plötzlich werden nach vielen Monaten nicht nur Gewinne, sondern auch mal Verluste eingefahren. Diese sind natürlich besonders hervorzuheben und sollten in der Darstellung direkt ins Auge fallen. Excel 2010 bietet für eine Gewinn- und Verlust-Darstellung einen eigenen Sparkline-Diagrammtyp, der „Gewinn/Verlust" heißt.

1 Markieren Sie die zu verändernden Sparkline-Diagramme, wie auf Seite 85/86 beschrieben, und wählen Sie dann als neuen Typ per Mausklick

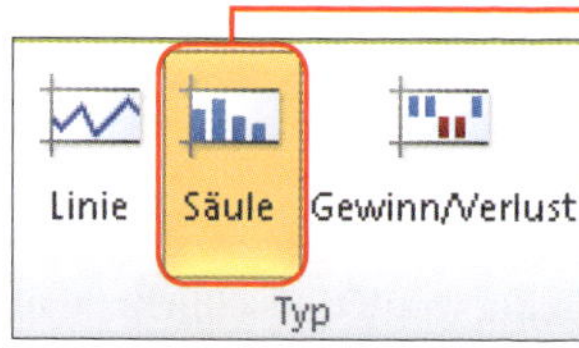

aus. Bei positiven Werten geht die Säule nun nach oben, bei negativen nach unten:

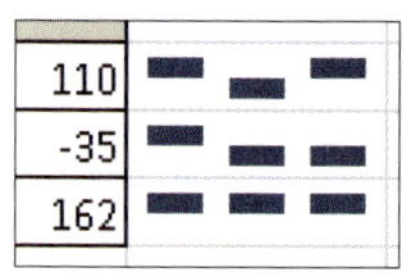

Allerdings ist dies in der Standardeinstellung nur mit Mühe zu erkennen.

2 Ein erstes Darstellungshilfsmittel ist das Einblenden der X-Achse, die ja durch den Nullpunkt führt und somit positive und negative Werte optisch voneinander trennt. Klicken Sie dazu über

dem Menüband auf

und danach auf

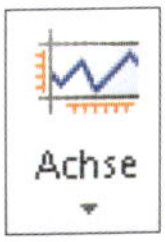

.

3 Um nun die X-Achse einzublenden, klicken Sie in der geöffneten Auswahlliste auf die Option.

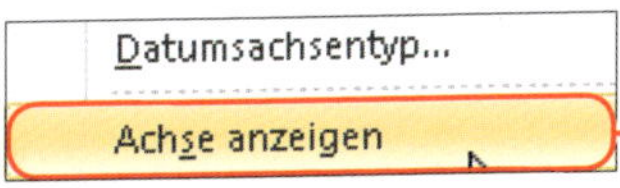

Die Änderung wird daraufhin direkt in den Sparkline-Diagrammen sichtbar.

4 Schöner wäre es natürlich noch, wenn die negativen Werte automatisch in Rot dargestellt würden und dadurch noch stärker ins Auge fielen. Kein Problem: Setzen Sie einfach per Klick auf

ein Häkchen. Auch hier können Sie den Erfolg direkt an Ihren Diagrammen erkennen. Die Balken, die für die negativen Werte stehen, erstrahlen jetzt in Rot: .

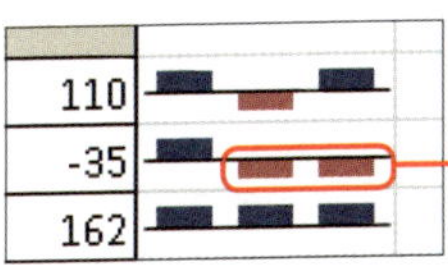

5 Aufgrund des geringen Platzes werden in den Balken immer nur die Spitzen angezeigt und nicht die kompletten Balken. So werden unterschiedliche Werteniveaus (die eine Firma verkauft konstant unter 100 Geräte, die andere konstant über 100 Geräte) nicht sichtbar. Aber auch das lässt sich über die Einstellung der Achsendarstellung schnell korrigieren:

Wechseln Sie, wie in Schritt 3 gezeigt, wieder in die Einstellungen, und klicken Sie dort auf .

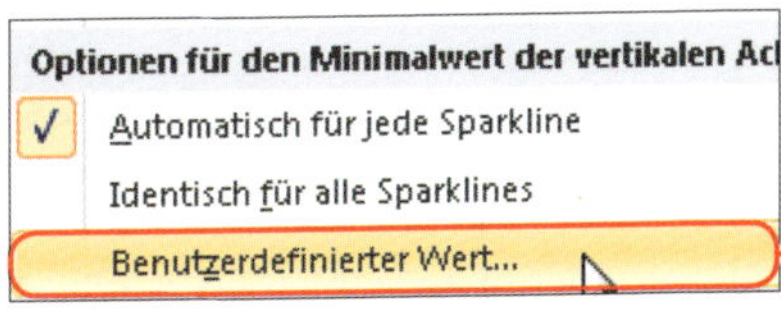

6 Belassen Sie dann den Standardwert bei null ,

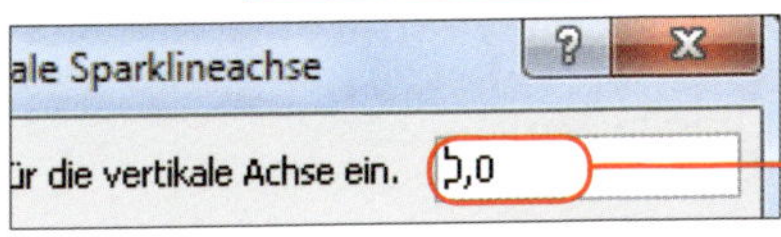

und klicken Sie anschließend auf die Schaltfläche OK. Die Balken fangen nun alle bei null an und weisen so größere Unterschiede auf.

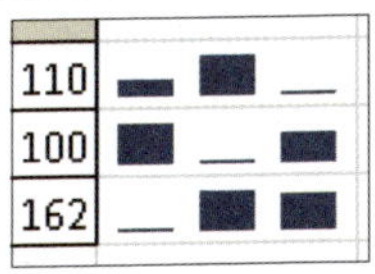

Experimentieren Sie mit den verschiedenen Achseneinstellungen, bis Sie die für Ihre Daten optimale Darstellungsweise gefunden haben.

6 Excel im Internet verwenden

Je mehr Sie unterwegs sind, desto mehr werden Sie Ihre Office-Dokumente vermissen. Denn mitunter müssen Sie zwischendurch Dokumente lesen oder Tabellen anschauen und sogar bearbeiten. Einen Rechner haben Sie so gut wie überall zur Verfügung, nur schleppen Sie nicht unbedingt auch immer eine kleine portable Festplatte mit all Ihren Dokumenten mit sich herum.

Microsoft Office bietet Ihnen seit der Version 2010 die Möglichkeit, Dateien statt auf der Festplatte gleich in einem gesicherten Bereich im Internet zu speichern und damit unabhängig von einem stationären Rechner verfügbar zu haben. Und wenn Sie außerdem noch mit anderen Anwendern zusammenarbeiten, können Sie sogar Dateien für bestimmte Personen freigeben.

Sie haben gar kein Office? Kein Problem: Mit den „Office Web Apps" stellt Microsoft sogar eine Version von Excel (sowie von Word und PowerPoint) im Internet zu Verfügung, für deren Bedienung Sie lediglich ein Internetzugriffsprogramm benötigen.

Im sechsten Kapitel dieses Buches erfahren Sie,

- wie Sie ein neues Windows Live-Konto anlegen,
- wie Sie sich an Ihrem Konto an- und abmelden
- und wie Sie Tabellen im Internet speichern, bearbeiten und mit Kollegen zusammen verwenden.

Kapitel-Wegweiser

Ein Windows Live-Konto anlegen

Wenn Sie Excel im Internet verwenden und Dateien dort in einem eigenen Speicher abspeichern wollen, erfordert dies ein Konto beim Microsoft-eigenen Dienst Windows Live. In diesem Konto werden alle Kontaktdaten, Termine und viele weitere Informationen, die Sie auf dem PC, Notebook oder Smartphone eingeben, sicher gespeichert.

Stellen Sie sich das einfach so vor: Sie gehen zu Ihrer Bank und wollen dort ein Konto für Ihr Erspartes anlegen. In dem Zusammenhang fragt die Bank von Ihnen eine Vielzahl von Informationen ab, stellt sicher, dass Sie wirklich Sie sind, und sichert Ihnen dann zu, dass Ihr Geld und Ihre Daten sicher und vertraulich aufbewahrt werden.

Das Internetzugriffsprogramm starten

Der Microsoft Internet Explorer, der fester Bestandteil eines jeden Rechners mit Windows als **Betriebsprogramm** ist, wird für den Zugang zum Internet am häufigsten verwendet. Alternativ gibt es auch andere Programme, die diese Aufgabe erfüllen (wie beispielsweise Mozilla Firefox oder Opera oder Chrome). Diese müssen allerdings zusätzlich installiert werden.

Sollten Sie einen alternativen **Browser** benutzen, kann sich die folgende Beschreibung, die sich auf den **Internet Explorer** bezieht, leicht von der Vorgehensweise auf Ihrem Rechner unterscheiden. Gezeigt wird der Weg über den Internet Explorer. Bei allen Abbildungen wird vorausgesetzt, dass Sie die aktuellste Version des Microsoft-Betriebsprogramms, Windows 7, installiert haben. Ebenso muss die Internetverbindung bereits eingerichtet und der Rechner mit dem Internet verbunden sein.

1 Klicken Sie als Erstes auf das Windows-Startsymbol unten links

und anschließend im sich öffnenden Startmenü auf

.

Bestehendes Windows Live-Konto verwenden

Sollten Sie bereits ein Windows Live-Konto besitzen, müssen Sie nicht unbedingt ein neues anlegen. Sinnvoll wäre es aber, wenn das Konto mehr als vier Jahre alt ist, denn dann hat es noch nicht alle Funktionen. Falls Sie ein Windows Phone 7-Gerät verwenden (siehe Seite 107), dann sollten Sie in jedem Fall die Live ID benutzen, die Sie auch für Ihr mobiles Gerät einsetzen.

Daraufhin startet der Internet Explorer und lädt automatisch die eingestellte Startseite, bei den meisten Rechnern die Microsoft-eigene Informationsseite ●.

2 Nun klicken Sie oben im Fenster in die Adresszeile, sodass die aktuelle Internetadresse blau hinterlegt beziehungsweise markiert wird: ●.

Sollte dies nicht der Fall sein, **markieren** Sie sie, indem Sie den Mauszeiger vor den ersten Buchstaben des Adressfeldes bewegen, klicken, die Maustaste gedrückt halten und die Maus dann mit weiterhin gedrückter Maustaste so weit nach rechts ziehen, bis die Adresse komplett blau hinterlegt ist.

3 Tippen Sie jetzt in die Adresszeile die Internetadresse **http://www.windowslive.de** ein, bevor Sie rechts davon auf

klicken. Daraufhin wird die offizielle Windows Live-Internetseite geladen.

Ein neues Konto anlegen

1 Um ein neues Windows Live-Konto anzulegen, klicken Sie nun oben rechts im Fenster des Internet Explorers auf

.

Windows Live weist Sie noch einmal darauf hin, dass Sie gegebenenfalls bereits ein Konto besitzen, wenn Sie eine Xbox oder einen anderen Dienst von Microsoft verwenden. Falls Sie sich an dieser Stelle mit einem bestehenden Konto anmelden möchten, klicken Sie auf ●.

2 Das Windows Live-Konto wird anhand einer „Windows Live ID" identifiziert, die Sie relativ frei wählen können. Klicken Sie auf ●,

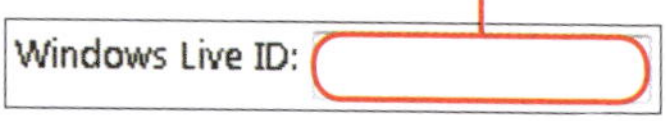

und tippen Sie Ihren frei wählbaren Wunschnamen ein. Öffnen Sie dann mit

einem Mausklick auf

eine Liste, und wählen Sie darin den Typ Ihrer Windows Live ID aus, etwa .

Auch hier ist vor allem Ihre persönliche Vorliebe ausschlaggebend, funktional unterscheiden sich die drei angegebenen Typen nicht voneinander.

3 Um zu überprüfen, ob Ihre gewünschte Windows Live ID noch frei oder schon vergeben ist, klicken Sie als Nächstes auf

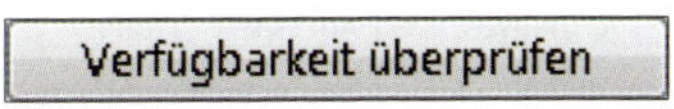

.

Sollte die von Ihnen gewählte Adresse schon vergeben sein, dann zeigt Ihnen Windows Live dies durch eine rote Fehlermeldung an, etwa: .

Darunter befindet sich eine Liste mit Vorschlägen von noch verfügbaren Windows Live IDs, aus denen Sie per Mausklick eine beliebige auswählen können. Wenn Ihnen davon nichts gefällt, klicken Sie einfach auf

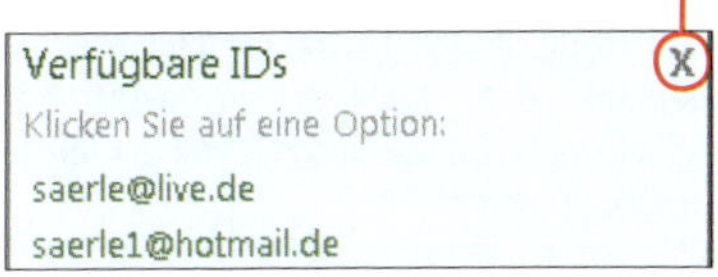

und wiederholen dann Schritt 2 mit einem anderen Namen. Wenn die von Ihnen gewählte Windows Live ID noch verfügbar ist, bekommen Sie einen netten Hinweis in Grün:

Verwenden der eigenen E-Mail-Adresse?

Mit einem Mausklick auf können Sie festlegen, dass Sie eine bestehende E-Mail-Adresse als Windows Live ID verwenden wollen.

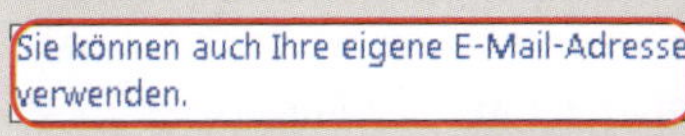

Dies empfiehlt sich in der Regel allerdings nicht: Durch das Anlegen einer neuen Windows Live ID erhalten Sie nämlich auch eine zusätzliche E-Mail-Adresse, an die dann alle Nachrichten geschickt werden, die mit Windows Live zu tun haben. Auf diese Weise können Sie Ihre „normalen" E-Mails wunderbar frei von diesen rein informativen Benachrichtigungs-E-Mails halten.

4 Als Nächstes müssen Sie ein Kennwort für Ihr Konto eingeben. Dieses ist frei wählbar, muss aber mindestens sechs Zeichen enthalten. Achten Sie auch auf Groß- und Kleinschreibung, denn „andreas" ist für Windows Live etwas anderes als „Andreas".

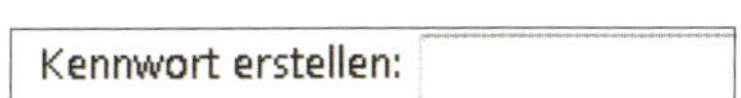

Punkte statt Zeichen?

Wundern Sie sich nicht: Wenn Sie das Passbeziehungsweise Kennwort eingeben und bestätigen, erscheinen auf dem Bildschirm anstatt der getippten Zeichen nur Punkte.

Dies ist kein Fehler, sondern dient Ihrem Schutz: Falls Ihnen bei der Passwort-Eingabe jemand über die Schultern schauen sollte, um Ihr Kennwort auszuspionieren, hat er Pech.

5 Bereits bei der Eingabe prüft Windows Live, wie „stark" (im Sinne von sicher und nicht zu erraten) Ihr Passwort ist. Wenn Sie beispielsweise nur Kleinbuchstaben verwenden, dann wird das Passwort als ● eingestuft. Direkt darunter ●

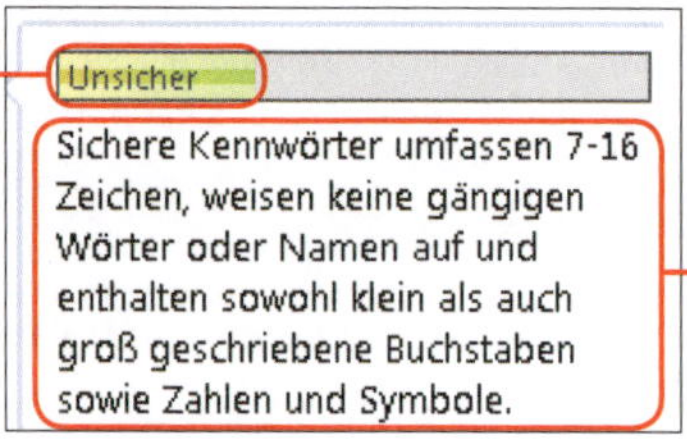

finden Sie dann Hinweise, wie Sie ein Kennwort auswählen können, das als ● bewertet wird.

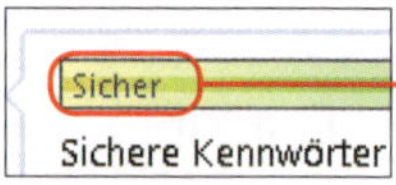

Klicken Sie dann auf ●, und geben Sie das soeben gewählte Passwort zur Sicherheit noch einmal ein. Mit dieser Sicherheitsabfrage soll gewährleistet werden, dass Sie sich nicht vertippt haben.

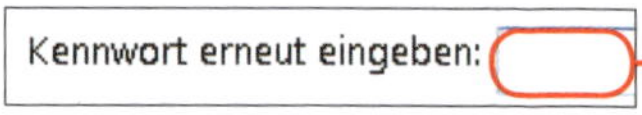

6 Sollten Sie später einmal Ihr Kennwort vergessen, kann Ihnen Windows Live dieses auf Wunsch an eine andere E-Mail-Adresse zustellen. Dazu müssen Sie natürlich eine bereits vorhandene (und nicht die mit Ihrem Windows Live-Konto verknüpfte) E-Mail-Adresse angeben. Tragen Sie diese alternative E-Mail-Adresse in das dafür vorgesehene Feld ein: ●.

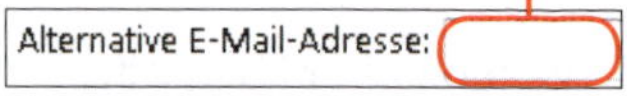

Passwortstärke und Bedienkomfort

So schön es ist, durch ein sicheres Passwort davor geschützt zu sein, dass jemand Unberechtigtes auf Ihr Konto zugreifen kann – eines sollten Sie bedenken: Je komplexer Sie das Passwort wählen, desto schwerer können Sie es sich merken. Und so behilft sich manch einer damit, das Passwort einfach aufzuschreiben ... was die vermeintliche Sicherheit natürlich wieder verringert. Wählen Sie daher einen Mittelweg zwischen Sicherheit und Bedienkomfort, auch wenn das Passwort von Windows Live dann vielleicht nur als „gut" beurteilt wird.

7 Nun ist es an der Zeit, ein paar persönliche Informationen einzugeben. Klicken Sie auf ●, und geben Sie Ihren Vornamen ein, dann auf ●

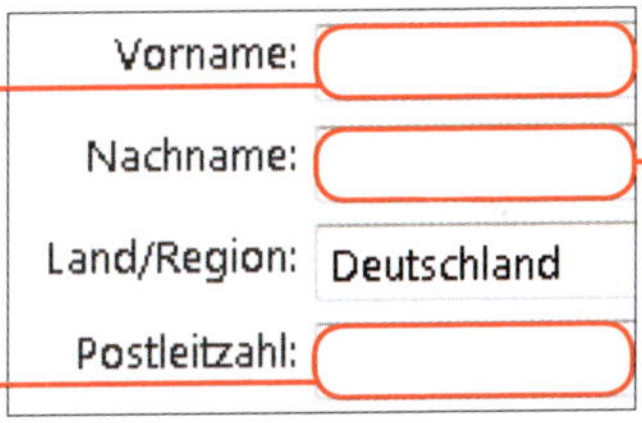

für die Eingabe des Nachnamens und auf ● für die Eingabe Ihrer Postleitzahl. Danach müssen Sie noch angeben, ob Sie ein Mann oder eine Frau sind, indem Sie per Klick auf ● oder ●

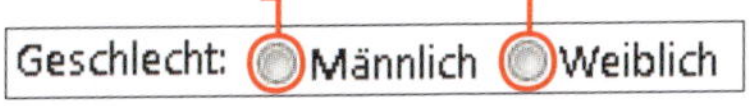

einen Punkt setzen. Zu guter Letzt tippen Sie noch Ihr Geburtsjahr ein.

8 Als weiterer Schutz vor automatischen Anmeldungen aus dem Internet wird ein sogenanntes Captcha - ein Bild, das aus Buchstaben besteht - angezeigt, im Beispiel ●.

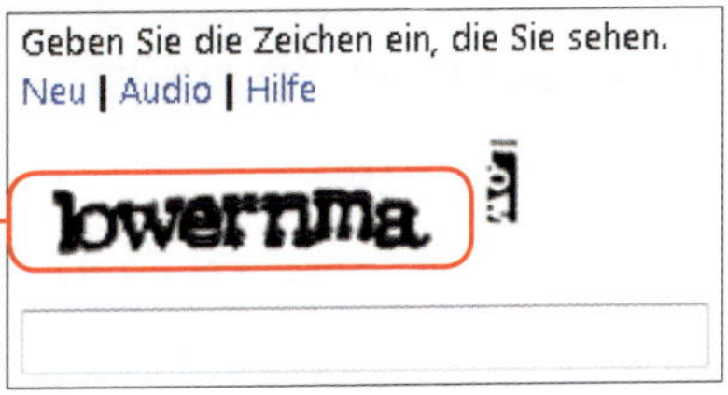

Windows Live erwartet nun von Ihnen, dass Sie diese Buchstabenfolge korrekt abtippen. Wenn Sie diese nicht richtig lesen können, klicken Sie auf ●, um ein neues Captcha angezeigt zu bekommen. Tippen Sie die angezeigte Zeichenfolge direkt in das Feld darunter: ●.

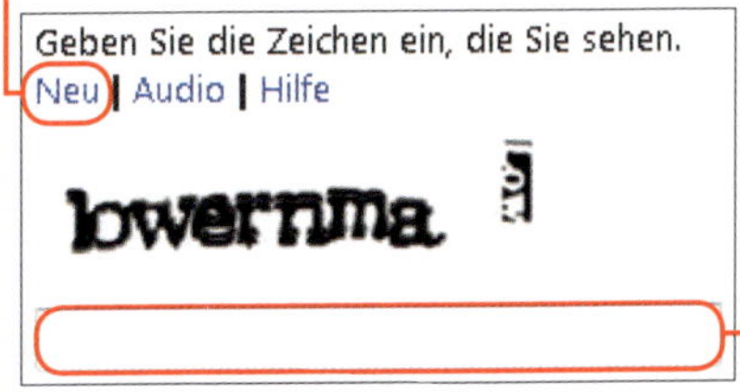

9 Um das Anlegen des neuen Windows Live-Kontos zu bestätigen, klicken Sie am Ende der Seite auf

.

Windows Live bestätigt Ihnen die Anlage Ihres neuen Kontos nicht durch eine Erfolgsmeldung, sondern wechselt direkt in Ihre Kontoansicht und zeigt Ihnen oben rechts den von Ihnen eingegebenen Namen an, im Beispiel ●.

Am Windows Live-Konto anmelden

Wenn Sie später einmal auf einem anderen Rechner die Einstellungen Ihres Windows Live-Kontos ändern wollen, dann müssen Sie sich gegebenenfalls manuell an diesem Konto anmelden.

1 Starten Sie wieder das Internetzugriffsprogramm, und rufen Sie die Windows Live-Seite auf, wie auf Seite 92 beschrieben. Klicken Sie dann oben rechts auf

und anschließend in der aufklappenden Auswahl auf ●.

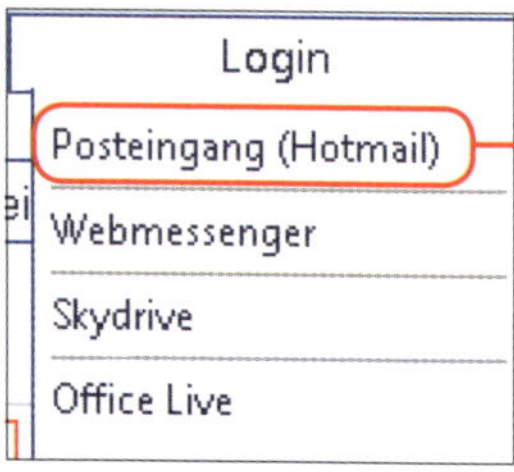

2 Als Nächstes geben Sie in das oberste Feld Ihre Windows Live ID ein (soweit Ihr Internetanzeigeprogramm diese nicht automatisch einträgt), etwa ●. Darunter ●

erfolgt die Eingabe Ihres Kennworts.

3 Wenn Sie möchten, dass Ihre Windows Live ID gespeichert wird, setzen Sie per Klick in das Kästchen ● einen Haken und aktivieren damit diese Komfortfunktion. Wenn nur Sie alleine den Rechner benutzen, an dem Sie gerade sitzen, können Sie mit einem Mausklick auf ●

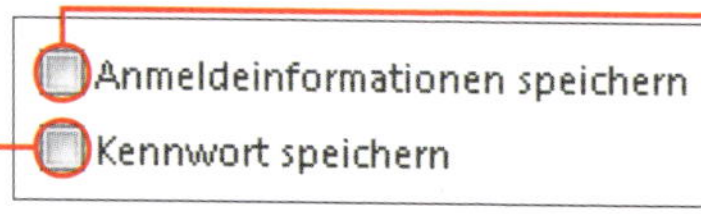

auch die Speicherung Ihres Passworts bestimmen. Falls allerdings auch andere Personen Ihren Rechner verwenden, sollten Sie die Speicherung unbedingt vermeiden!

4 Um sich nun anzumelden, klicken Sie einfach auf

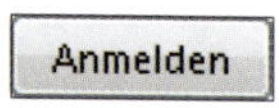

.

Um sich später wieder von Ihrem Windows Live-Konto abzumelden und somit anderen den Zugriff auf Ihre Daten zu versperren, genügt ein Klick auf ●.

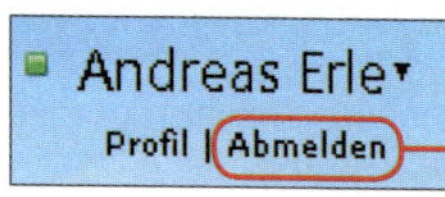

Aktivieren der Termine und Kontakte

Ihr Windows Live-Konto enthält nicht nur, wie auf den ersten Blick zu vermuten wäre, E-Mails, sondern auch Kontakte und Termine. Bevor Sie diese Daten jedoch nutzen können, müssen Sie sie erst einmal aktivieren.

1 Wechseln Sie zur Windows Live-Seite und melden Sie sich an Ihrem Windows Live-Konto an, wie auf Seite 96 beschrieben. Klicken Sie dann auf

und anschließend im sich öffnenden Menü auf ●,

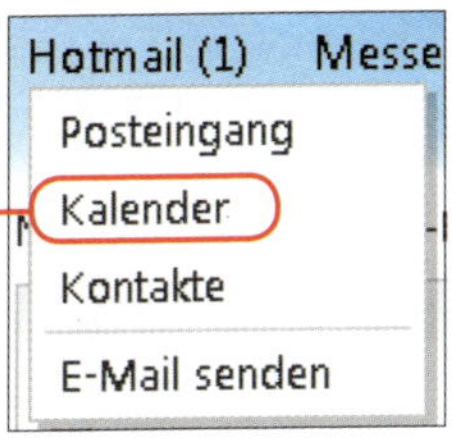

um den Kalender aufzurufen.

2 Windows Live fragt nun nach der Zeitzone, in der Sie sich befinden. Sollten Sie diese ändern müssen, klicken Sie neben dem entsprechenden Eintrag auf den Pfeil ●

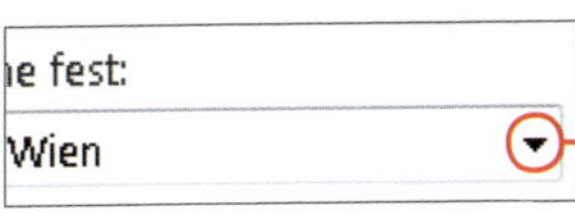

und in der sich öffnenden Liste auf den richtigen Eintrag, beispielsweise ●.

Anschließend folgt ein Mausklick auf

.

3 Um die Kontakte aufzurufen, klicken Sie danach auf

und im aufklappenden Menü auf den Eintrag ●.

Damit ist Ihr Windows Live-Konto aktiviert und vollständig über Excel und auch über Ihr mobiles Gerät nutzbar.

Tabellen im Internet speichern

Wenn Sie ein Windows Live-Konto angelegt haben, besitzen Sie automatisch auch ein „SkyDrive“. Das ist eine über Ihr Live-Konto zugängliche Festplatte im Internet, in der Sie einfach und problemlos auch Tabellen speichern können. Der Zugriff auf diesen Speicher funktioniert dann ganz komfortabel direkt über Ihr Excel auf dem Rechner.

1 Öffnen Sie wie gewohnt eine bestehende Excel-Tabelle, oder legen Sie eine neue an. Um die Tabelle nun auf Ihrem SkyDrive speichern zu können, klicken Sie als Erstes auf ●, dann auf ●

und schließlich auf ●.

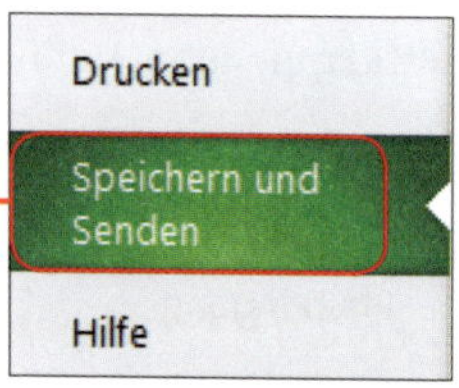

Sie haben nun verschiedene Möglichkeit, Ihre Excel-Arbeitsmappe zu sichern. Für das Speichern auf dem SkyDrive klicken Sie auf ●.

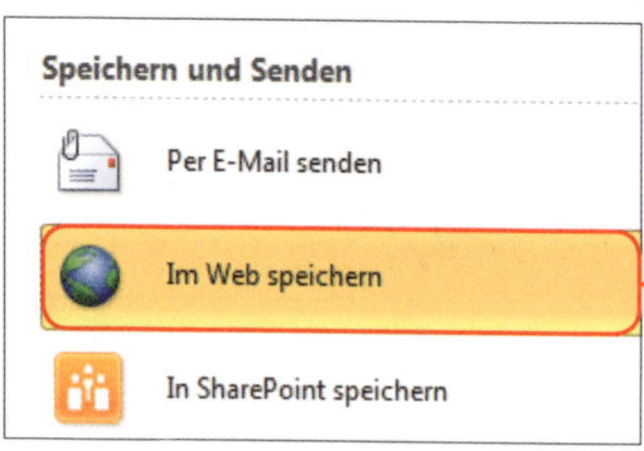

Von Wolken und Himmel

Einer der Begriffe, die in den vergangenen Monaten immer bekannter geworden sind, ist der des „Cloud-Computings" oder kurz „der Cloud". Abgeleitet vom englischen Wort für Wolke soll dieser Begriff andeuten, dass die Daten in einem willkürlich zusammengewürfelten Speicher im Internet gespeichert werden und der genaue Speicherort für den Anwender vollkommen unerheblich ist. Am Ende geht es nur darum, einen verlässlichen Partner auszusuchen. Bei Windows Live ist dies Microsoft, und hier sind Ihre Daten sicher und in guten Händen.
Der Begriff „SkyDrive" (übersetzt: Himmelslaufwerk) nimmt auf die Wolken am Himmel Bezug und bezeichnet eben diese kostenlose Festplatte, die im „Cloud-Dienst" Windows Live verfügbar ist.

2 Wenn Sie eine Datei zum ersten Mal im Internet speichern möchten, müssen Sie sich mit Ihrer Windows Live ID anmelden. Klicken Sie dazu auf ●.

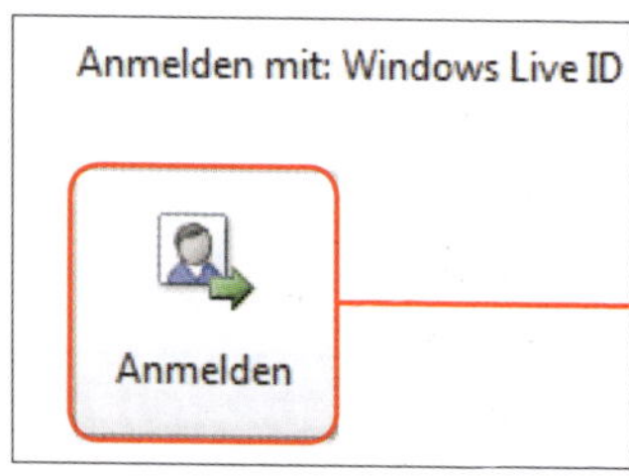

3 Daraufhin erscheint das Anmeldefenster für Windows Live. Klicken

Sie hier auf, und geben Sie über die Tastatur den Benutzernamen in Form Ihrer Windows Live ID ein. Anschließend klicken Sie auf,

geben das dazugehörige Kennwort ein und bestätigen mit OK.

4 Um Ihre Windows Live ID und das Kennwort auf Ihrem Rechner zu speichern, setzen Sie hier per Mausklick einen Haken. Danach brauchen Sie nur noch auf die Schaltfläche zu klicken.

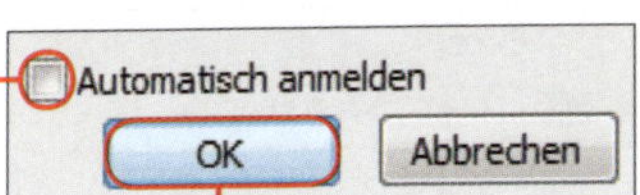

5 Nachdem Sie sich an Ihrem Windows Live-Konto angemeldet haben, zeigt Ihnen Excel alle Ordner an, die sich auf Ihrem Windows Live SkyDrive befinden. Im einfachsten Fall können Sie nun einen dieser Ordner anklicken.

Zugangsdaten in Sicherheit bringen

Wenn Sie das Speichern der Zugangsdaten aktiviert haben und den Rechner wechseln oder jemanden anders an Ihren PC lassen, empfiehlt es sich, alle gespeicherten Passwörter zu löschen und somit den automatischen Zugang zu Ihren Dateien in Excel zu sperren. Drücken Sie dazu die **Tastenkombination** [Windows] und [R], und tippen Sie dann im Eingabefenster

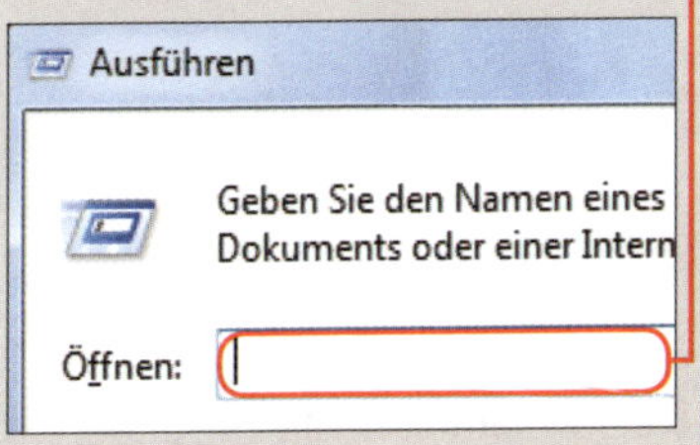

„cmd" ein. Nach einem Mausklick auf

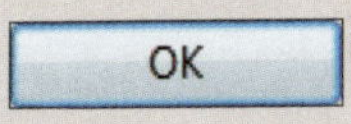

erscheint ein Fenster mit der Eingabeaufforderung.

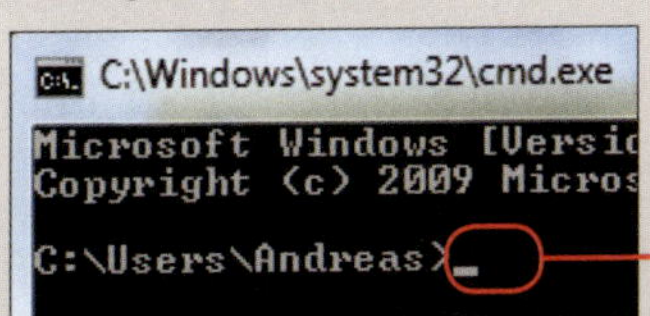

Wenn Sie dort den Befehl

Cmdkey /delete:passport.net*

eingeben und die [Enter]-Taste drücken, werden alle Zugangsberechtigungen für ein Windows Live SkyDrive auf Ihrem Rechner gelöscht.

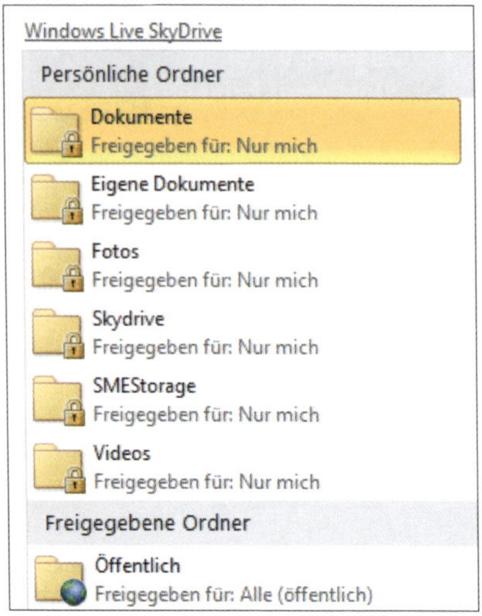

6 Wenn Sie später beispielsweise Excel-**Arbeitsmappen** für andere Anwender freigeben wollen, sollten Sie zunächst ein neues Unterverzeichnis anlegen. Klicken Sie dazu auf

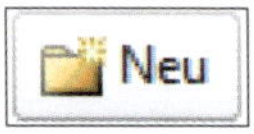

.

Excel startet jetzt automatisch Ihr Internetzugriffsprogramm und leitet Sie auf die Windows Live-Seite. Melden Sie sich an Ihrem Konto an, wie auf Seite 96 gezeigt. Als Nächstes geben Sie hier ●

den Namen des neuen Ordners ein und klicken dann auf

.

7 Um wieder zurück zu Excel zu gelangen, folgt ein Mausklick am unteren Bildschirmrand auf ●.

Damit nun die Liste der Ordner aktualisiert wird, klicken Sie einfach auf den Befehl

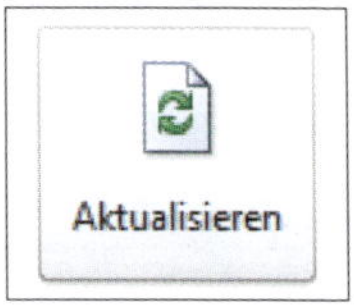

.

8 Wenn Sie in dem neu angelegten Ordner jetzt eine **Datei** speichern möchten, klicken Sie auf den entsprechenden Eintrag, im Beispiel ●,

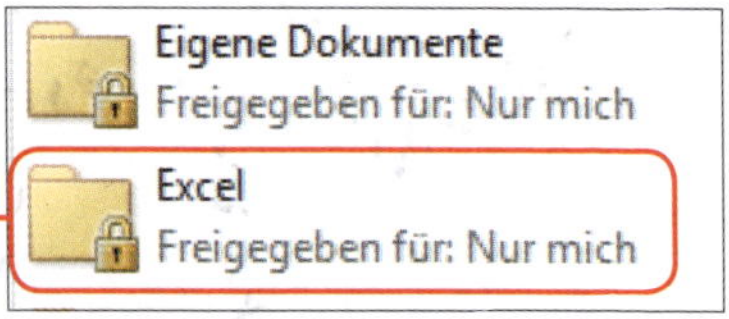

und dann auf den Befehl

.

9 Anschließend geben Sie hier ● wie gewohnt den Namen Ihrer Arbeitsmappe ein

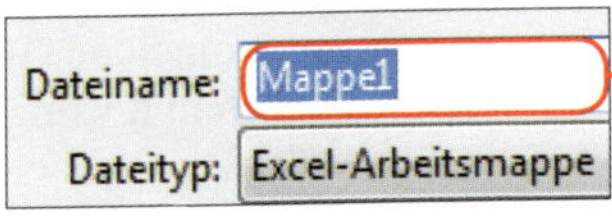

und klicken danach auf die Schaltfläche

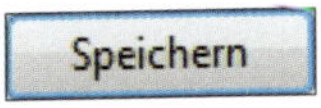

.

Ihre Arbeitsmappe ist nun auf Ihrem Windows Live SkyDrive gespeichert.

Eine gespeicherte Arbeitsmappe öffnen

Falls Sie eine Arbeitsmappe, die Sie auf Ihrem Windows Live SkyDrive gespeichert haben, wieder öffnen möchten, ist der Weg dahin denkbar einfach – er führt allerdings *nicht*, wie man vermuten könnte, über Excel:

1 Starten Sie wieder das Internetzugriffsprogramm, und rufen Sie die Windows Live-Seite auf, wie auf Seite 92 gezeigt. Melden Sie sich dann wie gewohnt an Ihrem Windows Live-Konto an. Um nun die Ordnerstruktur Ihres Windows Live SkyDrives angezeigt zu bekommen, klicken Sie oben links auf ●.

2 Öffnen Sie den Ordner, in dem sich die zu bearbeitende Datei befindet, mit einem Doppelklick, etwa ●,

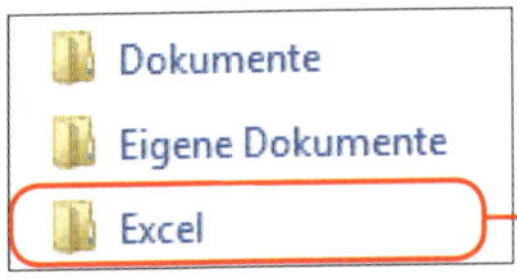

und klicken Sie im geöffneten Ordner auf die gewünschte Datei, hier ●.

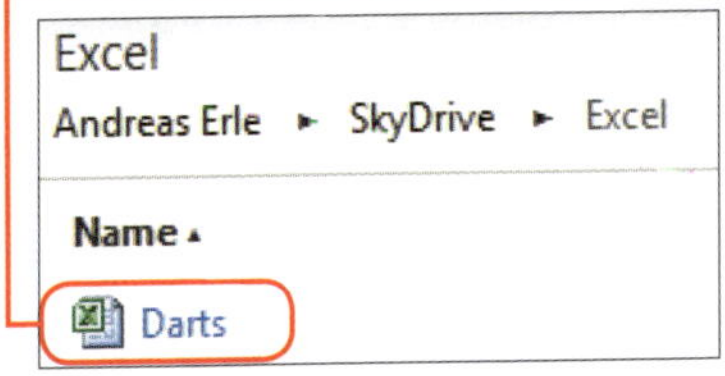

3 Die Datei wird daraufhin in Ihrem Internetzugriffsprogramm geöffnet (siehe auch Seite 105). Sie können aber auch dafür sorgen, dass sie in Excel auf Ihrem Rechner geöffnet wird. Klicken Sie dazu einfach auf den Befehl

.

4 Ihr Internetzugriffsprogramm erkennt jetzt, dass Sie auf Ihrem Rechner eine Datei aus dem Internet öffnen wollen, und schlägt Alarm: Sie könnten sich ja einen Virus einhandeln! Die Warnung ●

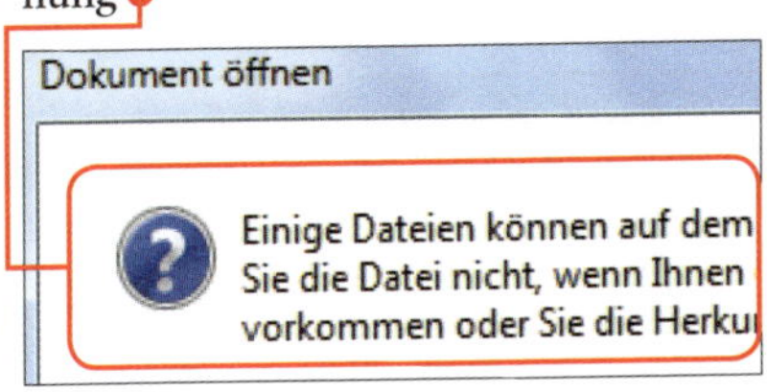

können Sie in diesem Fall aber bedenkenlos per Klick auf

übergehen. Schließlich kennen Sie ja die Datei, die Sie öffnen wollen!

5 Excel wird nun auf Ihrem Rechner gestartet, und die Datei wird automatisch geladen. Sollten Sie in Schritt 4 des vorigen Abschnitts die automatische Anmeldung nicht angewählt haben, müssen Sie sich jetzt noch einmal an Ihrem Windows Live-Konto anmelden. Wenn Sie die Datei nun auf Ihrem Rechner bearbeiten und anschließend speichern, wird die geänderte Datei automatisch wieder in der aktualisierten Version auf Ihr Windows Live SkyDrive kopiert.

Tabellen mit anderen Anwendern bearbeiten

Stellen Sie sich vor, Sie pflegen zusammen mit einigen anderen Anwendern die Ergebnistabelle Ihres Dart-Vereins, in der für jeden Dart-Abend die Ergebnisse in einer neuen Zeile eingetragen werden. Natürlich könnten Sie die jeweils aktuelle Version der Tabelle per E-Mail versenden. Viel einfacher und effektiver ist es aber, diese jedem Beteiligten zur Verfügung zu stellen: So wird an einem einzigen Dokument gearbeitet, und alle sind auf dem gleichen Stand.

1 Wiederholen Sie Schritt 1 und 2 des vorigen Abschnitts, um die Ordnerstruktur Ihres Windows Live SkyDrives angezeigt zu bekommen. Bewegen Sie dann den Mauszeiger über die Datei, die Sie freigeben möchten, im Beispiel ●,

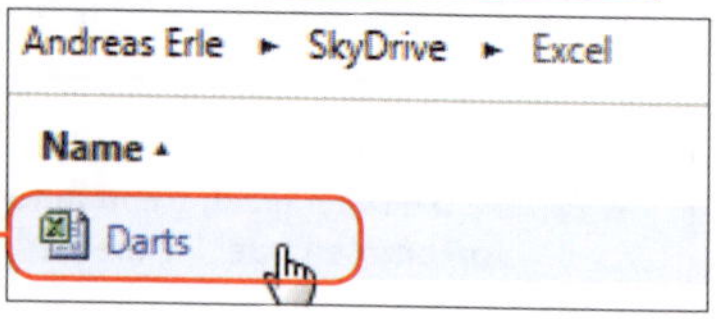

bis rechts davon ein kleines Informationssymbol erscheint:

Klicken Sie darauf.

2 Am rechten Bildschirmrand öffnet sich nun ein Menü, in dem Sie verschiedene Einstellungen vornehmen können. Im Standard haben nur Sie allein das Recht, diese Datei zu bearbeiten. Um dies zu ändern, klicken Sie auf ●.

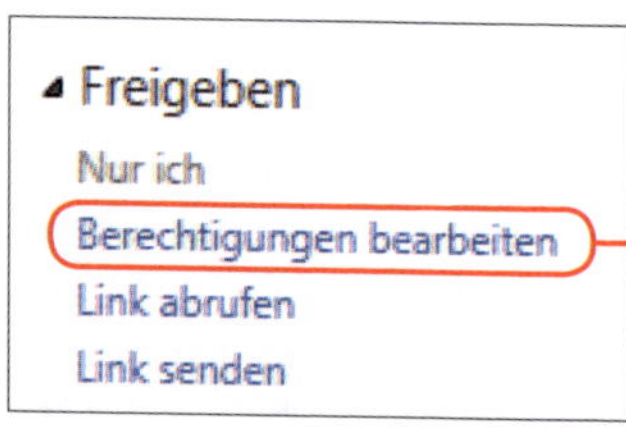

3 Windows Live bietet Ihnen nicht nur vielfältige Funktionen rund um das Speichern und Bearbeiten von Microsoft

Office-Dateien. Gleichzeitig ist es auch ein soziales Netzwerk, in dem sich über die Zeit immer mehr „Freunde" sammeln. Um die Datei nur für Ihre Freunde freizugeben, klicken Sie auf ●, um Freunden und deren Freunden den Zugriff auf die Dateien zu gestatten, hingegen auf ●.

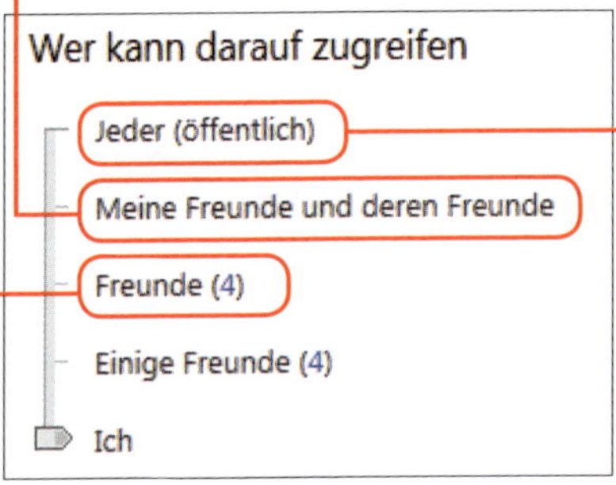

Und wenn sogar jeder Windows Live-Benutzer das Recht haben soll, auf die Dateien zuzugreifen, auf ●. Letztere Option ist allerdings mit Vorsicht zu genießen, denn damit kann jeder beliebige Unbekannte an Ihre Dateien gelangen – wählen Sie also mit Bedacht!

4 Mitunter wollen Sie aber nur ganz bestimmten Personen bei Windows Live die Freigabe für eine Datei oder einen Ordner erteilen. In einem solchen Fall klicken Sie auf ●.

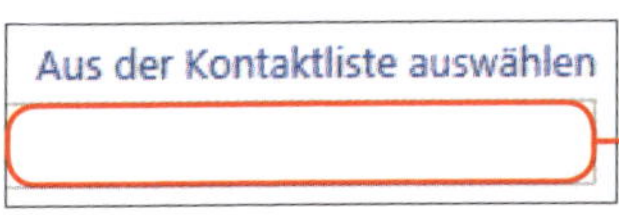

Daraufhin erscheint eine Liste mit Ihren Kontakten. Klicken Sie neben jedem Kontakt, dem Sie die Freigabe erteilen wollen, in das Kästchen, etwa ●.

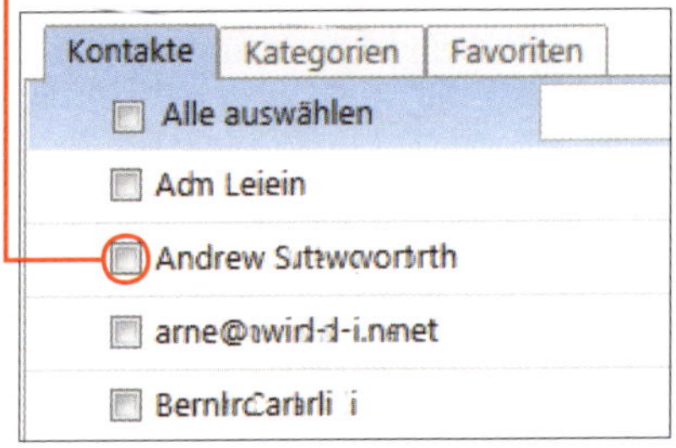

Freigabe wieder rückgängig machen

Alle in Schritt 4 der nebenstehenden Anleitung ausgewählten Kontakte befinden sich in einer Liste. Wenn Sie einen dieser Kontakte wieder entfernen möchten, klicken Sie einfach auf das kleine Kreuz neben dem Namen.

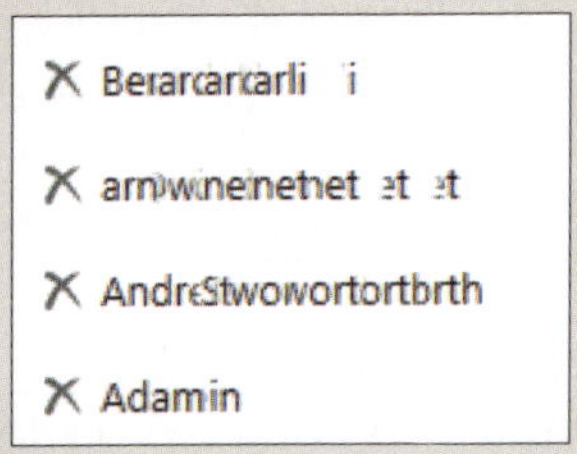

5 Für jeden Benutzer, dem Sie die Freigabe erteilen möchten, können Sie nun separat festlegen, ob er Dateien nur lesen oder auch verändern darf. Klicken Sie dazu auf

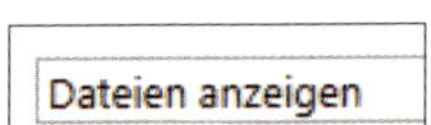

und dann auf, um nur Lesezugriff zuzulassen, oder auf, damit der Benutzer Dateien auch ändern und löschen darf.

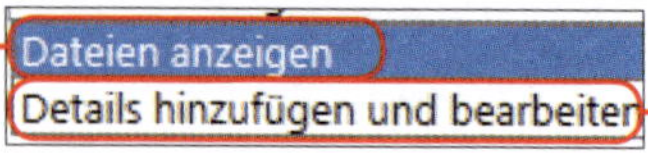

Es folgt ein Mausklick auf die Schaltfläche

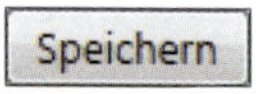

.

6 Nun nützt es natürlich demjenigen, den Sie zur Zusammenarbeit bei Ihrer Excel-Tabelle einladen wollen, nichts, wenn er nichts davon weiß. Im nächsten Schritt können Sie ihm daher eine Benachrichtigung per E-Mail-senden. Tragen Sie hier seine E-Mail-Adresse ein, und klicken Sie dann auf,

um die Nachricht zu verschicken, oder auf, falls Sie es sich anders überlegt haben sollten.

Freigegebene Dateien nutzen

Wenn Sie nun Ihrerseits mit einer für Sie freigegebenen Datei arbeiten wollen, dann führt der Weg dahin einmal mehr über Ihr Windows Live-Konto.

1 Melden Sie sich wieder bei Windows Live an. Bewegen Sie den Mauszeiger dann über,

klicken Sie aber *nicht*, sondern warten Sie, bis sich das Menü öffnet. Klicken Sie darin dann einfach auf.

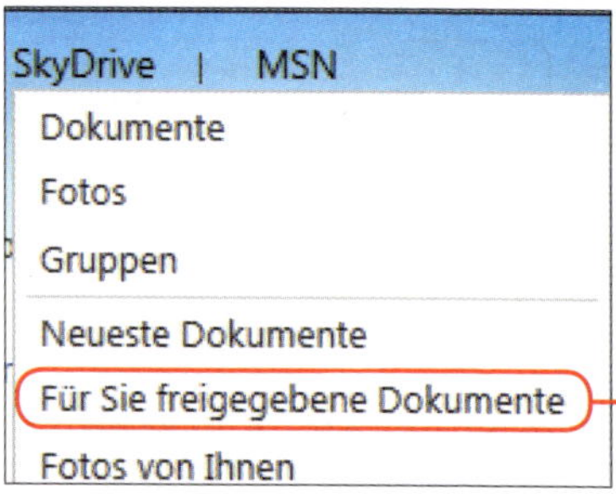

2 Windows Live zeigt Ihnen daraufhin eine Liste aller Ordner an, die von einem beliebigen Anwender für Sie freigegeben wurden. Klicken Sie den gewünschten Ordner an, etwa,

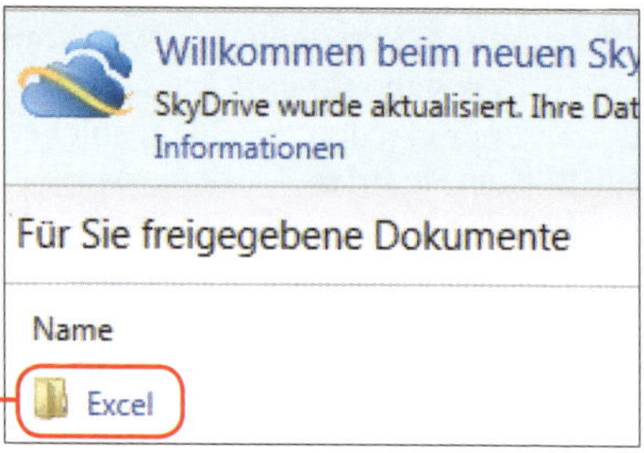

und öffnen Sie die Datei, wie auf Seite 101 beschrieben.

3 Nun kann es natürlich vorkommen, dass zwei Anwender gleichzeitig versuchen, auf die Arbeitsmappe zuzugreifen und diese zu verändern.

In dem Fall bekommt jeder außer dem ersten Benutzer, der die Arbeitsmappe bereits geöffnet hat, eine Fehlermeldung, die per Klick auf ● bestätigt werden muss.

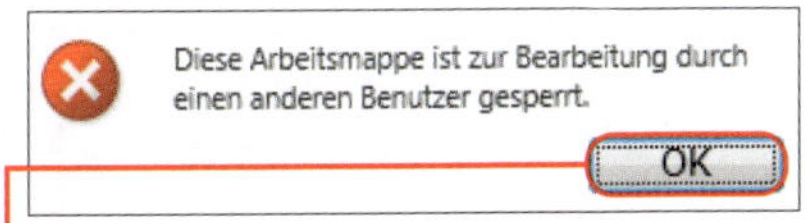

4 Wenn der Zugriff geklappt hat, können Sie die Datei dann wie von anderen Excel-Arbeitsmappen gewöhnt bearbeiten und speichern.

Tabellen im Internet bearbeiten

Nicht immer sind Sie an Ihrem PC, wenn Sie eine Excel-Arbeitsmappe bearbeiten müssen, oder aber Sie haben keinen Rechner zur Verfügung, auf dem die Version 2010 von Excel installiert ist. Egal, ob Sie nun einen Rechner in einem Internet-Café benutzen oder einen der modernen Tablet-PCs wie das Apple iPad oder ein Android-Tablet: Sie können Ihre Excel-Tabellen sogar über das normale Internetzugriffsprogramm erreichen, denn zu Ihrem Windows Live-Konto gehören ja auch die „Office Web Apps".

1 Melden Sie sich wie gewohnt bei Windows Live an, und führen Sie die Schritte 1 und 2 auf Seite 101 durch. Die Datei wird daraufhin in Ihrem Internetzugriffsprogramm geöffnet:

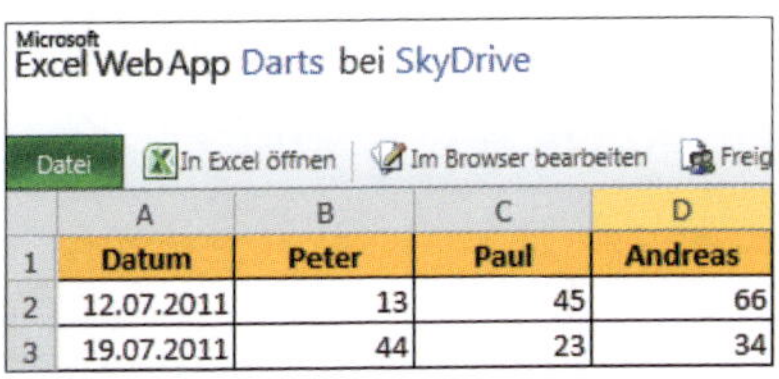

2 Um mit der Bearbeitung direkt zu beginnen, klicken Sie oberhalb der Tabelle einfach auf

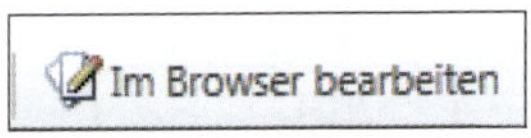

.

Nun ändert sich automatisch die Ansicht der Tabelle, und Sie erhalten das von Excel 2010 gewöhnte **Menüband**:

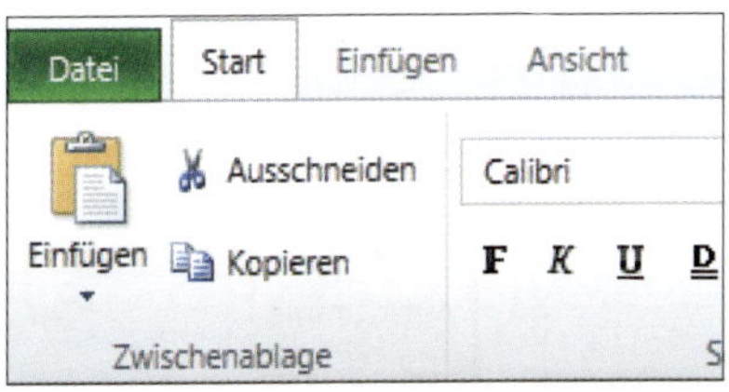

3 Wie üblich bekommen Sie mit einem Mausklick auf den Registerreiter ●

Zugriff auf die Standardfunktionen.

Dazu gehören die Schriftattribute ●,

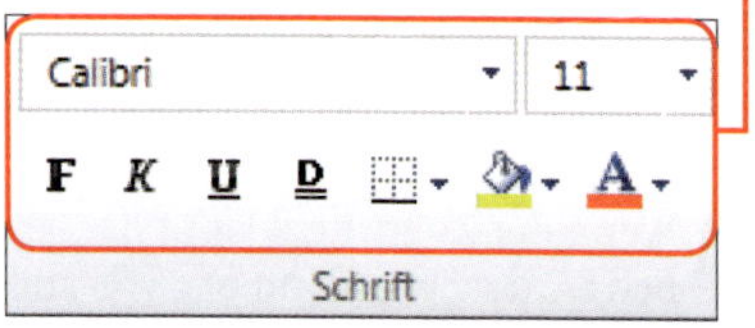

die Ausrichtung des Textes in den Zellen ●,

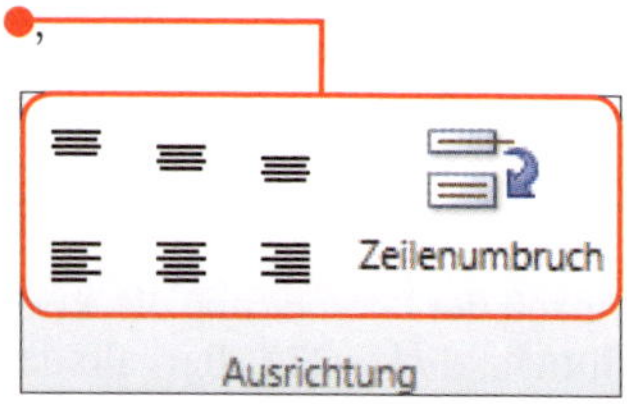

die Formate für die einzelnen Zellen ●

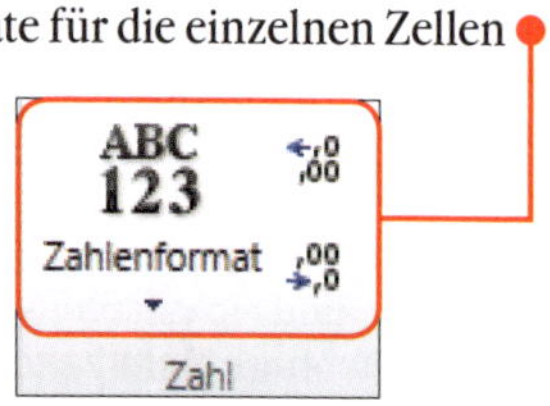

und spezielle Funktionen, die Sie auf eine Zelle anwenden können, etwa ●.

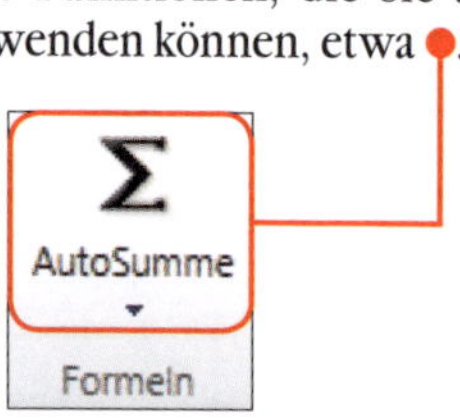

Die Bedienung erfolgt genau so, wie Sie es von Ihrem Excel auf dem Rechner zu Hause gewohnt sind.

4 Wenn Sie Diagramme einfügen wollen, müssen Sie zunächst im Menüband auf den Registerreiter

klicken. Auch die Möglichkeiten, die sich Ihnen jetzt bieten,

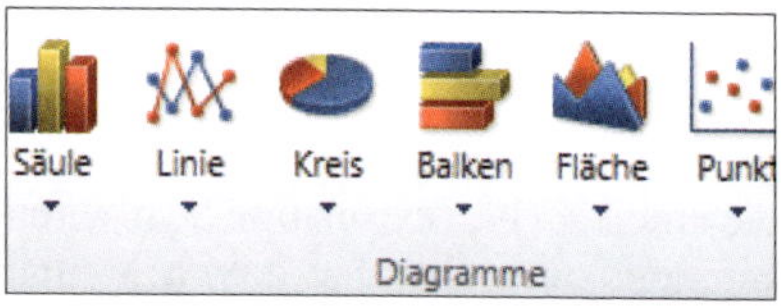

können Sie wieder genau so nutzen, wie Sie es in Excel auf Ihrem Rechner zu Hause tun würden.

5 Im Gegensatz zu Word oder PowerPoint hat Excel im Internet keinen eigenen „Speichern"-Befehl. Doch keine Sorge: Die von Ihnen bearbeiteten Arbeitsmappen werden automatisch gespeichert, ohne dass Sie etwas dafür tun müssen. Sie können die Arbeitsmappe nach der Bearbeitung einfach schließen, indem Sie auf das Kreuz ● klicken.

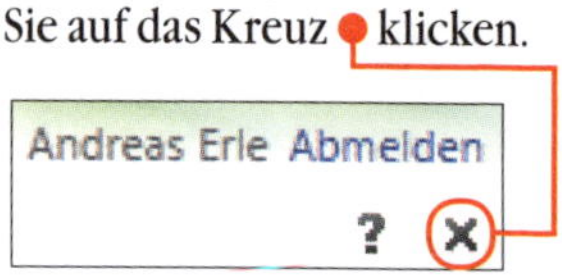

7 Excel mit Windows Phone für unterwegs

In der heutigen Zeit ist das Arbeiten am Arbeitsplatz an einem stationären Rechner eher die Ausnahme als die Regel. Viel zu oft sind Sie unterwegs, müssen schnell auf Ihre Dokumente zugreifen, diese betrachten und vielleicht auch verändern. Ein Notebook haben Sie nicht unbedingt immer mit dabei, aber doch sicherlich Ihr Mobiltelefon!

Microsoft bietet mit „Windows Phone 7" ein eigenes **Betriebssystem** für mobile Geräte an, das mittlerweile weit verbreitet ist. Unterschiedliche Hersteller und Netzbetreiber unterstützen Windows Phone. Was das mit Excel zu tun hat? Ganz einfach: Auf jedem Windows Phone-Gerät befindet sich eine mobile Version des Programmpakets „Office", zu dem Excel ja gehört - und damit steht Ihnen auch jederzeit eine mobile Version von Excel zur Verfügung. Es ist also kein Problem, Excel-Tabellen überall mit hinzunehmen und unterwegs sogar zu bearbeiten.

Im siebten Kapitel dieses Buches erfahren Sie,
- wie sich Excel auf Ihrem mobilen Gerät starten lässt,
- wie Sie eine Tabelle anlegen und ändern können,
- wie Sie unterwegs Formeln verwenden,
- wie Sie ein Diagramm einfügen
- und wie Sie Dokumente mittels Windows Live mit dem Rechner austauschen können.

Kapitel-Wegweiser

Das mobile Excel nutzen

Auch wenn Excel auf einem Windows Phone-Gerät auf die Möglichkeiten eines mobilen Gerätes ausgelegt ist, bietet selbst diese kleinere Programmversion eine riesige Menge an Funktionen. Die folgende Beschreibung orientiert sich an einem Windows Phone. Für andere mobile Betriebssysteme (wie Googles „Android“, Apples „iOS“ etc.) gibt es aber zum Nachrüsten Programme, die durchaus ähnlich funktionieren. Bei Ihrem Windows Phone sollten Sie bereits die Grundeinrichtung durchgeführt und die Windows Live ID eingetragen haben (siehe Seite 91).

Mit dem Office Hub arbeiten

Um Excel auf Ihrem Windows Phone nutzen zu können, müssen Sie kein zusätzliches Programm installieren: Schon beim ersten Start ist das mobile Office automatisch auf Ihrem Gerät, und zwar im Startmenü im sogenannten „Office Hub“.

1 Um dieses Startmenü zu öffnen und damit Zugriff auf die verschiedenen Programme zu erhalten, tippen Sie im Startbildschirm auf

und wischen dann mit dem Finger nach links.

2 Jedes Menü und jede Liste bei Windows Phone ist „rollbar“. Das heißt, wenn Sie mit dem Finger auf den Bildschirm drücken und den Finger dann nach oben oder unten bewegen, „rollen“ Sie die Anzeige auf oder ab und machen dadurch nicht sichtbare Elemente sichtbar. Rollen Sie also nach unten, und tippen Sie dann auf den Eintrag .

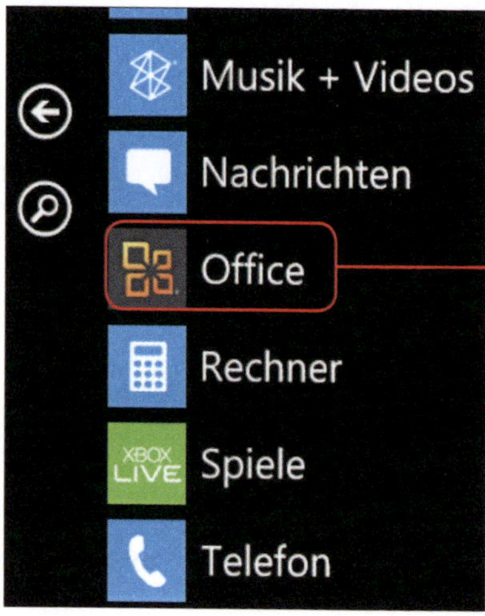

3 Ihr Windows Phone öffnet daraufhin den Office Hub, die zentrale Stelle für alle Microsoft Office-Anwendungen und -Dokumente. Ein Hub zeichnet sich dadurch aus, dass er unterschiedliche Elemente auf einem großen, nach links und rechts weitergeführten Bildschirm vereinigt. Beim Öffnen des Office Hubs sehen Sie zunächst nur den „Notizen"-Bildschirm des Notizenprogramms „One-Note".

4 Wischen Sie mit dem Finger nun einmal nach links über den Bildschirm. Dann erreichen Sie den „Dokumente"-Bildschirm. Hier finden Sie alle auf Ihrem Gerät gespeicherten Office-Dokumente. Bei einem neu eingerichteten Gerät sind nur drei **Dateien** vorhanden: ●. Wenn Sie diese öffnen, bekommen Sie einen Überblick über das jeweilige Programm.

5 Sie haben verschiedene Möglichkeiten, Office-Dateien (und damit auch Excel-**Arbeitsmappe**n) auf Ihr mobiles Gerät zu speichern beziehungsweise für andere Anwender zur Verfügung zu stellen. Wenn Sie vom Ausgangsbildschirm aus Schritt 3 zweimal nach links über den Bildschirm wischen, gelangen Sie zum Überblick aller Speicherorte. Damit Sie Zugriff auf die Dateien auf Ihrem Windows Live SkyDrive erhalten (wo beispielsweise auch Ihre Excel-Arbeitsmappen liegen), tippen Sie auf ●.

Demgegenüber zeigt Ihnen ein Fingertipp auf ● sämtliche Dateien an, die auf Ihrem Windows Phone gespeichert sind. Für die beiden letzten Speicherorte ● benötigen Sie weitere kostenpflichtige Dienste.

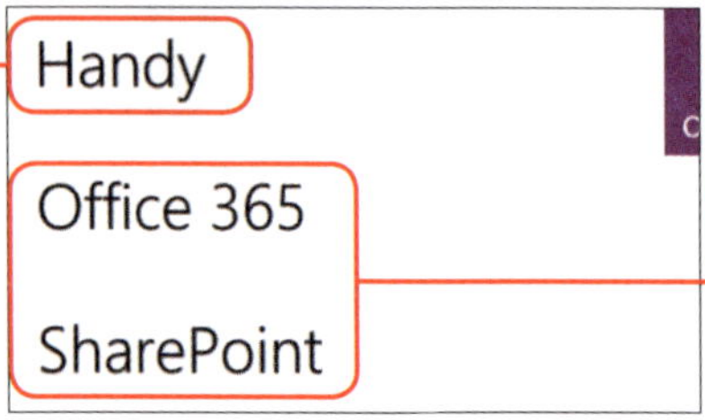

Eine neue Excel-Tabelle anlegen

Um eine neue Excel-Tabelle anzulegen, brauchen Sie einmal mehr den Office Hub.

1 Starten Sie den Office Hub, und wechseln Sie in den Dokumente-Bildschirm, wie in den Schritten 1 bis 4 des vorigen Abschnitts beschrieben. Tippen Sie dort mit dem Finger auf ●.

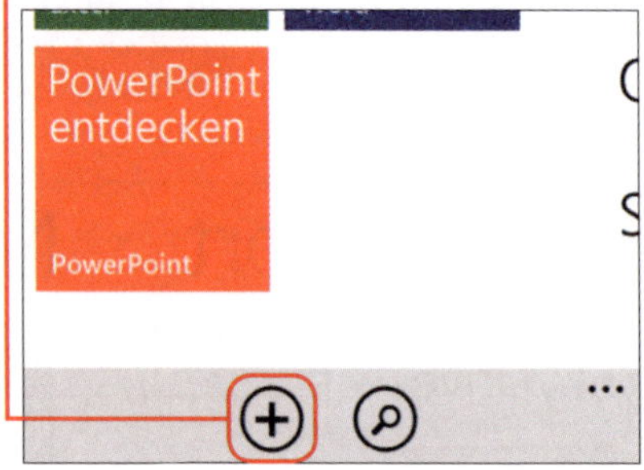

Suchen nach Dokumenten

Wenn Sie erst einmal die Vorteile des mobilen Office erkannt haben, werden Sie im Handumdrehen immer mehr Dateien auf Ihrem mobilen Gerät speichern. Da kann die Übersicht schnell abhandenkommen, weil die Liste der Dateien immer länger wird. Tippen Sie in dem Fall auf

,

und tragen Sie dann den Namen der gesuchten Datei im Eingabefeld ●

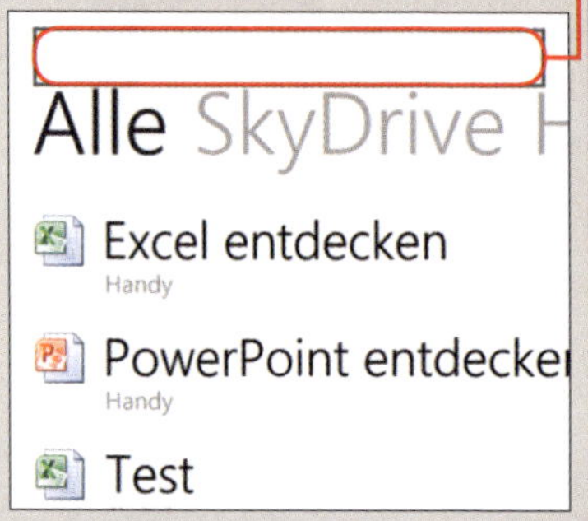

ein. Die Liste der Dateien wird dann weiter und weiter eingeschränkt, bis Sie nur noch die gewünschte Datei sehen, im Beispiel ●.

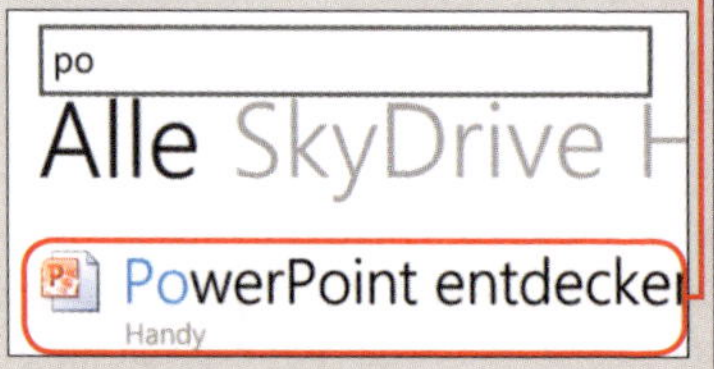

Tippen Sie diese einfach an, um sie zu öffnen.

2 Um jetzt eine neue, leere Excel-Arbeitsmappe anzulegen, genügt ein Fingertipp auf ●.

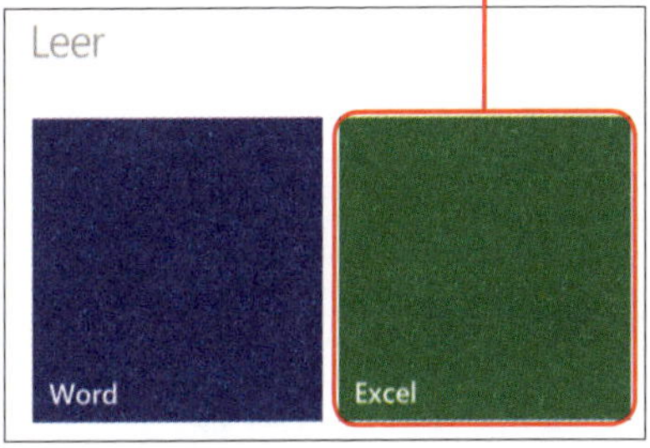

3 Windows Phone hat allerdings auch schon einige Vorlagen mit an Bord, die Ihnen viel Arbeit sparen können, wenn Sie sie als Ausgangsbasis für Ihre eigene Arbeitsmappe nutzen. Um die verschiedenen Vorlagen in Augenschein zu nehmen, rollen Sie mit dem Finger nach oben über den Bildschirm Ihres Gerätes und tippen die gewünschte Vorlage dann einfach an. In der Liste mischen sich Word- und Excel-Vorlagen. Letztere erkennen Sie auf Anhieb an der grünen Farbe: ●.

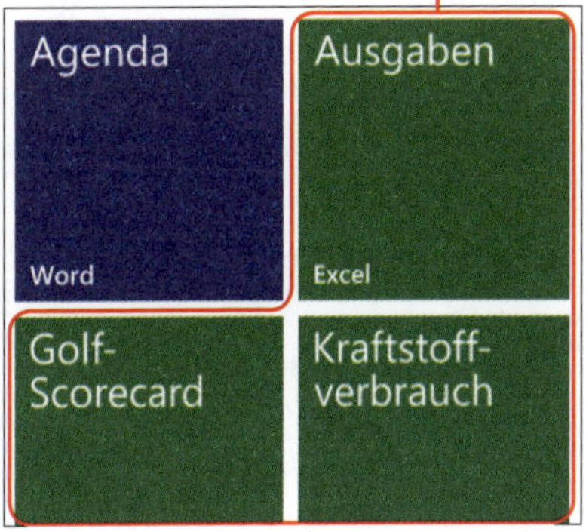

Daten in Excel eingeben

Schon nach wenigen Sekunden werden Sie feststellen, dass jedwede Unsicherheit im Hinblick auf das mobile Excel vollkommen fehl am Platze war: Excel sieht auf dem mobilen Gerät fast genauso aus wie auf dem Rechner zu Hause.

1 Um die **Zelle** zu bestimmen, in die Sie Daten eingeben möchten, tippen Sie einfach mit dem Finger an die entsprechende Stelle auf dem Bildschirm. Die angetippte Zelle erkennen Sie an der blauen Umrandung, auch die dazugehörige Spalte ● und Zeile ● sind blau gekennzeichnet.

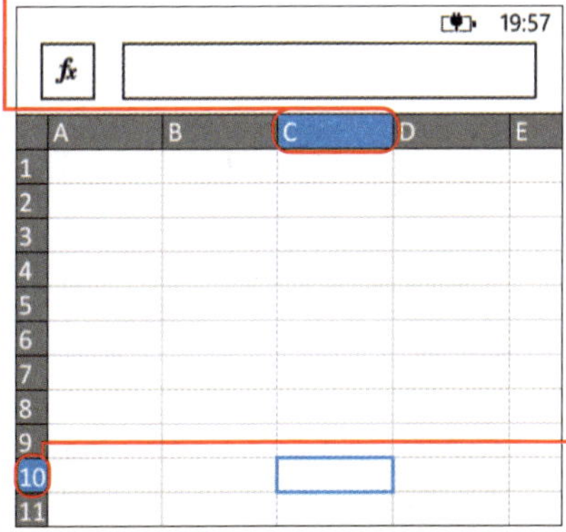

2 In der Standardeinstellung geht es vor allem um die Übersicht, und daher sind die Zellen relativ klein und schwer zu entziffern. Um dies zu ändern, legen Sie Daumen und Zeigefinger nah beieinander auf den zu vergrößernden Bereich:

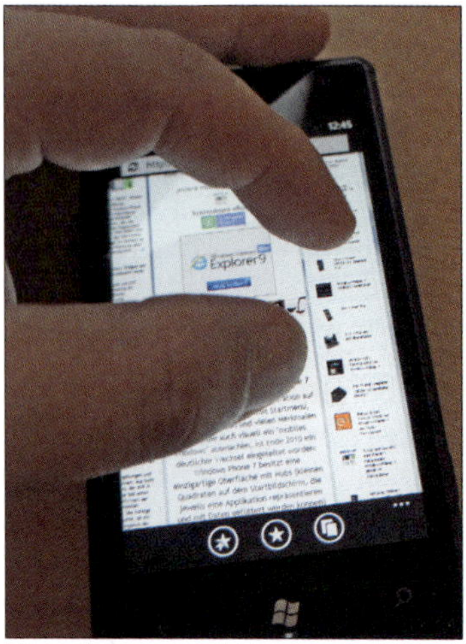

Wenn Sie die Finger dann voneinander wegbewegen, wird der Bereich zwischen den beiden Fingern „größer gezogen“,

und die Zellen werden größer und damit besser erkennbar dargestellt.

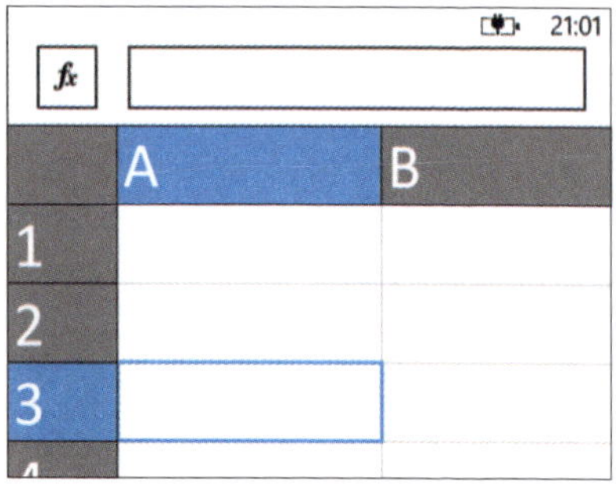

3 Wenn Sie wieder in die Übersicht von Schritt 1 zurückkehren möchten, reicht ein Doppeltippen mit dem Finger auf den Bildschirm.

4 Um jetzt Daten in die **markierte** Zelle einzugeben, tippen Sie mit dem Finger in den Eingabebereich, etwa ●.

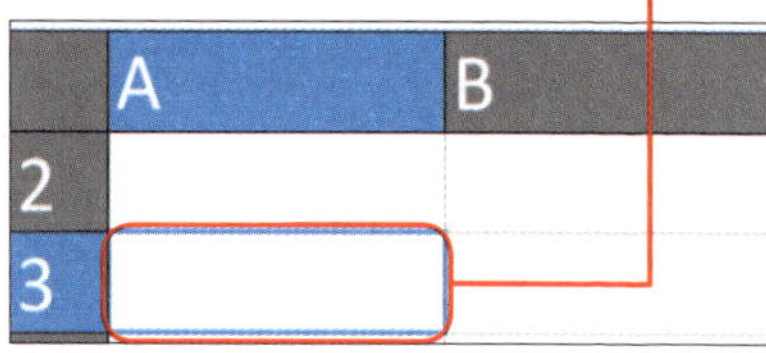

Daraufhin erscheint eine Bildschirmtastatur. Darüber können Sie nun den Inhalt der Zelle eintragen und per Fingertipp auf ● bestätigen.

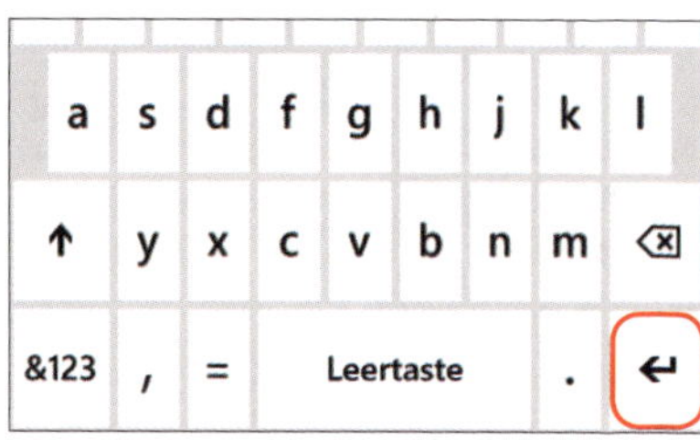

5 Zur Eingabe von Daten in eine Zelle, die Sie auf dem Bildschirm noch nicht sehen können, halten Sie den Finger auf den Bildschirm gedrückt und bewegen ihn darüber. Dadurch können Sie das aktuelle Tabellenblatt verschieben und – wie aus dem Hauptmenü gewohnt – Bereiche sichtbar machen, die vorher verdeckt waren.

6 Wie bei Excel auf dem PC zu Hause besteht eine Arbeitsmappe auch auf dem Windows Phone aus verschiedenen **Arbeitsblättern**. Um zwischen diesen zu wechseln, tippen Sie am unteren Ende Ihrer Arbeitsmappe auf

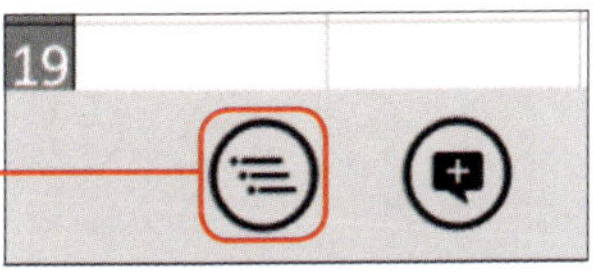

und wählen dann aus der Liste der Tabellenblätter das gewünschte aus.

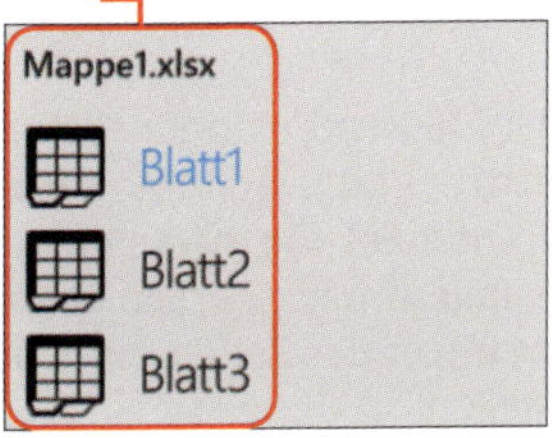

7 Um die Blätter Ihrer Excel-Arbeitsmappe auszufüllen, gehen Sie so vor, wie in Schritt 4 dieser Anleitung gezeigt. Sie werden schnell feststellen, dass die Bedienung aufgrund des Touchscreens und der Fingerbedienung zwar etwas anders ist, sich Ihre „normalen" Excel-Kenntnisse aber leicht auf das mobile Gerät übertragen lassen.

Umgang mit Arbeitsblättern

In der Regel hat eine neue, auf dem Windows Phone angelegte Excel-Tabelle drei Arbeitsblätter: „Blatt1", „Blatt2" und „Blatt3". Weder die Namen sind änderbar noch können Sie neue Blätter hinzufügen. Wenn Sie allerdings eine Excel-Arbeitsmappe per E-Mail oder über das Internet erhalten haben (siehe Seite 105), kann diese durchaus mehr als drei Blätter enthalten und auch aussagekräftige Namen haben. Und all diese Blätter werden dann auch mit ihren richtigen Namen auf dem Windows Phone angezeigt!

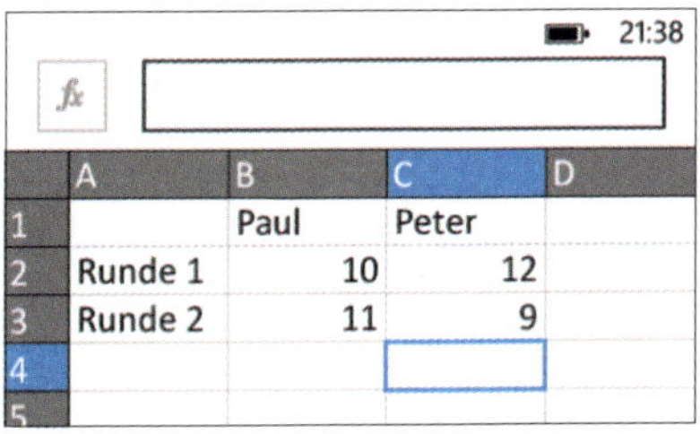

Zellen formatieren

Je klarer eine Tabelle strukturiert ist, desto schneller finden Sie sich zurecht. Es empfiehlt sich also, ein wenig Zeit in die Formatierung der Zellen zu stecken. Gerade auf dem kleinen Bildschirm eines mobilen Gerätes ist dies besonders wichtig.

Zellen formatieren

1 Legen Sie eine neue Excel-Arbeitsmappe an, oder öffnen Sie eine bestehende. Zunächst müssen Sie wie immer den Bereich markieren, auf den sich die **Formatierung** beziehen soll.

> **Tastatur erst schließen!**
>
> Falls die Bildschirmtastatur jetzt noch sichtbar sein sollte, denken Sie unbedingt daran, sie vor dem Markieren von Zellen zu schließen. Dazu brauchen Sie nur unter dem Bildschirm Ihres Gerätes auf die Taste ●
>
> 
>
> zu tippen. Andernfalls glaubt Excel, Sie wollten weitere Daten eingeben, und akzeptiert das Markieren von Zellen einfach nicht!

Zum Markieren tippen Sie die erste Zelle des zu markierenden Bereichs mit dem Finger an, etwa ●,

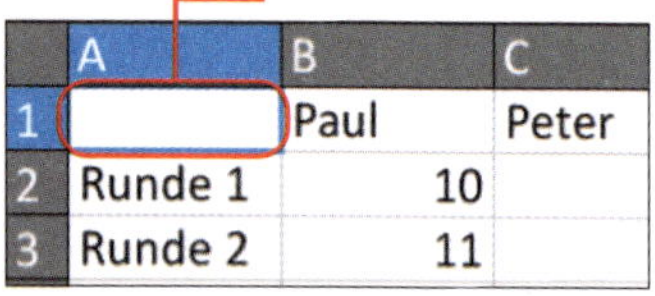

und heben den Finger kurz vom Display. Wischen Sie dann von dieser Zelle bis zum Ende des zu markierenden Bereichs, im Beispiel ●.

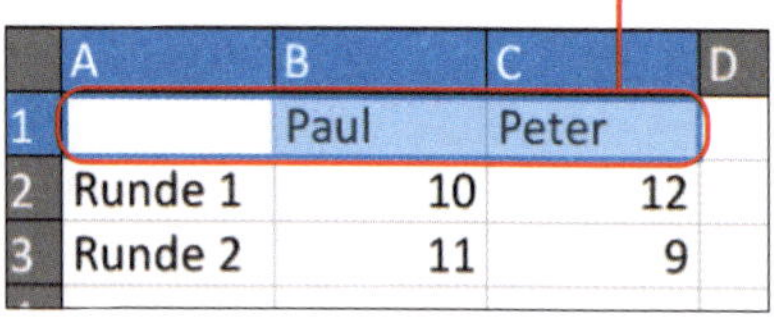

Daraufhin ist der gewünschte Bereich markiert, was Sie an einem kleinen Rahmen erkennen können (dieser hat im Übrigen genau die Farbe des Designs, das Sie in den Einstellungen von Windows Phone gewählt hatten!).

2 Um die markierten Zellen zu formatieren, tippen Sie nun rechts unterhalb der Zellen auf die drei Punkte ●.

In daraufhin sich öffnenden Einstellungsmenü folgt ein Fingertipp auf den Befehl ●.

3 Anschließend können Sie einige Schrift- und Darstellungsformate wählen, die auf die zuvor markierten Zellen angewendet werden sollen. Damit der Inhalt der Zellen **fett** gedruckt dargestellt wird, tippen Sie auf ●, um ihn *kursiv* zu stellen, auf ●,

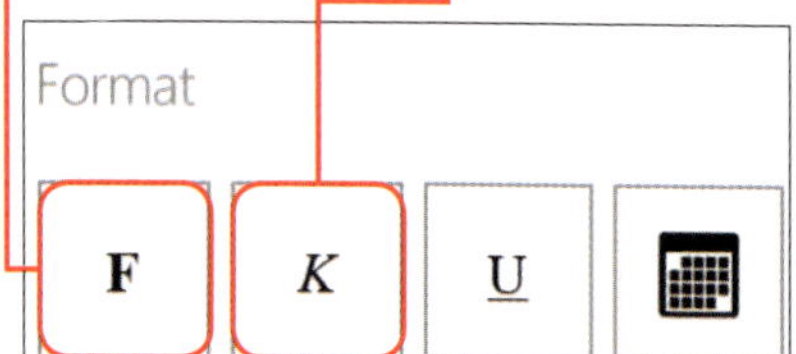

und um ihn zu unterstreichen, auf. Für Zahlenwerte gibt es drei verschiedene Symbole: Um die Zelle als Datumsfeld zu formatieren, tippen Sie auf.

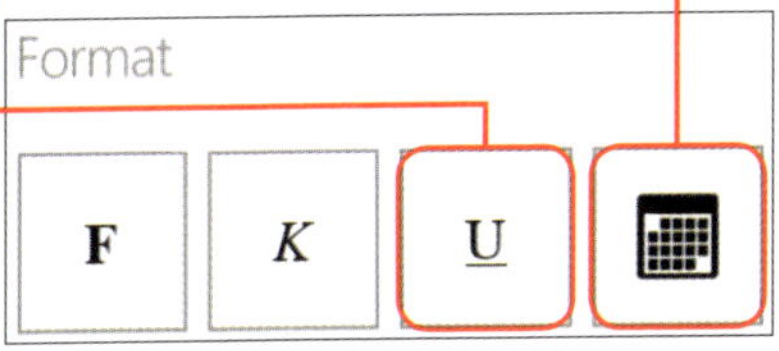

Enthält eine Zelle einen Geldbetrag, genügt ein Fingertipp auf.

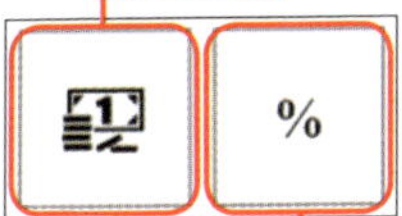

Dabei wird dem Wert immer das Währungssymbol Ihres Gerätes (normalerweise also „€“) hintenangestellt. Um eine Zahl als Prozentwert darzustellen (aus 0,8 wird zum Beispiel 80,00 %), tippen Sie auf.

4 In der unteren Hälfte der Formatierungsoptionen haben Sie die Möglichkeit, Ihre Zellen farblich ein wenig „aufzuhübschen“. Hier können Sie die Farbe der Schrift der markierten Zellen festlegen, indem Sie das gewünschte Farbfeld antippen.

Darunter können Sie dafür sorgen, dass auch der Hintergrund der Zellen eingefärbt wird.

Auf diese Weise lässt sich mit wenigen Schritten aus einer langweiligen Tabelle eine lesbare Informationsquelle machen:

	A	B	C
1		Paul	Peter
2	Runde 1	10	12
3	Runde 2	11	9
4			

5 Wenn Sie jetzt Sorge haben, dass diese Einstellungen Ihre Tabelle dauerhaft verändern, so ist dies unbegründet. Denn jede beliebige Formatierung können Sie löschen. Dazu markieren Sie als Erstes wieder die Zellen, wie in Schritt 1 gezeigt, tippen dann auf

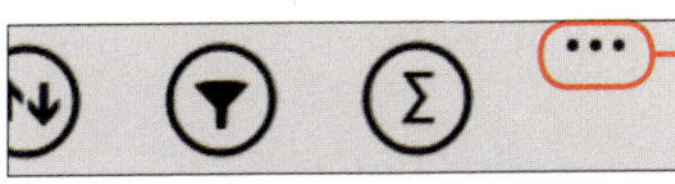

und wählen im sich öffnenden Menü einfach den Befehl.

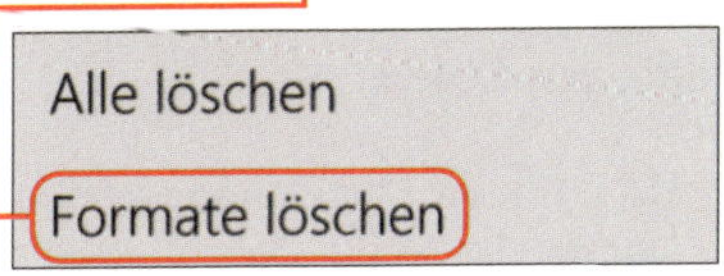

Diese Option ist allerdings nur dann verfügbar, wenn Sie mehr als eine Zelle markiert haben!

Die Arbeitsmappe speichern

Nachdem Sie nun eine Menge Arbeit und Ideen in die Erfassung Ihrer Daten investiert haben und die Tabelle lesbar und schön geworden ist, sollten Sie sie dringend speichern.

1 Tippen Sie wieder unten rechts unterhalb der Zellen auf die drei kleinen Punkte

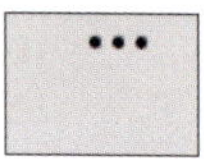

,

um die Liste der möglichen Aktionen zu öffnen. Wenn Sie die Datei bereits auf dem Gerät hatten und sie nur zur Bearbeitung geöffnet haben, tippen Sie als Nächstes auf .

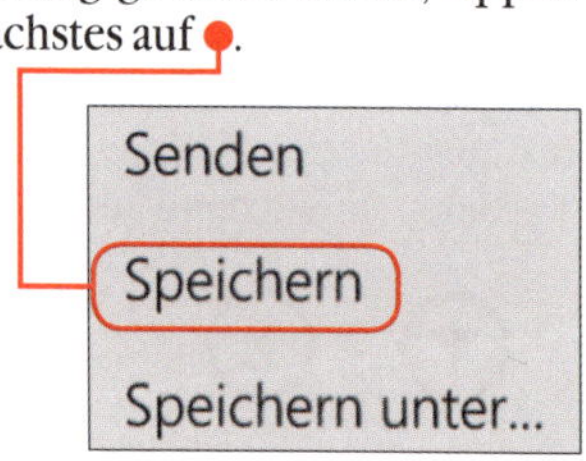

Die Datei wird dann unter demselben Namen am selben Ort, wie sie geöffnet wurde, gespeichert.

2 Haben Sie die Datei hingegen neu angelegt oder wollen Sie sie unter einem anderen Namen (oder an einem anderen Speicherort) speichern, tippen Sie stattdessen auf

.

Im sich öffnenden Fenster tippen Sie auf

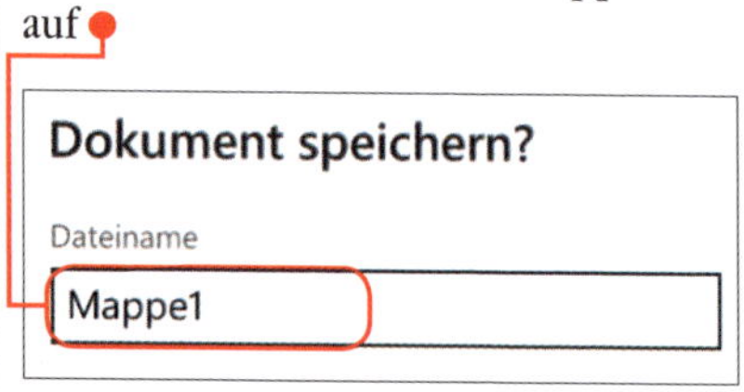

und geben dann den Namen der Datei wie gewohnt über die Bildschirmtastatur ein.

3 Um den Speicherort zu ändern, tippen Sie mit dem Finger zunächst auf .

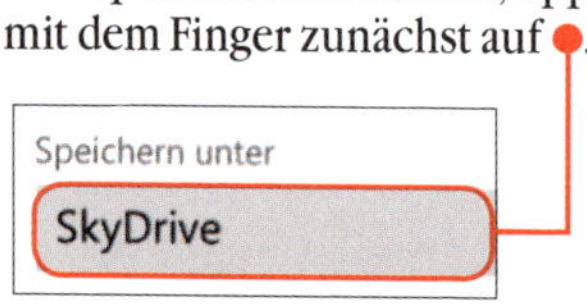

Damit die Arbeitsmappe lokal auf Ihrem Gerät gespeichert wird, wählen Sie per Fingertipp den Eintrag . Wenn Sie die Datei jedoch auf Ihrer Internetfestplatte SkyDrive ablegen wollen, tippen Sie stattdessen auf .

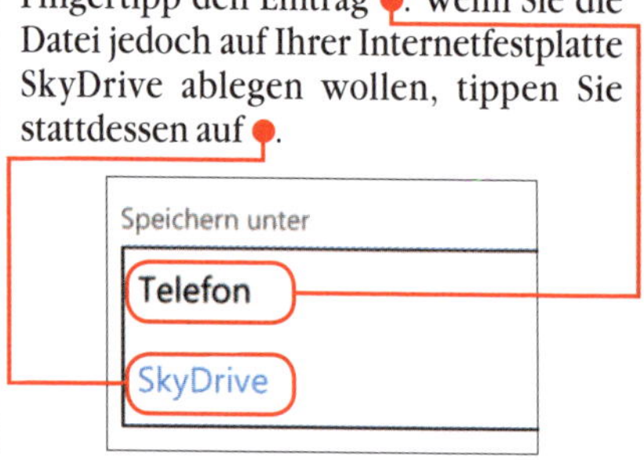

SkyDrive oder Telefon?

Wie Sie mittlerweile wissen, ist das Ablegen von Excel-Arbeitsmappen in einem geschützten Bereich im Internet ausgesprochen hilfreich: Sie können mit verschiedenen Geräten darauf zugreifen, haben Ihre Daten immer zur Verfügung und müssen sich nie wieder den Kopf darüber zerbrechen, ob Sie schon eine Sicherheitskopie Ihrer Daten angelegt haben oder nicht. Ein Windows Live-Konto haben Sie so oder so – und damit auch den Speicherplatz Ihrer Internetfestplatte SkyDrive. Deshalb ist es sinnvoll, die auf Ihrem Windows Phone angelegten Office-Dateien auch auf dem SkyDrive zu speichern.

4 Nachdem Sie sich für einen Speicherort entschieden haben, brauchen Sie nur noch auf

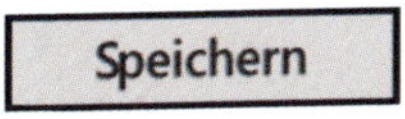

zu tippen, damit die Datei dann wunschgemäß gesichert wird. Beim nächsten Start des Office Hubs finden Sie die Datei dann im Dokumente-Bildschirm als eigene, neue Kachel, im Beispiel ●.

5 Wenn Sie eine Datei zum ersten Mal auf dem SkyDrive speichern, werden Sie nach Ihrem Benutzernamen gefragt.

Dies ist *nicht* der Name Ihres Windows Live-Kontos, sondern ein frei wählbarer Name, der Ihren Kommentaren vorangestellt wird. Geben Sie ihn über die Bildschirmtastatur ein, und tippen Sie anschließend auf

.

Formeln verwenden

Der große Vorteil von Excel – sowohl auf dem Rechner als auch auf dem mobilen Gerät – besteht darin, dass Sie ruck, zuck aus einer Liste die richtige **Formel** auswählen und diese dann auf die Zellen Ihrer Excel-Tabelle anwenden können. Bei Excel für Windows Phone gibt es dazu zwei Möglichkeiten.

Einfache Formeln per „AutoSumme“ eingeben

Wenn Sie unterwegs Daten in eine Excel-Tabelle eingeben und dann Formeln verwenden, sind diese meist relativ einfach: Summen, Mittelwert, kleinster und größter Wert machen einen Großteil der Aufgaben aus, die Sie unterwegs von Ihrem mobilen Gerät erfüllt haben möchten. Und so einfach geht's:

1 Öffnen Sie eine Excel-Arbeitsmappe, und markieren Sie, wie in Schritt 1 auf Seite 114 beschrieben, den Zellbereich, auf den sich eine Formel beziehen soll, im Beispiel ●.

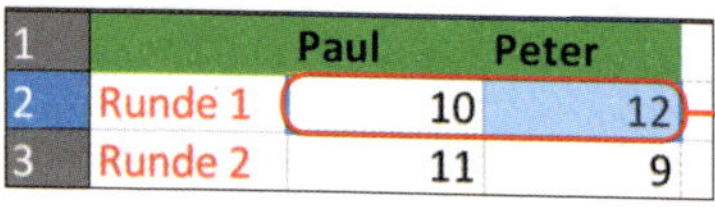

2 Tippen Sie dann unten rechts unterhalb der Zellen auf das kleine Summenzeichen ●.

Sofort sehen Sie in der sich öffnenden Übersicht fünf Standardfunktionen ●

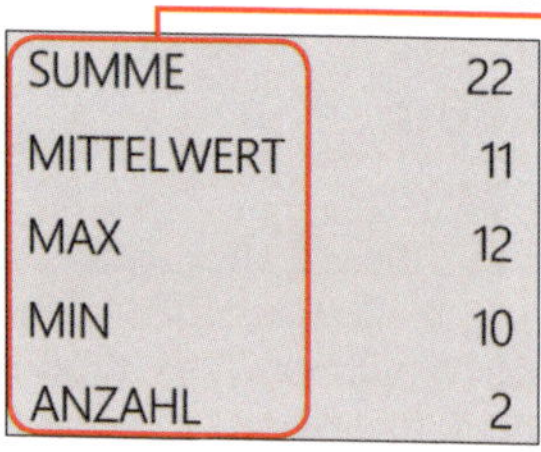

und rechts davon die Werte, die für die markierten Zellen jeweils berechnet wurden. Tippen Sie die gewünschte Formel einfach an, beispielsweise ●.

3 Die ausgewählte Funktion beziehungsweise deren Ergebnis wird nun automatisch in Ihr Arbeitsblatt eingefügt. Sie haben keinerlei Einfluss darauf, wo es platziert wird. Dabei entscheidet Windows Phone selbstständig und logisch: Wenn Sie, wie im Beispiel, nebeneinanderliegende Zellen markiert haben, dann wird die betreffende Funktion in die nächste freie Zelle rechts vom markierten Bereich eingefügt, also hier: ●.

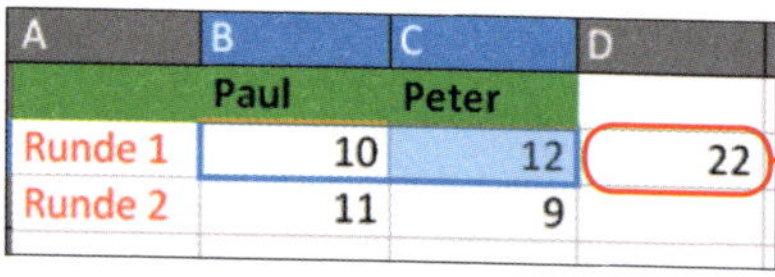

Bei untereinanderliegenden Zellen erscheint der berechnete Wert dagegen in der nächsten freien Zelle darunter. Falls Sie eine andere Position wünschen, richten Sie sich nach der im folgenden Abschnitt beschriebenen Methode.

4 Für die Funktionen der „AutoSumme“ gilt natürlich dasselbe wie für alle anderen Funktionen: Sie können das Aussehen wie gewohnt durch die Formatierung ändern, und sie aktualisieren sich automatisch, sobald Sie die Quellzellen ändern.

Komplexe Formeln verwenden

In dem einen oder anderen Fall werden Sie auch unterwegs komplexere Excel-Tabellen fertigstellen müssen. Wie gut, dass die „AutoSumme“ nur einen winzigen Ausschnitt der verfügbaren Funktion darstellt.

1 Legen Sie wieder eine neue Excel-Arbeitsmappe an, oder öffnen Sie eine bestehende. Markieren Sie jetzt als Erstes per Fingertipp die Zelle, in die die Formel eingefügt werden soll, beispielsweise .

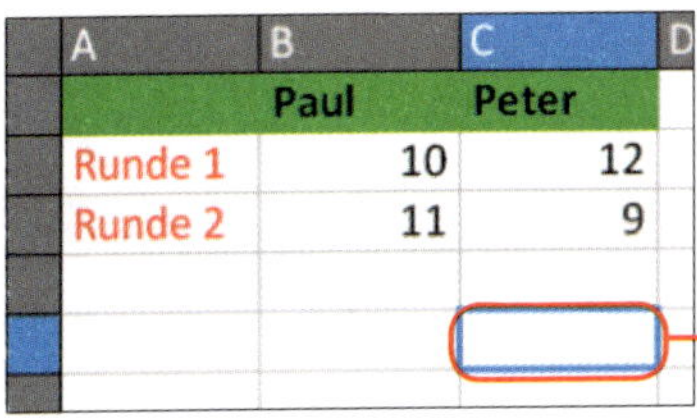

2 Tippen Sie als Nächstes am oberen Bildschirmrand neben dem Eingabefeld auf .

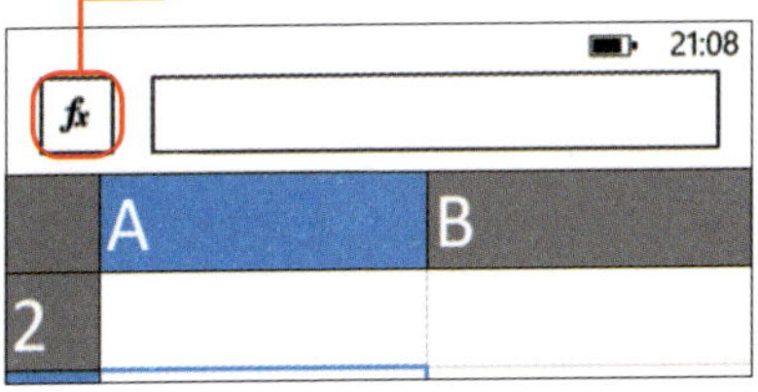

Zum einen wird daraufhin automatisch das Gleichheitszeichen, das wie bei der „großen“ Version von Excel am Anfang einer jeden Formel steht, eingefügt: . Zum anderen öffnet sich eine Liste von verfügbaren Funktionen ,

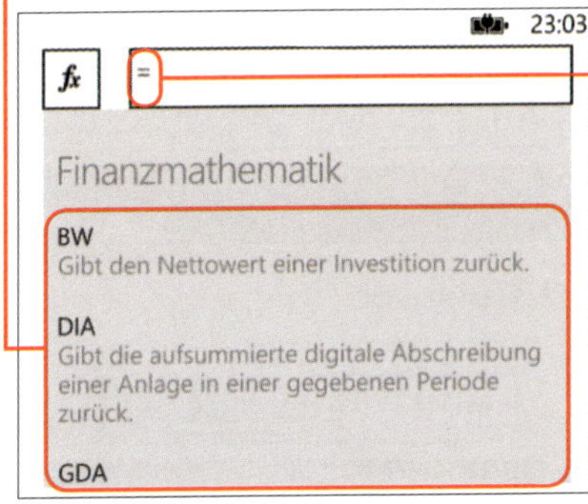

durch die Sie wie gewohnt durch Wischen mit dem Finger nach oben rollen können. Die Liste ist nach Kategorien geordnet. So finden sich darin Funktionen aus Finanzmathematik, Datum und Uhrzeit, Mathematik und Statistik etc.

3 Im Beispielfall soll es darum gehen, den Mittelwert der Ergebnisse der beiden Spieler Peter und Paul zu berechnen. Tippen Sie dazu zunächst auf .

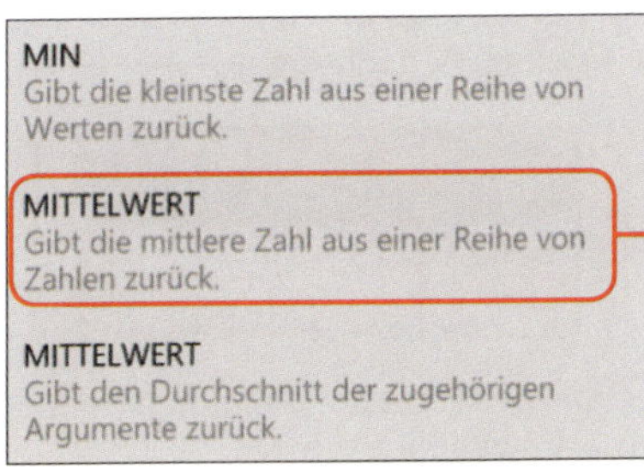

4 Die Formel wird nun in das Eingabefeld eingetragen, enthält aber natürlich noch nicht die Zellen, auf die sie sich bezieht, sondern nur einen Platzhalter. Tippen Sie doppelt auf diesen Platzhalter ●,

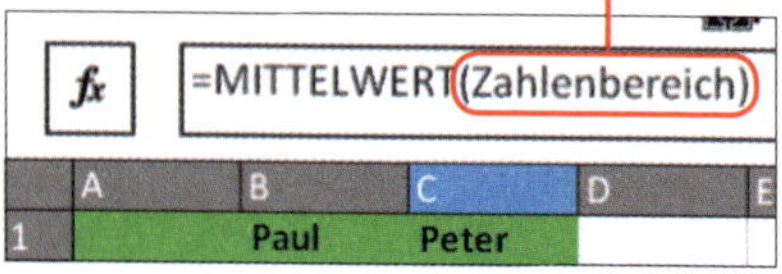

sodass er markiert wird: ●.

5 Tippen Sie anschließend die erste Zelle des Bereiches an, auf den die Funktion wirken soll. Daraufhin wird ein gestrichelter Rahmen sichtbar: ●.

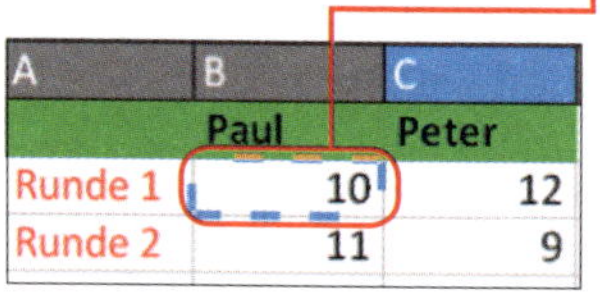

Ziehen Sie dann mit dem Finger von der ersten Zelle bis zur letzten Zelle des gewünschten Bereiches ●,

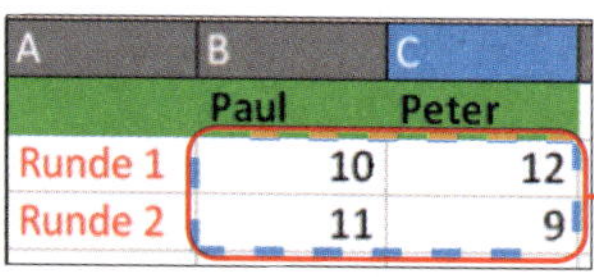

damit der gestrichelte Rahmen um den gesamten Bereich führt.

6 Im Eingabefeld wird jetzt der markierte Bereich – wie Sie es vom „normalen“ Excel her kennen – mit Start- ● und Endzelle ● angezeigt.

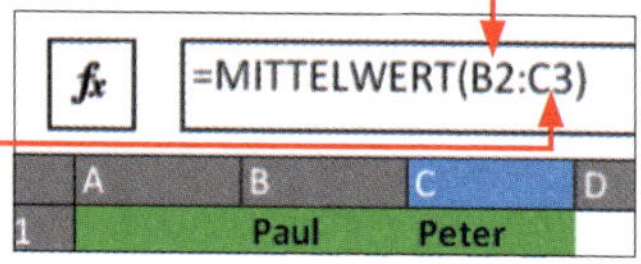

Bestätigen Sie die Eingabe der Funktion wieder, indem Sie auf der Bildschirmtastatur auf ● tippen.

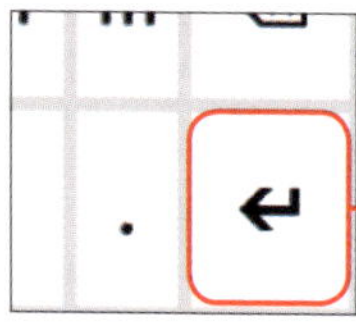

Die Funktion wird daraufhin auf die markierten Zellen angewendet, etwa ●.

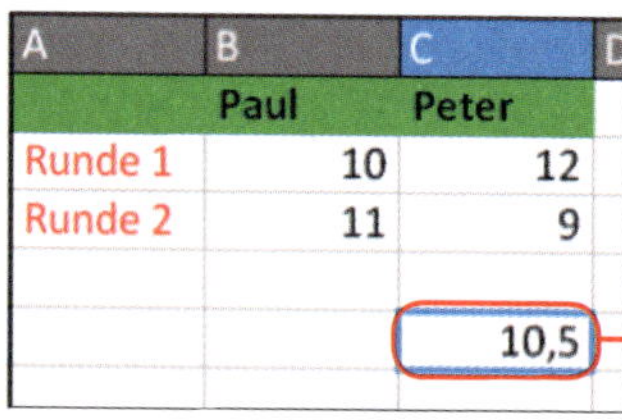

Manuell geht's auch

Wenn Sie sich Zeit sparen wollen und genau wissen, welche Funktion Sie verwenden wollen und in welchen Zellen sich die Daten befinden, dann können Sie diese natürlich auch ohne den Umweg über das Auswahlmenü direkt über die Tastatur Ihres mobilen Gerätes eingeben!

Diagramme und Kommentare einfügen

Nicht selten lassen sich trockene Zahlen in einem Diagramm leichter vermitteln. Angesichts des kleinen Formats erstaunlich: Auch Ihr mobiles Gerät ist in der Lage, aus dem von Ihnen eingegebenen Zahlenmaterial ein hilfreiches Diagramm zu erzeugen. Obwohl hier - verursacht durch die kleine Größe und die eingeschränkte Rechenkapazität eines mobilen Gerätes - deutlich weniger Möglichkeiten als bei Ihrem Rechner zu Hause vorhanden sind, kann die Wirkung enorm sein.

1 Geben Sie die Daten in eine neue oder bestehende Excel-Tabelle ein, und markieren Sie den Bereich, aus dem das Diagramm erstellt werden soll, im Beispiel.

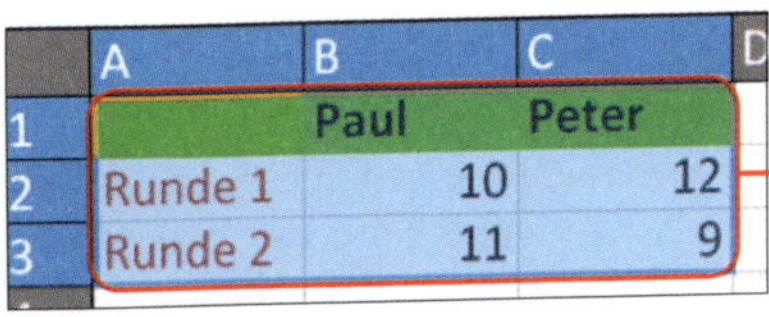

2 Tippen Sie wieder unten rechts unter den Zellen auf die drei kleinen Punkte

,

um die Liste der möglichen Aktionen zu öffnen. Hierüber können Sie das Aussehen und die Funktionen Ihrer Tabelle ändern. Wählen Sie in der Liste per Fingertipp den Befehl.

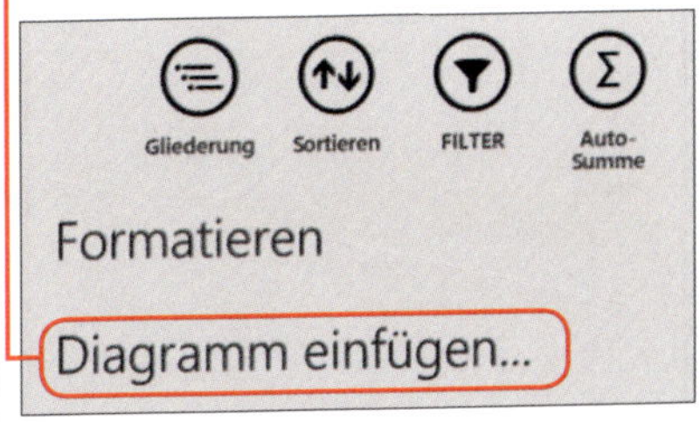

3 Nun können Sie aus der erscheinenden Liste der verfügbaren Diagrammtypen das gewünschte auswählen, zum Beispiel.

Die Diagrammtypen entsprechen weitestgehend denen, die Sie auch auf Ihrem Desktop-Rechner verwenden, sind allerdings bei Weitem nicht so flexibel anzupassen.

4 Das aus den Daten der markierten Zellen erzeugte Diagramm wird anschließend als separates Tabellenblatt eingefügt.

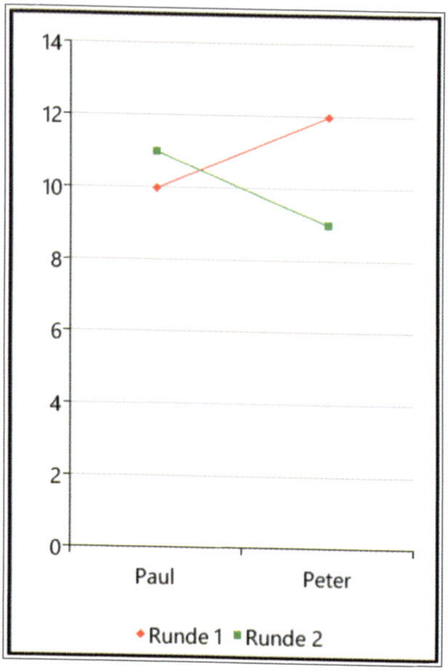

Wenn Sie es löschen wollen, weil es nicht Ihren Vorstellungen entspricht, brauchen Sie nur auf ● zu tippen.

Kommentare einfügen

Gerade wenn Sie mit mehreren Personen an einer Excel-Arbeitsmappe arbeiten, kann es wichtig sein, diese nicht nur zu verändern, sondern einzelne Zellen mit Kommentaren zu versehen, die die anderen dann lesen und worauf sie gegebenenfalls reagieren können. Auch hierfür bietet Ihnen Excel auf Ihrem Windows Phone die entsprechenden Hilfsmittel.

1 Sobald Sie die Zelle, die Sie kommentieren möchten, markiert haben, tippen Sie unten auf dem Bildschirm Ihres Gerätes auf das kleine Sprechblasensymbol ●.

2 Im sich öffnenden Eingabefeld wurde Ihr Benutzername bereits automatisch eingetragen, im Beispiel ●.

Wenn Sie nicht möchten, dass der Name im Kommentar erscheint, dann löschen Sie ihn, indem Sie auf der Bildschirmtastatur mehrfach auf ● drücken.

3 Geben Sie Ihren Kommentar über die Bildschirmtastatur ein.

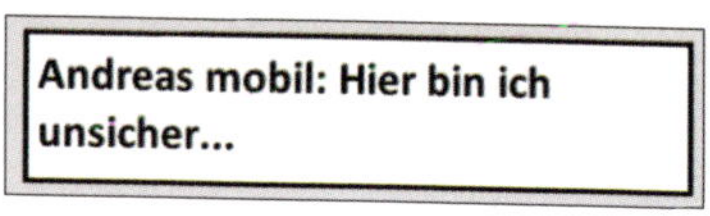

Zur Bestätigung der Eingabe reicht es, in eine andere Zelle zu tippen.

4 An der Zelle erscheint als Hinweis auf einen dort hinterlegten Kommentar eine kleine, blaue Ecke ●.

Um den Kommentar angezeigt zu bekommen, tippen Sie einfach auf die Zelle.

5 Damit ein Kommentar gelöscht wird, lassen Sie ihn anzeigen und tippen dann erst auf ●

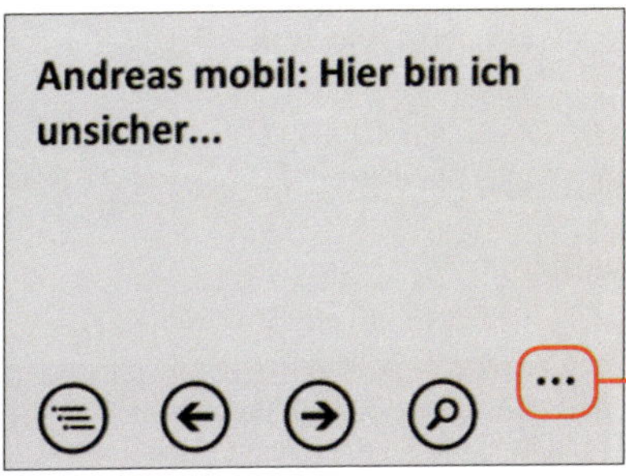

und anschließend auf den Befehl ●.

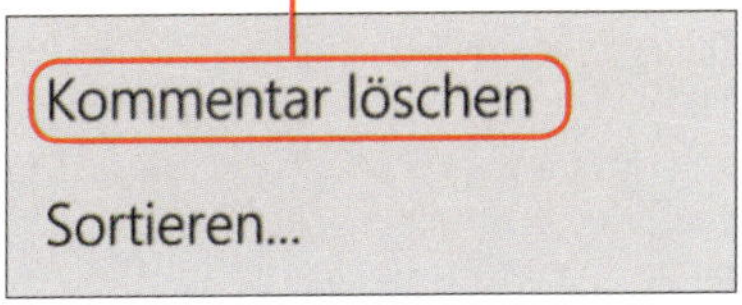

6 Wenn die Excel-Arbeitsmappe später auf einem PC geöffnet wird, befindet sich die Kommentarmarkierung natürlich ebenfalls darin, im Beispiel ●.

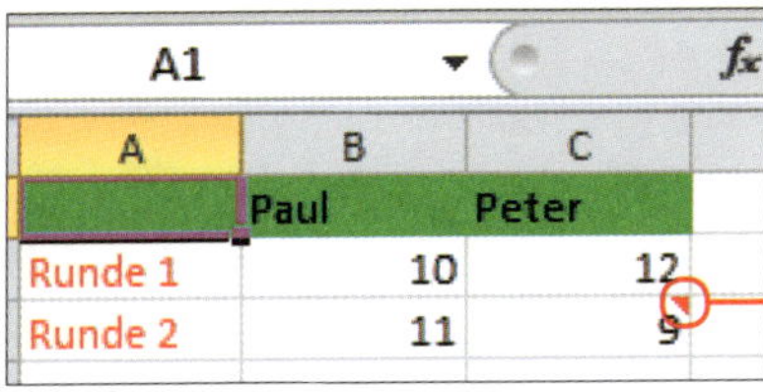

Sie brauchen den Mauszeiger dann nur auf die Zelle zu bewegen – und schon wird der Kommentar angezeigt:

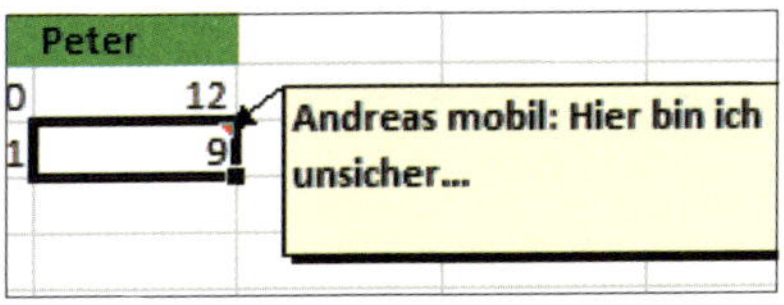

Was ist eigentlich ...?

Aktive Zelle
Die Zelle, in der Sie Eingaben machen, wird als aktive Zelle bezeichnet. Um eine Zelle zu aktivieren, genügt es, sie mit der Maus anzuklicken.

Arbeitsblatt
Ihre Tabellen erstellen Sie auf Arbeitsblättern. Eine → Arbeitsmappe kann aus mehreren solcher Arbeitsblätter bestehen. Durch Anklicken der Registerreiter am unteren Rand des Arbeitsbereichs können Sie zwischen den einzelnen Blättern wechseln.

Arbeitsmappe
Eine Excel-Datei wird auch als Arbeitsmappe bezeichnet. Sie kann mehrere → Arbeitsblätter umfassen.

Assistent
Als Assistenten bezeichnet man eine Abfolge von Hilfsfenstern, in denen Sie bei der Bewältigung einer Arbeit unterstützt werden.

Bearbeitungsleiste
Die Bearbeitungsleiste zeigt den Inhalt der → aktiven Zelle an. Dort können Sie beispielsweise sehen, wenn eine Zelle eine → Formel enthält,

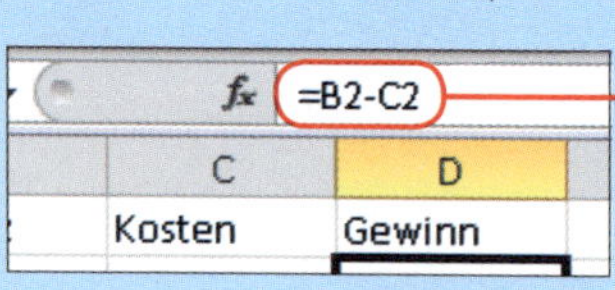

Was ist eigentlich ...?

während in der Zelle selbst das Rechenergebnis erscheint:

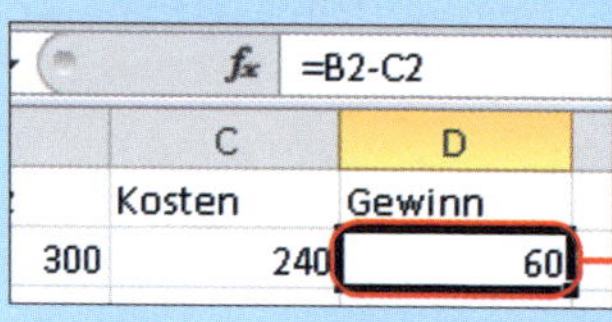

Betriebsprogramm
Darunter versteht man das grundlegende Programm eines Computers, ohne das andere Programme nicht auf dem Rechner gestartet werden können. Das Betriebsprogramm, das selbst aus mehreren Programmen besteht, stellt anderen Programmen seine Funktionen zur Verfügung. Daher wird es häufig auch als Betriebssystem bezeichnet. Das aktuellste Microsoft-Betriebsprogramm heißt Windows 7.

Bezug
Statt mit konkreten Zahlenwerten rechnen Sie in → Formeln meist mit Zellbezügen. Dabei verwenden Sie die Zelladresse, also die Positionsangabe einer → Zelle, die sich aus Spaltenbuchstabe und Zeilenzahl ergibt.

Bildlaufleiste
Bildlaufleisten erscheinen bei Windows-Programmen meist am unteren und rechten Rand des Programmfensters. Sie ermöglichen es Ihnen, Inhalte anzusehen, die aufgrund ihrer Größe

Was ist eigentlich ...?

nicht komplett auf dem Bildschirm angezeigt werden können.

Browser
Browser ist der gängige Begriff für ein Internetzugriffsprogramm beziehungsweise Internetanzeigeprogramm. Am weitesten verbreitet ist der → Internet Explorer.

CSV-Format
Strukturierte Daten, wie sie in Tabellen erfasst sind, können in CSV-Dateien gespeichert werden. CSV steht dabei für den englischen Ausdruck „**C**omma **S**eparated **V**alues". Die Werte werden also durch Kommata, Strichpunkte oder andere Trennzeichen separiert.

Datei
Alle Daten, mit denen Ihr Rechner arbeitet, sind in sogenannten Dateien erfasst, so auch Ihre Excel-Tabellen. Eine Excel-Datei wird auch als → Arbeitsmappe bezeichnet.

Diagramm
Diagramme sind Schaubilder, mit deren Hilfe Sie Sachverhalte optisch veranschaulichen können.

Doppelklick
Ein Doppelklick bedeutet nichts anderes, als dass Sie zweimal ganz kurz hintereinander die linke Maustaste drücken.

Was ist eigentlich ...?

Download
Das Übertragen von Dateien aus dem Internet auf Ihren Rechner wird Download genannt. Man spricht auch vom Herunterladen einer Datei. Analog dazu bezeichnet man das Überspielen einer Datei von Ihrem Rechner auf einen Internetspeicher als Upload oder Hochladen.

Einfügemarke
Die Einfügemarke ist meist als senkrechter blinkender Strich zu erkennen. Sie gibt an, an welcher Stelle Ihre nächste Eingabe erfolgt. Sie können die Einfügemarke mithilfe von Tasten, beispielsweise ↑, ↓, →, ←, oder – was am einfachsten ist – per Mausklick positionieren. Die Einfügemarke wird auch als Cursor bezeichnet.

Explorer-Fenster
Als Explorer-Fenster bezeichnet man ein Arbeitsfenster, über das Sie auf die Ordner- und Dateistruktur Ihres Rechners zugreifen können.

Formatierung
Die Gestaltung von Tabellen, Zeichen oder Zellinhalten wird Formatierung genannt.

Formel
Rechenanweisungen, die Sie Excel erteilen, werden als Formeln bezeichnet. Die Eingabe einer Formel wird durch

Was ist eigentlich ...?

das Gleichheitszeichen „=“ eingeleitet. Daran anschließend können Sie mit einer Funktion eine vorgefertigte Anweisung verwenden, um Werte in Excel zu berechnen. Bei Verwendung einer Funktion müssen Sie nur den Wertebereich angeben, auf den sich die Anweisung beziehen soll.

Installation
Damit Sie mit einem Programm arbeiten können, muss es erst auf Ihrem Rechner eingerichtet werden. Dieser Vorgang wird Installation genannt.

Internet Explorer
Der Internet Explorer von Microsoft ist der bekannteste → Browser. Auch bei Windows-Mobile- und Windows-Phone-Geräten gibt es eine mobile Version davon, und zwar den „Pocket Internet Explorer“.

Markierung
Mit einer Markierung legen Sie fest, worauf die nächste Aktion, die Sie durchführen wollen, angewendet werden soll. So können Sie beispielsweise einen Zellbereich markieren und dann eine Formatierungstechnik anwenden.

Menüband
Über das Menüband am oberen Rand des Excel-Programmfensters erreichen Sie alle Befehle und Einstellungen. Das Menüband ist in Form eines Registers

Was ist eigentlich ...?

aufgebaut. Durch Klicks auf die jeweiligen Registerreiter können Sie zwischen den einzelnen Registern wechseln.

Namenfeld
Im Namenfeld bekommen Sie die Adresse der gerade → aktiven Zelle angezeigt.

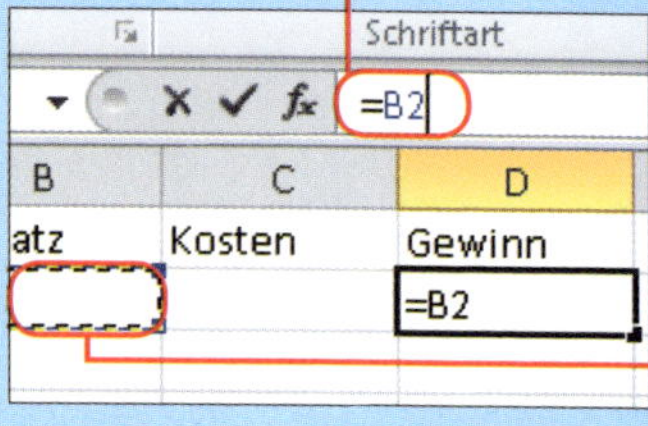

Online/Offline
Sind Sie mit dem Internet verbunden, sind Sie online. Ist dies nicht der Fall, sind Sie offline.

Ordner
Auf Ihrem Rechner befinden sich zigtausende → Dateien. Damit Sie sich in diesem Wust zurechtfinden, werden Dateien in Ordnern zusammengefasst. Am besten gewöhnen Sie sich an, Ihre → Arbeitsmappen in Ihrem Dokumente-Ordner zu speichern, der unter Windows 7 automatisch auf Ihrem Rechner eingerichtet ist.

Rechtsklick
Rechtsklick bedeutet ein kurzes Drücken der rechten Maustaste.

Was ist eigentlich ...?

Spaltenkopf
→ Arbeitsblätter sind in Zeilen und Spalten aufgeteilt. Die Spaltenbezeichnungen finden Sie im Spaltenkopf: ●.

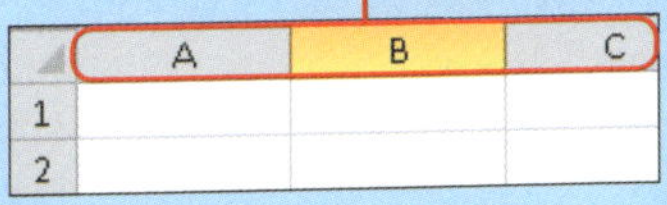

Statusleiste
Die Leiste am unteren Rand des Excel-Programmfensters wird Statusleiste genannt.

Taskleiste
Die Taskleiste befindet sich ganz unten auf Ihrem Bildschirm. Jedes geöffnete Programmfenster ist dort mit einem Eintrag vertreten. Daher kommt auch die Bezeichnung. Ein gestartetes Programm wird nämlich auch „Task" (zu Deutsch: Aufgabe) genannt. Durch einen einfachen Mausklick auf einen dieser Einträge können Sie das dazugehörige Programm blitzschnell in den Vordergrund holen.

Tastenkombination
Viele Befehle in Excel können Sie nicht nur per Maus, sondern auch durch gleichzeitiges Drücken von zwei und mehr Tasten erteilen.

Update
Moderne Programme werden ständig überarbeitet. Dabei werden Programm-

Was ist eigentlich ...?

fehler sowie erst später erkannte Lücken in der Sicherheit der Programme beseitigt. Solche Programmverbesserungen nennt man Updates. Meist können diese auf den Seiten der Programmhersteller aus dem Internet geladen werden.

Zeilenkopf
→ Arbeitsblätter sind in Zeilen und Spalten aufgeteilt. Die Zeilenbezeichnungen finden Sie im Zeilenkopf: ●.

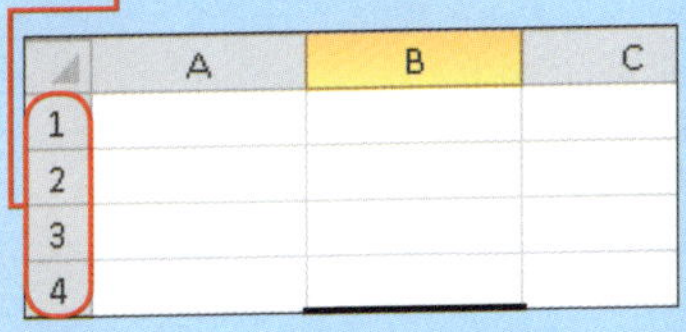

Zelle
Die Kästchen, aus denen sich eine Tabelle zusammensetzt, bezeichnet man als Zellen. Aus der Kombination von Zeilennummer und Spaltenbuchstabe ergibt sich die sogenannte Zelladresse.

Ziehen
Beim Ziehen handelt es sich um eine spezielle Maustechnik. Dabei halten Sie die Maustaste gedrückt, während Sie den Zeiger bewegen.

Zwischenablage
Bei der Zwischenablage handelt es sich um einen temporären Speicher.

Stichwortverzeichnis

Besuchen Sie uns im Internet:
www.ullstein-taschenbuch.de

Originalausgabe im Ullstein Taschenbuch

E-Mail: buecher@computerbild.de
Umschlaggestaltung: HildenDesign, München/Buch und Werbung, Berlin
Titelabbildung: © Masterfile Royalty Free
Satz und Repro: LVD GmbH, Berlin
Druck und Weiterverarbeitung: CPI – Ebner & Spiegel, Ulm
Printed in Germany
ISBN 978-3-548-41310-5